三峡大学学科建设经费资助项目

“新乡土中国志”系列丛书

【新乡土中国志】

千古第一村：

江西流坑村的社会与文化

周慧慧 编著

厦门大学出版社
XIAMEN UNIVERSITY PRESS
国家一级出版社
全国百佳图书出版单位

图书在版编目(CIP)数据

千古第一村：江西流坑村的社会与文化／周慧慧编著. -- 厦门：厦门大学出版社，2022.10
(新乡土中国志)
ISBN 978-7-5615-8630-3

Ⅰ.①千… Ⅱ.①周… Ⅲ.①村落—概况—乐安县 Ⅳ.①K925.65

中国版本图书馆CIP数据核字(2022)第099019号

出版人 郑文礼
责任编辑 薛鹏志 林 灿

出版发行 厦门大学出版社
社　　址 厦门市软件园二期望海路39号
邮政编码 361008
总　　机 0592-2181111 0592-2181406(传真)
营销中心 0592-2184458 0592-2181365
网　　址 http://www.xmupress.com
邮　　箱 xmup@xmupress.com
印　　刷 厦门市明亮彩印有限公司

开本 720 mm×1 000 mm 1/16
印张 15.75
字数 260千字
版次 2022年10月第1版
印次 2022年10月第1次印刷
定价 68.00元

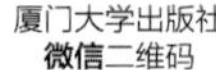
厦门大学出版社
微信二维码

厦门大学出版社
微博二维码

新乡土中国志
编委会

总序

中国民族学界向来关注乡土社会的叙事。20世纪前半叶，吴文藻、费孝通、林耀华等前辈行走中国广大农村，用朴素且有力的文字记录了我国传统乡土社会的面貌。1948年，费孝通先生更是以“乡土中国”为名，挥墨写下十四篇章专门阐述中国农村的“本色”。中华人民共和国成立后，几经社会变革，中国农村社会发生了巨大变化。改革开放后，党中央持续推动我国农村发展，先后提出“新农村建设”、“美丽乡村建设”、“精准扶贫”及“乡村振兴”等极具时代意义的规划与战略。中国四方之农村随之卷入快速的流动与变革中，其社会结构、习俗文化等发生了深刻变迁，熟人社会被“半熟人社会”甚至被“陌生人社会”重新表述，传统的农村结构被解构。最终，传统的乡土中国演变成了“新乡土中国”。

新时代，习近平总书记倡导要把论文写在祖国的大地上，写在中华民族伟大复兴的征程中。田野调查是民族学研究生培养的成年礼，三峡大学民族学院积极响应总书记的号召，发挥专业优势，带领研究生走进祖国各地农村，开展深入的田野调查，以民族志方法切入新时代乡土中国的社会土壤与文化肌理，最终以“新乡土中国志”的形式呈现新时代巨变中我国农村社会的图景，深描日常事象与社会体系之间复杂而动态的关联。因此，以“新乡土中国志”记录乡村百年变迁，讲好中国乡村故事，既具有时代意义，也具有较高的学术价值。

“新乡土中国志”资料翔实，描绘的是当下的“地方”，是中国一隅，提供的是“地方性知识”，因而它首先是认识和理解新时代背景下不同地域的中国农村社会的学术作品。它既关注千古村落的浮沉、宗族社会的起落，也关注新农村和城中村的发展；既观察汉族村的社会变革，也关照民族村落的蜕变；既重视对内地乡土的描述，也不忽略对边疆村落的考察。“新乡土中国志”是对吴文藻、费孝通、林耀华等前辈传统乡土志的继承与发展，试图结合历时性和共时性描述，观察、理解并客观呈现当代中国农村的生态环境、经济生活、风俗习惯、文化教育、脱贫致富、乡村振兴、社会治理等内容。“新乡土中国志”关注地方，但又超越地方，其由微观到宏观、由个体及族群、由点到面所呈现的新时代中国农村的历史现实图景，更是蓬勃发展的中国经验。

“新乡土中国志”既是专业学术著作，也是大众化读物，融研究与普及、历史与现实于一体。它以朴素的描述，图文并茂，内容深入浅出，充分展现了新乡土中国的文化景观与独特魅力。对调查地来说，“新乡土中国志”是当地一笔宝贵的精神财富，既能让当地村民全方位了解村史村情、乡风民俗，也能够充分挖掘新乡贤的价值，带动地方传承优秀传统文化，繁荣乡土文化，促进乡村振兴。于读者而言，“新乡土中国志”可在文字和图像中感受新时代中国乡土社会翻天覆地的变化，是领略“他者”社会真实图景的读物。

丛书的编辑采取编委会审稿制，主编负责定稿。丛书编辑委员会主要由三峡大学民族学院研究人员组成，还包括中央民族大学、厦门大学、四川大学、南京大学、中山大学、云南大学、中南民族大学、湖北大学的部分专家和学者。我们殷切地希望本套丛书能够得到全国学术界的支持和批评。

是为序。

何伟军

2022年3月

目　录

第一章

流坑村的经济生活

流坑村位于江西乐安县牛田镇东南的乌江之畔，是一个历史悠久的单姓聚落。在五代南唐升元年间(937—942年)，董氏先祖开基于此。繁衍发展数千年，流坑村民的经济生活发生了天翻地覆的变化。流坑村早期主要靠种植水稻、小麦等粮食作物自给自足。明清时期，当地依靠竹木贸易繁荣一时，民国后期逐渐衰败。新中国成立后，流坑的经济生活长期处于曲折发展状态，未能探索出一条可持续发展的道路。改革开放后，外出务工成为流坑村民谋求生计的主流。流坑现耕地面积为3000余亩，林业资源丰富，农业生产多自给自足。近年来，随着流坑旅游事业的发展，加之国家产业扶贫、乡村振兴等战略的支持，流坑村的经济面貌焕然一新，展现出前所未有的生机和活力。

第一节　农　业

流坑村的传统农业以种植水稻、小麦、黄豆为主，产量都不高，仅自给自足，另外还种植红薯等满足日常所需。近年来，随着当地旅游经济的发展，水稻等传统作物的种植面积在逐渐缩小，村民一方面尝试增加红薯等农产品的附加值，创造农业商品品牌，另一方面通过增加经济作物的面积来发展农业经济。

一、红薯粉的制作与散售

农作物的商品化是对农产品品质进行一系列改善提高，实现产品增值，发挥最大使用价值的过程。当村民发现用出售剩余农作物的经济收入可以换取更多其他生活必需物品时，这些农作物便具有商业价值。流坑村民会根据市场走向实现边际效益最大化，既能有满足自己日常生活需要的农作物量，又能将剩余农作物完全出售。在农村，农作物普遍缺乏销售平台，需要等待商贩统一收购或合作社统一销售。但是在流坑村，得益于村民自身需求与游客源源不断的购买，农户们不必担心销售问题。很多农户出售自己种植的农作物及加工品，比如红薯粉、葛根粉、辣椒等，其中红薯粉为典型代表。红薯粉是流坑村民逢年过节必须用到的食材之一，因而一部分内销给村民，另一部分则出售给游客，以实现利益最大化。

红薯粉的商品化处理，包括对农产品的采收、清洗、分级、加工、包装、储藏等环节。当你走在 11 月的流坑古村中，会看见许多人家门口晾晒着半成品的红薯粉。据村民讲述，红薯粉的制作过程主要包括清洗、打浆、过滤、沉淀、晒粉。

收获的红薯表面有许多泥土和杂质，杂质混入淀粉中会影响最终成品的质量，所以红薯的清洗是极为重要的一个环节。清洗之后，将红薯用特制工具擦至细碎之后，再用滤网过滤，除去未打碎的红薯渣。为了提高红薯的出粉率，还要将过滤出来的红薯渣再次打浆。打浆后的红薯浆水需要沉淀，在静置 3～5 个小时后，倒掉沉淀物上层的浆水，重新注入干净的清水，搅动后再次静置 3～5 个小时。一般情况下要用清水漂洗两次，漂洗次数越多，红薯淀粉品质越高。经过多次漂洗过后的淀粉杂质含量较低，这时候就可以取出放置于阳光下晾晒，待凝结成块即完成红薯粉的制作程序。

图 1-1　流坑村民晒红薯粉现场

流坑村的生产与生活是紧密结合的，游客在体验流坑生活的同时也能近距离接触各种产品的制作过程，在这种沉浸式体验中游客对于产品的信任与购买意愿在无形中提高。举个例子，当游客在目睹红薯粉的制作过程后，会认为该产品绿色无污染、干净纯天然而更愿意购买。游客在获得良好购物体验的同时，也助力流坑村经济的发展，如此良性循环下，农户自然也愿意用心耕作期待来年收获后再次出售。

二、霉豆腐的品牌化

“状元红”是流坑村知名的豆腐乳品牌，生产商是乐安县的龙头企业。豆腐乳又名“腐乳”，民间俗称“霉豆腐”，在我国有着上千年的生产历史，它的地位相当于西方的奶酪，所以又被称为“东方奶酪”。

(一)“状元红”的由来与起步

“状元红”的创办人叫丁茶花，生于 1970 年。丁茶花原本不是流坑村村民，后嫁至流坑成为本村人。由于文化程度较低，丁茶花在成家前靠做手工布鞋来维持生活，过得十分贫苦。嫁至流坑后，丁茶花发现，婆婆做的豆腐乳可谓一绝，即便村里会做豆腐乳的大有人在，但还是会有很多村民去她家购买，并且赞不绝口。千禧年之后，流坑的旅游业有所起色，丁茶花敏锐地发现，游客对土特产十分有兴趣，深思熟虑之后，很快便开始筹划成立豆腐乳品牌。2001 年，丁女士以“状元红乐安流坑茶花食品厂”注册了商标，并进行品牌化运作，为本家豆腐乳增收创造了先决条件。

同样的产品，在超市会被高价卖空，而在普通生产商手中却可能遭遇低价滞销，这很大程度上取决于产品的品牌效应。消费者的购买安全感多仰赖于“品牌”而获致，所以对于企业而言，产品的竞争归根结底是品牌的竞争，换言之，一个品牌口碑的好坏是其能否立足市场的关键。注册商标后，丁女士的豆腐乳生意越来越兴隆，仅 2020 年，状元红乐安流坑茶花食品厂生产豆腐乳 10 万罐，产值高达 60 余万元，这些产品通常销往乐安县城及周边农贸市场，乐安人若想送外地亲朋好友特产，首选就是状元红品牌的豆腐乳。除了线下销售，状元红品牌产品也通过线上渠道进行销售，其一是已购买过产品的游客通过微信回购，其二是将产品放在京东、淘宝等多个电商平台销售。但是线上销售尚称不上状元红品牌的主要销售渠道，只是未来尝试拓展的方向之一。状元红乐安流坑茶花食品厂目前雇佣了 9 名流坑村村民从事生产,这些村民都是村里相对贫困的人,在被雇佣之前没有固定的收入来源,而如今年收入达 2 万元以上。

(二)“状元红”豆腐乳的制作理念

丁女士豆腐乳生意红火的原因之一就是她具有匠人的精神,生产的豆腐乳有品质保证。她曾说,做豆腐乳要像做人一样实实在在,好的豆腐乳就要用地道的新鲜豆腐来制作,这是状元红豆腐乳的灵魂。丁茶花从选材到制作都十分仔细:制作豆腐乳的水是纯正甘甜的山泉水;辣椒则采用了味香且辣的山东椒,这些辣椒是制作豆腐乳秘制拌料的关键原料,需要精心挑选鲜辣椒后自行晾晒、磨碾。据丁茶花讲述,她家的豆腐乳通过古法炮制而成,豆腐需要经过清洗、浸泡、磨豆、过滤、打浆、点浆等多个环节后将制作好的豆腐压榨、切块制成豆腐坯。

豆腐切成 5 厘米方、1 厘米厚的小块,成行排放在干净的笼屉上,上面盖一层纱布防尘,使其自然发酵。一般室温在 10 摄氏度时,需 15 天;室温在 20 摄氏度时,需 5 天,豆腐表面会长出一层淡黄色的菌毛,这个过程叫做“初期发酵”。经过初期发酵的豆腐坯用盐水腌渍,叫“后期发酵”,方法是先将盐、花椒用滚水煮开,晾凉后待用。之后再将坛子洗净,用开水烫过后晾干。接着把豆腐坯一层一层地放入,每放一层,撒上拌料。全部放进后,放在暖和的地方(15 摄氏度左右),使腌渍的豆腐坯再次发酵。十天左右后,密封包装,就成为一瓶瓶美味的豆腐乳。

图 1-2　走入商店的“状元红”和“流坑贡鱼”

除霉豆腐外，流坑的霉鱼(流坑贡鱼)也经过量产、包装、宣传走上了品牌化道路，成为当地小有名气的土特产。

三、经济作物的种植

为适应商品经济的发展，增加经济收入，流坑积极更新观念，在提高传统农产品经济价值的同时，探索经济作物的种植或培育之道，增强市场竞争力。目前，流坑经济作物的种类主要有油茶、蘑菇等。

(一)油　茶

油茶树是我国特有的食用木本油料树种，已有2000多年的栽培历史。油茶树资源稀少，主要分布在我国南方少数几个省市的山区和丘陵地带。由于油茶树喜温好湿，适合在偏酸性土壤生长，流坑属亚热带季风气候，水、光、热条件适宜油茶树生长，故油茶树种植历史悠久。

董文福、谢小英夫妇是流坑村的油茶树种植大户，早期为实现油茶树种植计划，但资金存在缺口，于是与亲戚3人共同入股投资80万元。2019年，油茶树种植面积已达100多亩，2020年在此基础上又增加500亩。决定油茶产量的主要因素有气候、土壤与管理技术等。据董文福介绍，培育油茶是一门学问，前期包括林地的整理、施肥时间和力度的把握、栽培时间的选取、树苗密度的管理等，中期包括定干整形、松土培蔸、合理施肥等，后期包括山茶树间作套种技术、抗病抗旱、修形剪枝、抗寒防冻等。由于油茶树生长周期长且种植面积大，同一时间段丰收工作量很大，于是他们种植了可在寒露、霜降等不同时节采摘的油茶树，实现一年3个时间段都可收获的效果。油茶树的收益是逐年递增的，一般3年挂果，5～7年进入丰产期，管理良好的油茶树每亩地每年的收益可达3000元左右。如今，董文福家的油茶树仍处于生长期，此阶段茶油产量不算多，2018年榨油500斤，2019年榨油700多斤，2020年预计产量可达1000斤。由于油茶树种植面积较大，近3年董文福每年雇佣大概20名村民施肥、除草，工资支出2万余元，扣除肥料费后基本能实现收支平衡。董文福表示，度过这段生长培育期，油茶树便无须再除草、施肥，3万余元的人工费和肥料费将会节省下来，如此收益也会大大增加。

(二)蘑　菇

在流坑西山脚下有4排白色的大棚,这些大棚中便是扶贫项目支持下种植的蘑菇,蘑菇棚由村中4名村民共同投资管理,投资总额为40万元,大概需3年时间回本后方可盈利。出生于1970年的董兴才是投资人之一,据他所述,菇房选择在这个比较偏僻宽敞的地方是考虑采光需求。蘑菇大棚要选用可散射光线的材质,地面用水泥修葺以便冲洗。菇房内要设好菇床,菇床可木制、可铁制,也可砖砌。最后要留有窗户或者卷帘,这样可以增强通透性。蘑菇种植养料的配制也是十分重要的一步,养料的主要成分是家畜粪便、稻草等,通常在每年7月份开始进行养料的堆制,一般每三四天翻一次堆,如此操作需要持续半个月。浇水要遵循少量勤浇的原则,出菇房在发菌期间的温度最好保持在10～18度,在出菇期将温度调高到20～28度,这样可以加快出菇的速度,等到蘑菇长到一定大小的时候,就可以进行采收了。

每逢蘑菇采摘期,几名合伙人会雇佣30多名村民,女工每人每天120元,男工160元,这样的佣金算是相当可观的。做工的村民通过采摘蘑菇可以增加几千元的年收入。换言之,通过蘑菇种植实行产业扶贫在流坑是可行的。

非遗一条街是流坑村的集市,成条状分布,规模不大,辐射周边分布有固定店铺,店铺除出售日常杂货外,还售卖村里生产的农特产品、手工艺品等。

流坑村的经济生活整体上已经与市场接轨,传统农业种植主要满足自给自足。为满足市场所需,也为了提高经济收入,村民或将农产品进行再加工,或种植经济作物、发展养殖业,工匠们也积极着手传统工艺的转型。同时,在国家和政府的扶贫政策推动下,新兴产业也渐入正轨。

第二节　养殖业

一、桑蚕养殖

桑蚕是流坑特色产业之一。流坑村周家洋田人周家茂,出生于1952年,是流坑村最为资深的养蚕人,也是全县第一批实现规模化养殖的养蚕人。在周家茂年幼时，家中就开始小规模养蚕，偶有江西省蚕科所的专业人员来村里给予指导。青年时期，他去福州学习桑蚕技术，学成归来后，从1991年开始发展规模化的桑蚕养殖业。如今，周家茂桑蚕事业发展势头良好，蚕房基地面积达到5000平方米，从蚕种培育到蚕丝被成品的制作全过程都由其本人亲自把关。养蚕所需桑叶来源于蚕房附近的农田，农田占地700多亩，苗木大约有1万株。目前，周家茂养蚕基地每年的蚕茧收获大概4万斤，每4斤蚕茧可以加工1斤蚕丝，每斤蚕丝出售价格在280元左右，分别销售至浙江、福建、河南等地，年产值高达200多万元。在4—5月忙碌时期，周家茂会雇佣村民帮忙，佣金按日计算，每日80元，工作时长8小时。其每年用于这方面的支出达50万元，这无疑也为村民开辟了增收的新渠道。

据周家茂讲述，桑蚕养殖讲究一定的技术。他首先设立了两个蚕房基地，一个用来培育小蚕，一个用来培育大蚕。小蚕是指蚕种的培育达到3龄，这一阶段要十分小心谨慎，相对来说需要注意的事项更多更严格，例如要采取防干饲养等。小蚕度过3龄后到4龄就属于大蚕，这时候就要将其转移到另一个蚕房基地。大蚕自身免疫力会好一些，不用像小蚕那样呵护，但是由于大蚕食叶多，蚕座湿度大，容易滋生细菌，所以就得每晚在喂食之前撒一层新鲜的石灰使蚕座干燥。一般大蚕在5龄后就开始结茧，待7天后便可采茧，采茧过程中要注意避免伤害蚕蛹。采茧结束后要进行洗涤，用漂白粉制成的消毒液浸泡晾干后密封保存即可。

除了周家茂自己外，他的儿子在乐安县城经营一家蚕丝被零售店，所用的桑蚕均源自自家基地，每年消耗的蚕丝约为1200斤，销售量达200多床，销售额30余万元。

二、蜜蜂养殖

流坑村有6户规模大小不一的养蜂户，规模最大的属董银飞家。董银飞曾经在外务工，后因孩子上学需要人照顾便回乡创业养蜂。外出务工之前，董银飞就有养蜂的经验，返乡创业时便重拾“养蜂人”这一角色，当地政府还补贴了8000元作为他的创业基金。2019年董银飞养蜂80箱，到2020年增加至120箱，预计2021年可达到200箱。据董银飞介绍，养蜂首先要选取合适的位置，蜜蜂最多能飞两公里，所以蜂箱的放置点要在离蜜源较近的地方，西山花草丰茂，为蜜蜂采蜜提供了良好条件。其次，养殖蜜蜂的过程中要注意多方面问题，例如蜂箱的排列、蜂群的情况、蜜蜂的越冬问题等。董银飞家的蜂蜜质量纯正，受到广大村民的喜爱，村民日常所需蜂蜜皆从他家购买，而且也深受游客的青睐，凡是向他购买过的游客之后大多会通过微信回购。养蜂规模的扩大不仅使得原本为贫困户的董银飞一家成功脱贫，而且通过招募养蜂工人，带动了更多村民就业。

流坑村除了养殖蜜蜂以外，还养殖黄牛、肉鸭等，其中黄牛已经开始集中养殖。全村有 62 户共养殖 229 头黄牛，分布在村周围的山林深处。肉鸭养殖投入少，周期短，效益高，通常有加工厂上门收购，因而深受村民特别是贫困户的喜爱。2019 年 20 多户贫困户共养殖 10 多万只肉鸭，村民收入大幅提升。

现今流坑村的经济生活日益丰富多彩，近年来不断有新兴产业发展壮大，带动村民收入不断提高。2020 年 4 月中国传统村落数字博物馆官网显示，流坑村集体年收入 1.88 万元，村民人均年收入 2950 元。①

第三节　传统工艺

一、竹　编

流坑周边多山林，乌江两岸绵延数十里盛产竹木，其竹编技艺远近闻名。虽然现今家用的竹篾制品已基本被塑料、金属等制品所取代，多地的竹编技艺逐渐褪色，但是在流坑，传统的竹编技艺依旧延续着，并随着旅游业的发展，演变成为一种生计方式。

流坑村的竹编业从南唐肇基时期便开始，随着生活品质的提高，如今人们更加注重竹编制品的精美程度，竹制品除了用作器具外，逐渐趋于工艺化、艺术化。许多竹编艺人，开始用竹编制作竹画、匾联之类的工艺品，部分生活用品也逐渐呈现工艺化发展的态势。

以竹席为例，除了日常家用的竹席外，还有间花竹席、满床花竹席，或书有诗句、名言，或绘有名人画像、古迹建筑等。竹编工艺传承人董水生是董氏镜山房后裔，他从 12 岁开始学习竹编技艺，现在不仅可以编制各种工艺

---

① 《美食物产》，中国传统村落数字博物馆，http://www.dmctv.cn，2020 年 4 月 4 日，下载时间：2020 年 12 月 8 日。

精巧的竹篮、竹筐、竹席、竹摇篮、竹盒，还可以编制许多竹织画、竹织匾联。董水生编制的书法匾联逼真传神，有人物，如“毛泽东去安源”“毛泽东戴八角帽”之画像，有花鸟、龙凤等造型，还有“状元楼”“理学名家”“鲲化南飞”“文章传辉宿、冠冕中南洲”建筑绘画等。国家文物局原局长张文彬曾称董水生的编制技艺为“江南一绝”。据董水生介绍，竹编艺术首先要重视选材，其次是竹篾的制作，最后才是编制技巧。竹子要挑选上好的，竹龄要在两年以上，再刨去第二层青篾，按要求把它们制成20片一寸的篾条或更小的竹丝，然后将这些篾条或竹丝刮净后放水里煮，如此重复两次。两刮两煮后，分别染上最好的墨色（只染一部分），再用它们去编制字画。编制好后再上一次桐油，这样做的目的是既可使其表面光滑，又可起到防腐蚀的作用。

图1-3 流坑村的竹编工艺

村中另有一位靠编制竹篰出售给游客维持生计的老人董启华。董启华出生于1944年，16岁时跟着师傅开始学习竹编手艺，此后靠竹编手艺养活了自己和家人。如今76岁高龄的他，由于精力有限，多编制较为简单、无复杂装饰加工的竹篰，售价合理，是许多游客购买纪念品的首选。董启华所编制竹篰的原材料是从山上养竹人家购买的，为了保持竹子韧劲，一般情况下一次只会购置十来根，考虑董启华和他妻子腿脚不便，卖主会送货上门。由于竹编对竹子有一定的要求，董启华无法全年持续生产。上半年的竹子缺乏韧性，不能用来编制，因此在上半年没有办法生产，只能在下半年加大产量并储存至次年上半年出售。对于竹编工艺人来说，竹编是个细活，花费时间久，利润却相对微薄，仅能维持家用。一根竹子可以编制成一个小竹筐，却需要花费一到两天时间。董启华家竹篰的出售价格小的在80元左右，大的在150元到250元不等。据董启华本人讲，在旅游旺季，靠竹编每个月能有1500元至2000元的收入，而淡季只有几百元收入。尽管如此，董启华仍然表示，竹编不仅是一门赚钱的工具，更是祖辈流传下来的一种手艺，“失之可惜”，他希望通过自己的双手让更多游客了解流坑的竹编工艺。

二、酿　酒

流坑百姓擅酿米酒，这一习俗由来已久。流坑米酒有冬酿酒和水酒之分，水酒是由冬酿酒加工稀释成的。一般来说，冬酿酒的度数在 40 度左右；水酒原麦汁浓度在 3 度左右，不足 10 斤的冬酿酒可以制成 100 多斤的水酒。

流坑村有两家酒坊，其中董福贤家的远近闻名。据董福贤老人介绍，酿酒技术是从祖上传承下来的，祖辈的酿酒技术在当时就十分出众，徐霞客喝过后曾建议开设酒坊，于是有了原先的“大顺号酒坊”，如今已更名为“正仔水酒”。糯米酒的酿造十分考验酿酒人的技术，最主要的环节就是糯米的处理，糯米要蒸到外硬内软，无夹心，疏松不糊，熟透均匀。董福贤介绍时强调“蒸糯米时一定要把握好火候”。蒸的全过程要花费 1 个多小时，而后用清水冲洗蒸熟的糯米，使其蓬松再放入缸中，将其按压、拍打成漏斗状，用稻草盖住保温，7 天后就可以出酒了。

图 1-4　流坑村的酿酒工艺

流坑百姓家一般都酿米酒，用来日常饮用，或作为节日、仪式的必需饮品。也有一些村里的商贩专门出售米酒，一部分是售给当地的游客，一部分拿到镇上的商店售卖。在流坑，冬酿酒和水酒价格相差较大，冬酿酒每斤

30元，水酒每斤3元。村民平日里喜欢喝水酒，不仅价格便宜而且酒性温和，口感尚佳。

第四节 新兴产业

一、产业扶贫与家庭作坊的兴起

产业扶贫是最直接、最有效的办法，也是增强贫困地区造血功能、帮助群众就地就业的长远之计。流坑村是具有千年历史的传统村落，也是省级贫困村，村内家庭作坊的兴起是产业扶贫的产物。发展产业是新时代实现贫困人口稳定脱贫的主要途径和长久之策，应当加强产业扶贫项目规划，引导和推动更多产业项目落户贫困地区。农业农村部、国务院扶贫办等部门不断明确贫困地区特色产业发展的指导方针，组织编制产业扶贫规划，出台更加完善的政策，总结推广过程中的典型范例，扎实推进贫困地区新型农业经营主体培育、科技人才服务、农产品产销对接等重点工作，通过促进贫困地区的产业发展从而带动农民就业，增加居民收入。

产业是脱贫之基，一个地方要发展，就必须有产业的支撑。根据国务院扶贫办统计，2019年，脱贫户中享受产业扶贫支持的占72.3%。[①] 但产业扶贫是盘大棋，要下好这盘大棋并不容易，找出符合一地发展实际的产业道路需经历相当一段时间的摸索和反复的考察。既要考量当地的生态条件、人力资源情况，又要考虑市场需求、扶持政策等问题。

为尽早实现脱贫，流坑村当地干部及驻村干部因地制宜，积极推动当地产业扶贫。流坑村的产业扶贫涉及多个领域，其中家庭作坊的兴起与发展是当地产业扶贫成功的典范，“一子落而满盘活”，不仅有效解决了村民家门口就业问题，同时也激活了地方的经济活力。

二、流坑村的眼镜加工作坊

在流坑村，眼镜加工是代表性的产业。目前共有5家眼镜加工厂，其中4家在古村，1家在新村，均开办于2016年前后。作坊老板多为以前在温州

① 黄俊毅：《决战脱贫，胜利在望》，央广网，http://news.cnr.cn/native/gd/20200517/t20200517_525092782.shtml，下载时间：2020年12月5日。

眼镜工厂务工的工人，学成技术之后便回来带动村民一起创业。之所以出现打工潮退潮的现象，大致有如下三个原因：第一，在政府扶贫项目的支持下，村民回乡创业的启动资金得到保障。第二，外出务工的村民往往是家中的中流砥柱，留守村里的老人、小孩因为家庭成员的缺席面临种种生活问题。第三，外出务工的经历让村民们掌握了一定的技术与资源，为返乡创业积累了文化、经济资本。出于上述原因，外出务工的村民抓住时机回乡创业。

流坑村眼镜加工厂的产品多半销往海外，出口的地方不仅有发达国家，也有发展中国家，还有部分送往温州贴牌，而后供销于淘宝等线上平台。出口的地点取决于眼镜框制作过程中使用的原材料。铁和黄铜制成的眼镜一般销往巴基斯坦，而白铜制成的则销往美国、日本等发达国家。

流坑村的眼镜加工作坊规模不一，多则三十来个工人，少则十来个人。青年创业者董云就是回村里办眼镜加工厂的老板之一。2016 年，在国家的政策与资金支持下，董云开办了现在的厂子。董云的工厂位于流坑新村一角的扶贫车间，这间扶贫车间面积 1996 平方米，资金投入达到 300 万元。车间有上下两层，上层为眼镜加工厂，下层为服饰加工厂。

图 1-5　流坑村的扶贫车间

目前眼镜加工厂每年能生产 200 余万副眼镜，并且产品全部用于外销，出口地多为巴基斯坦、印度、越南、美国、日本等地。扣除成本，董云的年收益可达几十万元。董云的扶贫车间解决了 30 人的就业问题，其中 16 人是贫困户。雇佣的村民多为中青年妇女，这些妇女因为要在家照顾孩子上学等原因无法外出打工，选择到时间相对自由的眼镜加工厂上班，对她们来说是可行的贴补家用的方式。普通流水线作业的工人每月有2000元左右的收入，而负责镜片抛光的岗位月工资可达5000元。在每年的9月份，加工厂便迎来旺季，每天加工的眼镜框数目达到5000副。除此之外，扶贫车间还特意解决了一批身患残疾，或者腿脚不便的村民的就业难题。眼镜加工作坊的老板会将机器安置在这些村民家中，每天定时收取产品。这些工人足不出户即可获得收入，解决了因身体原因造成的经济困难。

流坑村的眼镜加工作坊不仅给创业者带来了财富，更解决了村里近百人的就业问题，原第一书记杨细纷说："只有产业发展起来了，才能带动大部分贫困户脱贫。"现如今这句话得到了验证。

第二章

流坑村的婚姻家庭

第一节 人口结构

人口结构是以不同特征对人群进行的划分，所得结果即为不同的人口构成类型，同一类型为具有某一相同属性的群体集合。作为划分标准的因素通常有年龄、性别、受教育程度、职业、收入、家庭人数等，一个地区的人口结构直观地反映出当地的社会面貌。透过流坑村的人口结构，我们可以更清楚地了解当地的社会文化生活。需要说明的是，由于政府统计资料可得性和有效性的限制，本节中的人口数据主要来自先前学者的统计，关于性别、年龄、受教育程度的分析则主要依据笔者的家户访问资料。

一、人口规模

人口数统计的是户籍人口。新中国成立之初，百废待兴的流坑村仅有村民 2000 人左右，尚不足清乾隆鼎盛时期全村人口的半数。20 世纪 70 年代，流坑村人口约为 4000 人。至 1996 年 12 月底，全村有 820 户，人口规模较之前小幅增长，约 4300 人。① 21 世纪的前 10 年，流坑村人口规模相对稳定，户数与总人口数变化幅度不大。2011 年，流坑村人口涨幅明显，村内已有 1200 余户，5000 多人。② 流坑村委会提供的最新统计数据显示，截至 2020 年 11 月底，该村下辖 4 个自然村 30 个村小组，共有居民 1316 户，5749 人。

---

① 赖德劭、樊昌生、赖旻：《千年古村话流坑》，中国文物学会传统建筑园林委员会：《中国文物学会传统建筑园林委员会第十一届学术研讨会论文集》，1998 年，第 16 页。

② 黄更昌：《中国历史文化名村流坑》，南昌：江西人民出版社，2011 年，第 2～3 页。

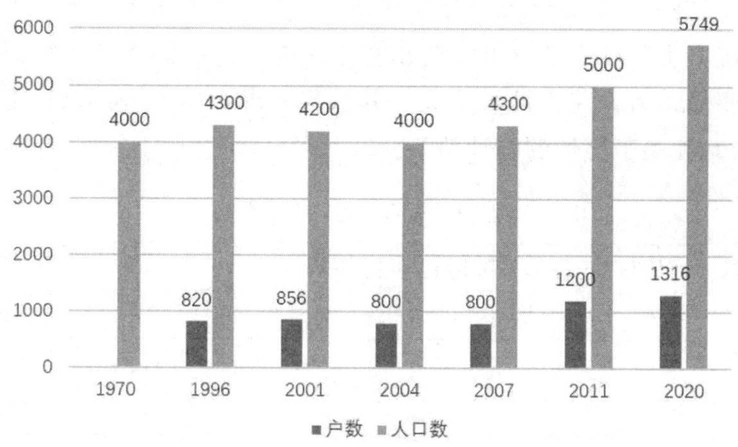

图 2-1　流坑村人口数统计图

改革开放以来，流坑村人口保持稳步增长趋势，人口恢复稠密，村落也逐渐复兴。20 世纪 90 年代，该村人口数在 4000～4500 人之间小范围波动，2010 年以后方出现较大幅度的人口增长，发展至今户籍人口已近 6000 人。目前，流坑村在外务工人员有 2700 人，①实际常住人口约 3000 人，村庄空心化率近五成。

二、年龄和性别

接受随机入户调查的 20 户家庭共涉及家庭成员 223 人，可以作为流坑村人口结构的分析依据。

在年龄结构上，流坑村人口结构偏向年轻型，人口年龄结构金字塔呈现中部宽、两头窄的特点。在接受随机入户调查的 223 人中，20 岁以下少年儿童人口占人口总数的 15.70%，21～40 岁的青壮年劳动力人口占31.39%，41～60 岁的占 35.87%，60 岁以上老年人口比例已达到 17.04%，意味着流坑村正处于老龄化社会阶段。

在性别构成上，流坑村男女比例大体平衡。在调查采集的 223 人中，男性 111 人，女性 112 人，性别比为 99.11∶100。男女比例在 20 岁及以下的年龄段内大致保持平衡，但进入适婚年龄后出现女性多于男性的情况。这

① 《疫情防控，骨干法律明白人在行动》，乐安县人民政府网站，http://www.jxlean.gov.cn/art/2020/3/2/art_4425_3373353.html，下载时间：2020 年 12 月 8 日。

是因为当地婚配的通常情况是外地异姓女子嫁入本村而本村董姓女子外嫁他村，受访户主往往将已嫁出的女儿和嫁入本户的新妇都计入家庭成员之中，但一些受访者未将女儿的丈夫及其后代考虑在内，从而造成31～50岁年龄段内女性多于男性的统计偏差。

表2-1　流坑村人口构成表

年龄段	人口数(人)	人口比例(%)	男性(人)	女性(人)	性别比
0～10岁	13	5.83	6	7	85.71
11～20岁	22	9.87	11	11	100.00
21～30岁	44	19.73	23	21	109.52
31～40岁	26	11.66	12	14	85.71
41～50岁	48	21.52	22	26	84.62
51～60岁	32	14.35	17	15	113.33
61～70岁	16	7.17	10	6	166.67
71～80岁	14	6.28	7	7	100.00
80岁以上	8	3.59	3	5	60.00
合计	223	100	111	112	99.11

三、受教育程度

总体来看，流坑村人口受教育程度较高。根据第六次编修的《流坑董氏合公族谱》卷一所载“学历芳名”推算，2012年前后流坑村至少已有572人取得大专及以上学历，占总户籍人口的10.04%，高出同时期江西省平均水平近2个百分点；另有约50人取得硕士及以上学位，占总人口的0.88%。[①]如分年龄考虑，流坑村不同年龄群体受教育程度存在明显差异。在65岁以上年长者中，从未上过学、不能识字或识字很少者占多数，只有少数老人接受过初等教育且多为男性。在过去，女性受教育机会较少，受访的年长女性中只有一名读过初中，已是村中65岁以上女性中受教育程度最高者。在30岁以上的青壮年劳动力人群中，初中毕业已是普遍，也有部分高中和中

① 六修流坑董氏合公族谱编委会：《流坑董氏合公族谱》卷一，2014年，第456～483页。

专毕业者，职业教育成为生活所需。在流坑村 20 岁以下青少年群体中，适龄儿童已全部入学，绝大多数能够完成九年义务教育，还有越来越多的青年学子走出乐安县在外地接受高等教育。

第二节　婚姻制度

婚姻是建立家庭的前提，在我国传统社会中，婚姻是男女两性的结合。婚姻作为一定时期社会文化认可的两性关系的结合，具有性的满足、为繁衍后代提供条件、经济互助、保持社会群体的稳定、增进群体间的联合的功能。婚姻促成两个群体的社会经济联结，流坑董氏的繁衍壮大与历代几个较大宗姓联姻形成的婚姻圈有密切关联。流坑拥有一套独特的传统婚俗，纷繁复杂，至今仍流传不息。现代社会的婚姻不再是过去依靠的“父母之命”，自主婚姻成为现今社会主流。流坑青年男女崇尚自由恋爱，较少受到家庭因素和其他社会因素的支配而自主选择婚姻对象，一些旧式的特殊婚姻形式已淡出人们的记忆。

一、婚姻圈

旧时的流坑男女婚姻受封建礼教和宗法观念束缚，严禁同姓结婚。流坑董氏胤明公房所定“家法八条”之二便为禁止“嫁娶小户”，认为“虎女不嫁犬儿，汉亭侯之大言诚非夸也。雉鸡鸣求其牡匹，齐景公之出涕，岂徒然哉。娶必相当，先分良贱，配非其偶，重玷门楣”，如后辈有敢犯者，将面临“定行削谱黜”的严厉处罚。[①] 遵此祖训，董姓女子到婚嫁年龄就要外嫁出村，董姓男子也要明媒正娶大户人家的女儿，这也是流坑董氏家族能够如此庞大的原因之一。这样相当严格的限制，一直沿袭到民国时期。流坑董氏与周边村落不同宗姓之间的联姻不仅维护了地方间社会群体的稳定、增进了群体间的联合，还能利用外姓资源，为董氏的繁衍壮大提供保证。流坑董氏与水南丁氏、湖坪王氏、板桥曾氏、招携谭氏及邓氏的通婚较为密切，从而形成几个较为固定的婚姻圈。

第一，水南丁氏。水南村地处乌江之畔，位于流坑村下游，相距约 5 公里，村民中丁姓占总人口的 85% 以上。水南丁氏是莲河丁氏分支，谱载于

① 五修《胤明房谱·家法八条》，2012 年，第 125 页。

明初洪武二年(1369年)迁水南，处牛田河口，地位重要，孕育出一批显宦和富商。董氏诸房谱中，还常见有董氏男子入赘水南丁氏或寓居水南的记载。董氏文肇公房渊派一支，迁牛田建村，即与水南丁氏隔江相望。

第二，湖坪王氏。湖坪王氏谱载是宋代中期由吉水王氏迁来开基。数百年间，王氏成为安乐县人口第一多的强宗大族，历代官宦不断，且以拥有很强的武装力量著称。故从人口、宦历、声望等几个方面比较，湖坪王和流坑董都是显居一二的比肩大族。从明中期以来，至少有500年以上世婚的历史。如董燧的母亲就是湖坪王氏。从经济联系上看，董氏重木业经营而缺粮，食用的大米很大一部分依靠人力从湖坪肩挑而来。而流坑人向西到永丰县内重要的中心镇藤田，又一定要经过湖坪。这样一些避不开的往来对于其婚配关系的形成与稳定，都具有积极的作用。[①]

第三，板桥曾氏。板桥村，又称桥西村，与流坑村地片相连。改革开放以前，板桥村与流坑村属同一个大队。南宋时，曾氏有进士曾丰。曾丰又在此为真德秀(西山)讲过学，因此板桥现在仍有西山书院的旧址。由于孕育出这些著名文人学者，在宋元时期板桥曾氏实是毫不比董氏逊色的著名宦族。因而在董氏一至十世有婚配记载的49人次中，与曾氏通婚者达到11人之多，占总数的22.44%，其中有相当数量是居于板桥者。

第四，招携谭氏、邓氏。招携镇靠近赣南地区的宁都县，古时是乐安县南部山区的商品货物集散中心。明代中期以前，一直有巡检司驻扎，足见仍有边远地区加强镇守的意义。流坑董氏肇文公房一支，在明代天顺、成化年间(1457—1487年)南迁招携，逐渐成为当地宦族大姓，说明当时这一带的人口不多，仍有较大的发展空间。流坑董氏的山地、林产主要在流坑与招携之间，以及分布在招携以南更高的深山区内，经济往来容易带来新的婚配关系。

二、特殊的婚姻形式

流坑村现在的青年男女多为自由婚恋，但在过去则存在一些特殊的婚姻形式，如招赘、改嫁、童养媳婚姻，有部分长者即接受了此类婚姻。他们多

---

① 周銮书主编:《千古一村:流坑历史文化的考察》，南昌:江西人民出版社，1997年，第293页。

出自贫苦人家，在旧时被认为是一种“不体面”的婚姻形式。[①]

(一)招　赘

招赘俗称“倒插门”，男子到女方家做“上门女婿”。当男方家境贫寒，而女方父母有一定的家业，但家中无子、缺乏劳力，在征得双方和族人同意后，即可由女方招男为夫。招赘时，并不举办声势浩大的婚礼仪式，花费的钱财很少，仅备几桌酒席，邀请双方家长和有关族亲订好协议即可。

(二)改　嫁

“改嫁”或称“再嫁”，与现在离婚后的重组家庭并不相同。家贫位卑的妇女在丧夫后，尤其是年轻丧夫而还未生育后代者，生活孤独无所依靠，征得族人和娘家同意方可再嫁新夫。旧时，寡妇改嫁被认为是很不光彩的行为，故而婚礼不便大操大办，也不敢讲究风光体面，一切从简，迎娶一般趁夜晚或天未亮时悄悄进行。

(三)童养媳婚姻

童养媳婚姻是一种基于经济考虑而生的婚姻形式，多是在男女两家都为贫苦人家时出现。男方家长在儿子尚且年幼时，出于将来或无充足钱财为其娶妻的考虑，收养同为贫困人家的幼女，等到抚养长大成人后与自己儿子成婚。女方娘家一般生有多个女儿，无力抚养才送作童养媳，女方家庭减少抚养负担，男方家庭则相应地减免婚礼花销。在调查中，有一名童养媳因寄养家庭的儿子已娶其他女子为妻，遂被男方抚养长大后作为男方家庭的“养女”再嫁到别家。

第三节　家庭结构

家庭是缔结婚姻的结果，家庭之内包含着婚姻的关系，但也有婚姻失去而家庭犹存的情况。家庭是由亲子构成的生育社群。“亲子指它的结构，生

---

① 黄更昌、王春元、詹楚强等:《流坑历史文化资料集萃》，南昌:江西人民出版社，2014年，第101页。

育指它的功能。"[①]主要的家庭类型有核心家庭和扩大家庭。核心家庭是由夫妻及其未婚子女组成的小家庭,扩大家庭由两个及以上核心家庭因血缘、姻缘、收养等关系而组成。扩大家庭又可分为多偶制家庭(一夫多妻制家庭和一妻多夫制家庭)、主干家庭和联合家庭。一夫一妻制的要求已将多偶制家庭形式消除在旧社会,由父子轴、兄弟轴扩延开的主干家庭和联合家庭则彰显着流坑村内存在的宗族文化特点。我们按"共居"(在一起居住)、"共食"(在同一个灶台做饭)和"共财"(共同持有一定的经济来源)三个标准作为主要划分依据,将流坑村的家庭结构分为核心家庭、主干家庭、联合家庭和其他家庭。

一、核心家庭

核心家庭(nuclear family)是一对夫妻及其未婚子女组成的家庭,子女既指有血缘关系的,也包括有正式收养关系的。[②] 受访情况显示,流坑村子女婚后往往另立家户,搬至离古村不远的新村或更为发达的县城居住,除尚未娶妻的儿子以外,很少出现已婚子女与年迈双亲一同居住的情况。故而核心家庭已经成为流坑村最普遍的家庭形式,占比超过50%。

二、主干家庭

主干家庭(skeleton family)是扩大式家庭的一种,是一对夫妻及其一个儿子组成的生育家庭,该子包括入赘婚中的上门女婿,[③]也包括养子的情况。流坑村传统宗族社会的主干家庭,其组织轴心为男性,以父子关系为纵轴线,是父系扩大式家庭。年轻一代的家庭成员把他们的妻子或丈夫带到家庭中来,新的成员出生不断交替,因此主干家庭能够不断地维持下去。在现代的流坑村,当家庭生育多个儿子时,往往只有一个儿子留在家中。并且通常情况是由幼子或最晚结婚的儿子留在家中,也有的情况是兄弟几人均赶赴外地谋生,只有某个兄弟留在村内发展,他既有权利享受更多的家庭财产,同时也需要承担更多的赡养义务。主干家庭占流坑村家庭类型的20%。

---

① 费孝通:《乡土中国》,北京:北京大学出版社,2012年,第62~63页。

② 朱炳祥:《社会人类学》,武汉:武汉大学出版社,2009年,第137页。

③ 朱炳祥:《社会人类学》,武汉:武汉大学出版社,2009年,第138页。

三、联合家庭

联合家庭(joint family)允许多个已婚子女留在家中。有的是一对夫妻及诸子女的生育家庭，有的由诸同胞兄弟及其配偶、子女组成，有的是三世以上的多世多支的家庭。[①] 事实上，联合家庭是传统宗族家庭的组织形式，有利于拥有丰厚财富的大家庭的持久经营。大家庭由多名儿子各自的小家庭紧密联结而成，以一名精干的男性成员为主导，所有家庭成员共同参与到一个大家庭的生计经营和发展规划，联合抵抗外部力量的侵扰。调研发现，有一户家庭育有两个儿子，两个儿子婚后仍住在同一房内，隔厅相望，并未与老人分家。他们的特殊情况是，幼子不幸遇车祸身亡，长子则承担起更大的家庭责任，赡养老人的同时还尽力帮扶弟弟的家庭，事实上也属于联合家庭的形式。联合家庭占流坑村家庭类型的 20%，比例与主干家庭大致相当。

四、其他家庭

除核心家庭、主干家庭、联合家庭外，流坑村现有的家庭形式还有约 10%属于重组家庭、单亲家庭和单身家庭等形式。重组家庭(uniparental family)指夫妇双方至少有一人已经历过一次婚姻，并可有一个或多个前次婚姻的子女及夫妇重组的共同子女。重组家庭的特点是人数相对较多、结构复杂。男女双方与原配婚姻不合，为追求真正的婚姻幸福而与前任解除婚姻，离婚后男女重新组合家庭，今人的偏见已有很大改善，女性再婚已不再被看作是一种特别不光彩的行为。单亲家庭(single parent family)是指由离异、丧偶或未婚的单身父亲或母亲及其子女或领养子女组成的家庭。单亲家庭的特点是人数少，结构简单。最简单的家庭形式是单身家庭。单身家庭(single family)为单人独立成户的家庭，已分家的未婚者独自组成一家，不与老人一起居住也未收养孩子。在流坑村，单身家庭的情况存在，但较为少见，本次抽样调查中只遇到一户，属于个例。

---

① 朱炳祥:《社会人类学》，武汉:武汉大学出版社，2009 年，第 139 页。

第四节　分家及继嗣

一、分　家

分家是中国社会家庭增殖的一种主要方式，一般是指已婚兄弟间通过分割财产，从原有的大家庭中分离出去的状态和过程，即“另起炉灶，另立门户”。门户的另立自然就是一个新家庭的产生，是家庭再生产的表现。传统中国农村的分家是按股分，一个兄弟编为一股，每个兄弟都代表了一个大家庭内不同的支系，即诸子均分制。分家是把本来在一个亲属团体的分子，分成几个经济上相互独立的小团体的过程。[①] 女儿的经济地位遭到忽视，她们通常不被列入财产分配的计划之中，分家时无权参与田地、房产等的分割。年轻一代经济独立的要求便成为家这一群体的瓦解力量，最终导致分家。[②]

传统的流坑家庭普遍为累世同居的大家庭，即联合家庭，兄弟、父子分家的情况较少。在这种情况下，只有当家长遇老病不能理家政，或志在静修、不愿理家政时，才会选取家庭中“次尊长者”代理家长之职，或由家长选择一人代为处理家事。[③] 也就是说，旧时的流坑社会在“家长”身份的传递中完成社会继替，各大家庭并不分家，故而族谱中的此类记述也较为罕见。现在的分家并无一套固定的仪式程序，属于自然分家。通常情况是，儿子婚后即搬离旧居，在其他地方兴建新宅，女儿则随丈夫在外居住。如一名受访老人说：“各人带老婆出去吃，儿子娶了老婆、女儿出嫁就相当于分家了。我的大儿子是我给他的钱让他娶的，小儿子就是自己和女方谈，男女双方同意就行。”

二、继　嗣

继嗣常与婚姻家庭和亲属关系联系在一起。从文化意义上讲，继嗣是

① 周大鸣、秦红增：《文化人类学概论》，广州：中山大学出版社，2009年，第137页。

② 费孝通：《江村经济》，北京：北京大学出版社，2012年，第59～60页。

③ 王敏、罗桂林：《明清时期江西的家庭与分家习俗》，《地方文化研究》2013年第2期。

一个人为社会所承认的与其祖先之间的联系。[①] 汉族的传统宗族社会以父系继嗣为继嗣规则的单系继嗣，即从父系的血统追溯祖先，从而获得被群体成员认可的相应的权利、义务和地位。流坑村的继嗣规则亦属此类。为确保自家的香火延续，生有女儿但未生儿子的家庭可以通过“招赘”将“上门女婿”作为儿子对待，也可以通过“过继”本房内其他人的后代来获得名义上的子嗣。事实上，未娶者及未生育家庭只能选择后一种方式。如果一个人死后无子女，他的近亲层中最近的亲属便自然地成了他的嗣子，并根据惯例，继承他的财产。[②]

在流坑村，过继只在同一房支内发生。笔者采访到一个将幼子过继给同房兄长的例子，受访者为笔者讲述了过继的原因和细节：

> 有一个同家里人，80 多岁的老头子，他有儿子，但是没有孙子。他临终前，我们把第四个儿子过继给他们家了。具体就是把第四个儿子过到老头子他娘的名下做孙子。过继过去了还是我们自己带大，生的孙子一人一半，两边都是孙子。也不管他的养老，但他死的时候会过去。在墓碑上写了我儿子的名字，清明节也要帮他扫墓。[③]

在这个案例中，同房支老者虽已有儿子，但儿子年近六十未生育，不想带着遗憾离世。为满足老者的遗愿，这家人将幼子过继为老者母亲的孙子，也就是老者的儿子，幼子生下的儿子在两边都是后嗣，此谓“过半继”。过继无须繁文缛节，通常情况是，两家人在一起吃饭并在族人的见证下订立契约，便完成过继的程序。实际上，继承人并不与他自己的亲生父母断绝社会关系，他将与其原生家庭一体居住，被继承的家庭通常也不承担抚养的责任。因此，这种过继主要只是承担礼仪上的义务，如在年节看望被继承人，并负责操办其葬礼。继子有权继承遗产，但通常情况是，支付日常开支和丧礼花销后，被继承人并没有太多留给继子的财产。换言之，广泛存在于族谱上的过继现在只不过是一种“名分上的过继”。

据一名老者讲述，在流坑村，曾经发生过因过继而造成的兄弟之争。曾有同胞兄弟二人，兄长未能生育子嗣，而其胞弟拥有一子，二人商议，将其过继给兄长为继子。然而，这位弟弟后来一直没有再生育儿子，在修族谱时想

---

① 周大鸣、秦红增：《文化人类学概论》，广州：中山大学出版社，2009 年，第 149 页。

② 费孝通：《江村经济》，北京：北京大学出版社，2012 年，第 63 页。

③ 访谈对象：董某；访谈时间：2020 年 11 月 18 日；访谈地点：访谈对象家中。

要“悔继”，将儿子划回自家名下，兄弟二人反目成仇。后来经过房中尊长商议，认为弟弟只有这一个儿子，于情于理都只能划在本家名下。哥哥提出可将侄子同时划在兄弟两家名下的异议，但族人认为此不符规矩，拒不承认“半继”说法，最终哥哥只能另想办法。但有所变通的是，现在出现了过去不被族规允许的“承半继”和“过半继”做法，即在族谱上，一个男丁可以同时划在自家名下和过继给其他家，甚至同时过继给两家无子家庭，此男丁为“半继子”。

第三章

流坑村的董氏宗族

第一节　宗族源流

关于流坑董氏的源流,《流坑董氏合公族谱》载:

吾家出自颛顼后,叔安之裔孙曰董父,能畜龙以事虞帝,帝嘉之,赐姓董氏曰豢龙,其后遂以董为氏。自三代以来其名世也远矣,皎然翘为天下所共尊。周兴以后,星列斗布,合而复裂,裂而复合,至春秋安于臣事简子。秦末董公三老者,汉祖兴,项羽狱义帝,公劝帝诛羽,必为义帝发丧,由是天下翕然从之,厥没永以孝感天帝。至武帝时,仲舒公以天人进江都王相,生子曰纶。纶生,为侍御史。晕生宣,字少平,光武时为洛阳令。宣生吉。吉生春,为庐江太守。春生黯,以至孝称,召拜郎中,显佑保护,故称其乡。又建武间,孝灵加封纯德,征君不起。黯生宗鼎。鼎生燮。燮生椿。椿生卓,献帝时为相。卓生承,承受衣带诏。承生和,为益州刺史。和生允蜀汉为侍郎,延熙中守尚书令,孔明谓后主曰:允忠良死节之臣也!允生昭,拜司徒,谥定侯。昭生挺,挺生子二:长子曰顾。顾生久道,为员外郎。道生初旭。旭生奉,居庐山,仙医也。奉生浚。浚生京,白莲社逸士也。京生休征。征生伯仁,善画。仁生龙。龙生宾谷,授业河汾,升扬州刺史。谷生复古,隋时为刑部尚书。古生普。普生廷。幼子曰赡。赡生舜宾。宾生初晨。晨生敷。敷生源。源生奔,奔生体美。美生伯元。元生豹。豹生应谷,谷生复初。初生子三:长曰晋,字混成,世居河中虞乡万岁里,少以明经上策累官,唐德宗贞元年间,拜相爵,升封陇西开国郡公。次曰申,字洛成,吏部侍郎,谥恭惠。幼曰玉,从许旌阳真人,斩蛟有功,追封白马将军。至大宋江边万里崇祠庙享，先公有灵能无抱痛乎？故憔心追乎不独清世系，辨昭穆已也。[①]

流坑作为一个董姓宗族村，开基于五代南唐升元年间（937—942 年），距今已逾千年。原有三个姓氏的居民，分别为董姓、曾姓、何姓。随着历史的发展和社会的变迁，村中的人口构成发生了巨大的变化。现有 856 户 4200 多人中，其中董姓占有 831 户，占全村人口的 95%以上。除董姓外，有 25 户其他姓氏居民，曾、何两姓，除了 2 户曾姓留居流坑，何姓早已不知踪迹，现有村中各外姓的居住历史都不超过三代。

一、五代开基

流坑董氏已有上千年的历史，虽然尊西汉大儒董仲舒为其远祖，但并没有明确的世系表明流坑董氏为董仲舒的子孙。近祖推测为唐德宗时任宰相的董晋。由于董晋为“陇西郡公”，故流坑的郡望为“陇西”。唐朝末年黄巢之乱，董晋裔孙董清然为逃避战火，从安徽迁居临川扩源（今江西省宜黄县北源村）。[②] 董清然共生二子，分别是万一（董连）与万二（董称）。董清然去世后，长子万一在南吴顺义年间（921—926 年）施田“壹千叁百亩，火佃叁拾贰所，鱼塘捌口”[③]，建黄山寺为守其父墓。随着时间的流逝，董清然第三代孙董全、董含、董合兄弟开始分居三个地方：董全迁往鄱阳海口，被称为德兴海口派；董含留居临川扩源，为宜黄扩源派；董合定居流坑，由于当时流坑属于吉州庐陵县云盖乡管辖，所以族谱中董合一支称吉州庐陵派。[④]

五代南唐升元年间（937—942 年），董合先在村北岸山脚下乌江西回转角处之白泥塘开基。约历三代后，董氏生齿渐衍，遂迁至河东南岸三面环水的芦苇洲辟居。董合育有二子：董桢、董耽。二人共有子 7 人，分别是董文广、董文肇、董文晃、董文亨、董文明、董文源、董廿六郎。于此，董氏宗族的雏形基本形成并最终于今流坑村定居。

① 六修流坑董氏合公族谱编委会：《流坑董氏合公族谱》卷一，2014 年，第 155～156 页。

② 董裕：《董氏文献内志》卷五《本源考》，时间不详。

③ 黄霖：《流坑董氏重修族谱·重修黄山祠碑记》，明万历十年本。

④ 董裕：《流坑董氏重修族谱·居徙考》，明万历十年本。

二、两宋兴盛

两宋 300 年间，由于当时良好的社会氛围及族中子弟的奋发图强，董氏家族科举勃兴、仕宦如云，成为名闻江右的世家大族。这一时期的流坑主要以官宦之兴促成宗族的发展、奠定宗族的物质基础，宗族结构也基本成型。董合长孙董文广由于年事已高，在明法科中选后回乡设立了私学，一心培养本族子弟科举入仕，“以儒名家”。他以重金聘请名师于村中讲学，广购诗书，收纳人才，培育子弟。不出几年，以前荒凉的山村变为沃壤良畴，村舍俨然，子孙诵书之声朗朗可闻的乡村。大中祥符七年（1014 年），董滋、董湘、董渊、董淳 4 人同时中举。第二年，董淳进士及第，成为流坑董氏荣登进士第一人，流坑的科举之门亦由此开启。

宋朝董氏家族成员担任过从教谕到宰相等不同级别的官员，做官人数多达 100 余人。[①] 这些官宦为家族带来了显赫名声，同时也加强了流坑与当时政界的联系。例如董淳之子董伯懿，曾任秘书丞、刑部详覆官，与梅圣俞、王安石有着密切的往来关系。梅圣俞曾作《寄题庐陵董氏桂林书斋》一诗，以记叙其在流坑做客的情景：“尝闻云盖下，聚书为大富。往往见子孙，缘天掇星宿。掇星星若珠，光彩出屋漏，秋收万顷田，作酒日为寿。亦有千里归，锦衣行白昼。”[②]而王安石的《王文公文集》中有 7 首诗是与董伯懿唱和的。这些人脉关系对流坑的壮大有着不可小觑的作用。

政治的荣显带来了巨大的经济利益，加之当时朝廷“不抑兼并”的土地政策，流坑先辈广置田产，为宗族的壮大奠定了坚实的基础。两宋时期虽社会动荡不安，但当时流坑所处之地相对封闭，受外界影响相对较小，这也是董氏宗族能够稳步发展的条件之一。清道光十四年（1834 年）的《抚乐流溪镜山房谱》中记有“家雄于赀，田连村陌，山林川陆，跨有邻疆”[③]，当时仅镜山一房的资产就包括山田水路，覆盖周边区域，由此可知当时流坑经济已经是富足而且强大的。宋欧阳修等人提倡的宗族义田制度，作为宗族的物质基础，包括书灯田、祭田以及社田、义庄田等。流坑宗族也跟随当时的社会风尚，在之后购置了许多山产田地作为宗族祭祀、族人读书、宗族活动仪式

---

① 黄更昌：《流坑历史文化资料集萃》，南昌：江西人民出版社，2014 年，第 49～60 页。

② 梅尧臣：《梅尧臣集编年校注》下，上海：上海古籍出版社，2006 年，第 232 页。

③ 《抚乐流溪镜山房谱·山地产业》，清道光十四年本，转引自李秋香：《流坑村》，石家庄：河北教育出版社，2003 年，第 25 页。

举办的经济来源。

及至南宋末年，常年混战和外族入侵最终还是波及流坑的稳定发展。流坑董氏出于爱国，响应文天祥于江西赣州起义勤王，但不幸兵败。其后十数年流坑饱受山贼侵扰，入侵者烧杀劫掠，使董氏宗族损失惨重，族人被迫奔走四处避祸。[①] 此后，流坑走向衰弱，科举也严重受挫。元朝，整个流坑董氏的科宦稀少，仅有举人 1 人、荐举 2 人、军功 2 人。元至正十一年(1351 年)，红巾军起于淮甸，中原反元的序幕拉开，起义军以"磨富长贫"为号召，各地百姓纷纷响应，战火很快就影响到了江西。董氏宗族组织族人成立义兵团自保才得以安稳几年。

战乱带给流坑的灾难不止如此。至正十六年丙申(1356 年)春季，外乡迁居流坑的人与县里的夏普武装联合攻打流坑，董氏宗族自卫抵抗几个月后，因为对方人数众多，"奔迸四出，老弱毙于兵刃者不胜计"[②]，"丙申之难"被认为是流坑历史上首个严重的人祸。这以后的董氏族人四处流浪，宗族分崩离析。有些房支迁往偏远山区避祸，湖北麻城派的始迁祖董奉高、福建长汀叶屋村的念一郎等，都是在这个阶段流居外省、另辟家园的。至正二十五年(1365 年)，朱元璋平定江西，之后的数年，社会逐渐稳定，董氏族人陆续回到流坑，重建家园。

三、明清繁荣

明朝以后，董氏家族渐渐进入其历史上第二个鼎盛时期。这主要得益于科举业的兴盛、宗族体制的规范化以及竹木贸易的发展等三个方面因素的影响。

首先，流坑科举业在明代得到了快速的恢复与发展。董叔文、董琰在明洪武五年(1372 年)参加乡试，高中举人，成为明代流坑科举的先例，而后的数年中董氏以制举、常举等方式入朝为官者不少。在明代，流坑出现了许多位高权重的宗族精英。董琰为国子司业、赵王府长史，是明清时期流坑科举的骄傲。明成化二十年(1484 年)，董时望是明代流坑董氏进士第一人。董燧在明嘉靖十年(1531 年)中举，而后官至南京刑部郎中。据统计，明代董

① 方志戎：《江西流坑村乡土建筑初探》，高潮主编：《中国历史文化城镇保护与民居研究》，北京：研究出版社，2002 年，第 167～168 页。

② 六修流坑董氏合公族谱编委会：《流坑董氏合公族谱》卷一，2014 年，第 195 页。

氏获得科名或官职者的族人不下60人。董氏家族除了兴建众多的书院、书屋外，还别出心裁地建造了魁星阁、文昌阁等学术交流场所，为村中子弟提供了优美的居住环境和学习条件。族中成员平时的闲谈与大家偶尔的造访讲学成为明代流坑一道独特的风景，整个村庄沉浸于浓厚的文化氛围中。据称，陈九川、邹守益、聂豹等王学大家曾先后到过流坑，并在村中讲学研讨。

明代流坑的教育呈现出区别于前朝的开放性。族中子弟并不纯粹为科举而努力奋进，更主要的是由于家族传统和兴趣爱好。他们经常结伴出省，寻师问道，而不是局限于流坑或附近的村落中学习。如董燧曾拜欧阳德为师，"获良知之学"后到淮南跟随王艮继续学习王学，"曲尽心斋旨归"，从而成为江右王门的成员之一。董焕在邹守益、聂豹、陈九川等人处学习数年。族中子侄在成年后也多前往名山、书院等处学习王学。流坑成为"江右王门"的重要据点之一。

其次，流坑宗族在明代出现系统化、条理化的管理模式。董燧、董极（官至四川大足县令）以及董裕等，根据古法建立了一套社区与宗族建设的有效办法，具体措施包括对大宗祠进行重建、建立以"彰义堂"为首的各祠堂捐银进主制度等有利于敬宗收族；修订与颁发大宗族谱，巩固了宗族成员的历史认同感、加强与各地同宗之间的联系；依据周礼迎回外迁的宗子，使其长期主持宗族的祭祀，作为宗族的精神象征；制定系统的族规与管理班子轮流管理族务；重新规划村落的格局以及防卫体系，防患于未然；定期举办族人的会议，配合乡约进行敦亲睦族的思想建设，等等。此后，董氏宗族"一族之人心，涣而复合，漓而复淳，翕然丕变，率教而遵道者，内外无间"①。董氏宗族逐步发展成为一个运行良好的地方基层组织。不仅如此，董燧等人通过创办圆通会，对族中子弟进行忠君爱国、礼义廉耻等封建宗法教育。族中男性成员每月两次聚会于圆通会中接受这种礼教的灌输，从而使得封建教育与宗法互为里表、互相作用，最终使流坑董氏宗族成为一个族人团结、宗族凝聚力强大的宗族组织。

再次，流坑的经济在明清两朝不再依靠科举业，而开始走上宗族垄断贸易的道路。由于地处山区，流坑土地稀少，稻作经济不发达。在明清人口迅速增长的同时，人地矛盾日益尖锐，族中子弟开始弃儒经商。据万历族谱

① 六修流坑董氏合公族谱编委会：《流坑董氏合公族谱》卷一，2014年，第260页。

载,族人因经商举家迁居外地的不在少数。在这种背景下,伴随着长江中下游地区商品经济的发展以及乌江上游山区客家先民的迁入和开发,乌江流域的资源开发和商品贸易逐渐兴起。上文提及流坑处于乌江河道由湍急变缓、河面由窄转宽的有利河段,是周围河运地理位置最好的一处。董氏凭借强宗大族的人脉与势力以及对上游丰富的山林资源的占有,逐渐成为乌江流域竹木贸易中的主要成员。此后,竹木贸易为流坑带来了可观的经济利益,商业贸易也因此取代科举成为董氏宗族继续发展和壮大的基础。董氏一族在商业贸易的推动下繁荣强大起来。

清代,流坑村的竹木贸易业延续了明代的发展趋势,不仅从事贸易的村民越来越多,而且出现了行会组织——木纲会,最后出现了乌江上游的竹木贸易被董氏家族垄断的局面。竹木贸易的兴盛,既为流坑培植了许多富甲一方的商贾,也为董氏家族带来了巨大的社会声望,巩固了其强宗巨族的根基。这些竹木商人发家致富后,并没有随意挥霍财富,他们多将资产用于宗族建设以及自身身份的提高。例如在本村建房、在外乡买山购地、在居住环境和生活条件提高的同时,不忘扩展山林产业以保障竹木贸易业的后续发展。由于清政府设有捐纳制度,即可向政府捐钱买得虚位官名,根据捐献钱财数量人们可购得儒林郎、同知、千总、监生、贡生等不同身份。在重文轻商的封建社会,流坑的富贾大多选择了这条路为自己赢得了声望,为家族带来了荣耀,从而提升社会地位。

从中我们可以看到,流坑在明清时期的一个重大特点是经济来源的改变。两宋时期流坑是以科举教育发展宗族,促进宗族经济的兴盛;而明清时期流坑村宗族教育的发展,却逆向而为,得益于宗族经济的支持和推动。明初,流坑的宗族经济主要来源于宋代仕宦先祖所累积的财富。宋代官禄甚丰,故流坑董氏的仕宦之兴也为宗族经济带来了巨大好处。明清时期江右商帮经济的形成,对于促进宗族教育的发展起到了重要作用。宗族教育的持续发展,反过来推动了商帮经济进一步走向繁荣。科举教育与商业贸易是流坑最重要的两个支撑点,二者相互作用,共同推动董氏宗族在明清时期达到鼎盛。

四、民国衰落

自1840年鸦片战争以后,随着中国沦为半殖民地半封建社会,清王朝一蹶不振,流坑村也开始走向衰落。1850年,太平军进兵江西乐安,一度占领乐安县城。流坑村董廷标等人不仅为清政府举办团练捐饷，而且督率族人参加团练，直接与太平军对抗，致使不少族人战死沙场。清咸丰七年(1857 年)四月，太平军攻入流坑，董氏族人伤亡惨重。此后，流坑村经济衰退，人口锐减，竹木经营也遭受重挫。

民国时期，混乱的社会局势再次给流坑带来惨痛的灾难。1927 年 8 月，一个北洋军阀的营长邢玉堂率领一批官兵攻打流坑村，在村中烧杀抢掠，烧毁流坑 400 多年的大宗祠和许多宅邸房屋。伴随着董氏宗族组织的中心和象征——大宗祠的被毁，董氏宗族组织也逐渐走向没落消亡。

第二节　宗族结构

一、宗族裂变

流坑董氏宗族的形成时间早、存续时间长、族人众多、结构复杂，其发展轨迹浓缩在近 30 个不同版本的房族谱牒中。现有的流坑宗族一般指从未移居外地的文肇房淳派，文晃房淇、洙派。另有两派迁居外村，分别是迁居乌江上游招携引水村的文广房(长房)正己派、招携江田村的文肇房滋派和下游牛田村的文肇房渊派，距离流坑村均不超过 15 公里。

流坑开基祖董合的次子耽系一支繁衍到七世时就消亡了，而长子董桢一系却枝繁叶茂，绵延千年，在宗族第三代的时候分裂成：文广(明法)、文肇(屯田)、文晃(校书)和文亨(道者)四个支系。由于社会、经济等多种原因，一些房支消亡，一些迁往别处，最终存留下来的是文肇、文晃两支。至明弘治、嘉靖年间，流坑人口已经极为繁茂。根据明万历十年(1582 年)《流坑董氏重修族谱》的粗略统计，流坑大约有男丁 2250 人。如果女性成员也以相等数额计算，那么当时流坑村总人口应为 4500 人左右。值得注意的是，除文晃房约 1050 人外，有 3400 人左右都是文肇房的子孙。

董氏宗族随着流坑村人口的迅速增长，开始发育裂变，房支越来越多，划分得越来越细。其中文肇派由于人数众多而逐渐衍化为相一(良辅)、相二(良弼)和相四(良驭)、仲吉、双桂这五大房支。清朝时期，相一房又分化为胤隆、胤明和胤旋三房。这样流坑实际就有八大房支：文晃房(第三代)、仲吉房(第十代)、双桂房(第十三代)、相二房(第十七代)、相四房(第十七代)和胤隆房、胤明房、胤旋房(均为第十八代)。这种房分格局从清初延续至今，未见根本性的变化。

二、宗族分化

流坑宗族的分化呈现出两大特点：首先，时间上的不平衡性以及代际的间隔十分久远。流坑八大房主要是由文晁公一房以及文肇公七房构成。其中文晁与文肇公都处于宗族发展的第三代，仲吉为第十代分裂出来的，双桂在第十三代，相二、相四在第十七代，胤隆、胤明、胤旋均为第十八代时期分裂出来的。裂变时间由第三代开始一直持续到了第十八代，这在历史上十分罕见。

在我国传统的家庭生活中，当有足够的经济实力，或人口到一定数量时，同辈男丁均各自独立为一房，常见的宗族社会也大致遵循这一规则。理论上只要不断地有子辈独立分家，就有房分的产生。房分是分家的更高等级，既是一个血缘的分裂等级又承担着凝聚宗族种次级等级与事务管理职能。在宗族组织中，房分是根据宗族内部结构的复杂程度而设立，简单的宗族只分成几个房分，而人口庞大的宗族在房分之下还要再细分房分，即大房之下还有小房。房分的设立最主要的因素是人口的多寡，只有人数发展快速、人口庞大的宗族才产生大量的分裂，如果人口稀少，那么分裂则难以产生。最理想的状态是各房人口数量相等从而使宗族的内部结构和权力关系保持基本平衡。第二个影响房支分裂的因素是经济因素，当人口数量达到一定程度的时候，若财富积累没有达到相同水平，分裂则难以产生。只有在人口与财富处于一个相对发达的情况下，裂变才会产生。因此有些宗族中，几个房分之间处于同一辈的关系，宗族裂变会很容易就停止。而在另外一些宗族中，房分之间则出现了明显的代际差异，并且有愈演愈烈的趋势。在流坑周边一些规模较小的村落中，如水南的丁姓村，几大房分之间则没有代际上的明显差异，而且大房之下往往不再划分小房。流坑宗族发展了将近五十代左右，且分裂代际的差异如此之大，充分说明其人口发展的持续性，同时也能够证明其经济繁荣发展的持续时间之长。

其次，流坑宗族各房支居住区域相对固定。如文晁公一房居住村西南，大抵是从上巷，过闯家巷与明经巷，越过街上，到状元楼旁的五桂坊遗址，是比较独立的空间。因文晁公是由第三代分裂出来的，并且与其他七房在亲缘关系上最为疏远，因此在居住范围上与其他房泾渭分明。

文肇公住村东北，从明居巷东部向北延伸，过贤伯巷、中巷、隆巷一直到董氏大宗祠为止。在第十七代前，文肇公子孙的主要居住范围在贤伯巷附近。由于十六代桂林公的子孙繁茂，其子弟也渐渐将居住范围以贤伯巷为中心，向北及西北扩张。随后相四房的胤华、胤功派的取代曾姓在板桥的居住区域，文肇房最终也占据了该地区。房支与街巷相对应的居住格局是嘉靖年间董燧、董焕等人按七横（东西走向）一纵（南北走向）[①]的主体规划所大致匡定下来的，到清代中期，这种对应关系就基本稳定下来，并延续至今（见表 3-1）。

表 3-1　巷道与房支的对应关系

<table>
<tr><th colspan="2">八巷</th><th>房支</th></tr>
<tr><td colspan="2">上巷</td><td>胤旋房之万载（菊八）公</td></tr>
<tr><td colspan="2">闯家巷</td><td>文晃房</td></tr>
<tr><td rowspan="2">明经巷</td><td>西面</td><td>文晃房</td></tr>
<tr><td>东面</td><td>仲吉房</td></tr>
<tr><td colspan="2">墟上巷</td><td>仲吉房</td></tr>
<tr><td rowspan="3">贤伯巷</td><td>贤巷</td><td>相二房之朴轩公</td></tr>
<tr><td>伯巷</td><td>相二房之思齐公</td></tr>
<tr><td>赵家</td><td>胤旋房之复新公</td></tr>
<tr><td rowspan="3">中巷</td><td>主体</td><td>胤旋房之振卿（先八）公</td></tr>
<tr><td>狮子门</td><td>相四房之胤昂、胤达公</td></tr>
<tr><td>下屋</td><td>相二房之坦然公</td></tr>
<tr><td colspan="2">板桥</td><td>相四房之胤华、胤功公</td></tr>
<tr><td rowspan="3">沙上巷</td><td>南面至（胤）清公祠</td><td>胤旋房之绍思公</td></tr>
<tr><td>中段金沙钱</td><td>胤旋房之懋官（发五）公</td></tr>
<tr><td>北面至坊牌楼下</td><td>胤明房</td></tr>
</table>

当然也有不同房支混居的特例。如当一人与本房支或直系中的某人关

① 现改称为“七纵一横”。

系不好，而与其他巷内的房支感情更为要好时，可选择与他房族人居住。也有因房屋买卖导致的房支混居的现象。流坑宗族的分化主要具有持续时间长且代际不平衡，以及裂变分支有明确的地域分化，不同房支在生活上相对独立等特点。

第三节　祠堂、族谱与族产

祠堂、族谱、族产是宗族组织的三大要素，三者相互作用于宗族的精神与物质领域，使宗族成员在生产与生活中产生认同感。

一、祠　堂

祠堂是供族人共同祭祖和进行其他宗族事务的场所，它使宗族的祭祀成为一种全民性的仪式，“一个形式血缘群体成为自觉性的宗族的关键是形成共祖的认同，祠堂的始祖之祭就是将共祖这一隐性事实转化为显性的客观实在，从而在宗族成员的观念和情感上确立这种认同，并通过不断地祭祀仪式加以维系”[①]。

表 3-2　流坑村现存董氏祠堂

编号	祠名	祭祀对象	房支	位置	建祠年代	备注
1	大宗祠	董合	开基祖	陌兰洲	明嘉靖	宋赠司徒，存遗址
2	屯田祠	董文肇	文肇	明经巷东端	清重建	第三代，宋赠屯田郎
3	秘阁校书祠	董文晃	文晃	龙湖西岸	明	第三代，宋赠秘阁校书郎
4	太保祠	董淳	文肇	乌江西岸	明	第四代，官至太子太保，存遗址
5	光禄观察祠	董淇 董洙	文晃	明经巷西端	清	第四代，董淇为光禄寺卿，董洙为观察推官
6	敦逸祠	董敦逸	文晃	上巷	明	第六代，官至户部侍郎、太子太保，赠少师
7	双桂祠	董哲卿	双桂	隆巷东段	明建清修	第十三代

① 郭志超：《闽南宗族社会》，福州：福建人民出版社，2008 年，第 59 页。

续表

编号	祠名	祭祀对象	房支	位置	建祠年代	备注
8	梅所祠	董学永	文肇	贤伯巷东端	清	第十四代
9	明斋绳武祠	董明善兄弟	文晃	龙湖西岸	明	第十五代
10	环山祠	董韫清	文晃	乌江西岸	明	第十六代，存遗址
11	守斋祠	董良辅	文肇	沙上巷	明建清修	第十七代
12	中冈祠	董良弼	文肇	龙湖西岸	明建清修	第十七代
13	启诚祠	董启诚	双桂	隆巷	清	第十七代
14	芳远祠	董茂芳	镜山		清	第十八代
15	茂蕃祠	董茂蕃	镜山	墟上巷	清	第十八代
16	胤隆祠	董胤隆	胤隆	陌兰洲	清	第十八代
17	环中祠	董胤旋	胤旋	中巷东段	清	第十八代
18	直斋祠	董胤功	胤功	桥西	清	第十八代
19	绍南祠	董绍南	双桂	隆巷中段	清	第十八代
20	绍行祠	董绍行	双桂	隆巷	清	第十八代
21	念征祠	董征乾	文晃	闯巷	清	第十九代
22	复新祠	董复新	胤旋	中巷	清	第十九代
23	纯然祠	董复能	胤清	沙上巷	清	第十九代
24	乐善祠	董守	胤明	西屋下	清	第十九代
25	明贤祠	董时望	胤昂	乌江西岸	清	第二十代，监察御史
26	静山祠	董志杰	胤清	贤伯巷	明建清修	第二十代

续表

编号	祠名	祭祀对象	房支	位置	建祠年代	备注
27	建成祠	董建成	胤隆	中巷中段	清	第二十代
28	蕃昌祠	董蕃昌	胤隆	龙湖西岸	清重建	第二十代
29	守静祠	董万琠	胤功	桥西	清	第二十一代
30	思齐祠	董焕德	胤清	贤伯巷	清	第二十一代
31	信庵祠	董开祥	胤隆	隆巷	清	第二十二代
32	蓉山亦山祠	董燧 董焕	胤昂	中巷中段	明建后修	第二十二代，董燧为刑部郎中，董焕为岁贡
33	岐山祠	董国举	胤清	贤伯巷	清	第二十二代，富商、善士
34	愚直祠	董开佩	胤旋	中巷	清	第二十二代，富商、善士
35	春寰祠	董春寰	胤旋	西屋下	清	第二十三代
36	景岐祠	董晖成	胤清	贤伯巷	清	第二十三代
37	绍愚祠	董有荣	胤旋	沙上巷	清	第二十三代
38	益宇祠	董益宇	胤旋	贤伯巷	清	第二十四代
39	腾千祠	董家骥	胤清	沙上巷	清	第二十四代
40	振卿祠	董振卿	胤旋	中巷东端	清	第二十五代
41	宝贻祠	董宝贻	胤旋	中巷	清	第二十五代
42	懋官祠	董懋官	胤旋	明经巷	清	第二十五代
43	爵先祠	董禄	胤清	中巷东端	清	第二十六代，清赠儒林郎
44	材伯祠	董材伯	胤清	贤伯巷东端	清	第二十六代，清赠儒林郎
45	佐君祠	董万载	胤旋	闯巷	清	第二十六代

续表

编号	祠名	祭祀对象	房支	位置	建祠年代	备注
46	佑君祠	董翼龙	胤旋	中巷	清	第二十六代
47	集辉祠	董集辉	胤明	中巷	清	第二十七代
48	起堂祠	董愈	胤旋	中巷	清	第二十七代，岁贡
49	旭珍祠	董旭珍	胤明	明经巷	清	第二十七代
50	逊荣祠	董逊荣	文晃	乌江西岸	清	第二十八代
51	容斋祠	董泰受	胤旋	闯巷	清	第二十八代，儒林郎
52	立定祠	董立定	镜山	墟上巷	清	第二十八代
53	用吾祠	董用吾	胤旋	街上	清	第二十九代
54	万茂祠	董万茂	胤明	西屋下	清	第二十九代
55	景禧祠	董仲福	胤明	西屋下	清	第三十代
56	朝选祠	董朝选	胤明	西屋下	清	第三十一代，飞骑尉
57	如祥祠	董如祥	胤旋	隆巷	清	第三十一代
58	建斋祠	董维纲	胤旋	街上	清	第三十二代，都司
59	司庚祠	不详	镜山	明经巷	清	不详
60	必禄祠	董必禄	镜山	墟上巷	清	第三十二代
61	襄二祠	董襄二	不详	西屋下	清	不详
62	开元祠	董开源	胤明	西屋下	清	不详

资料来源：黄更昌、王春元、詹楚强等：《流坑历史文化资料集萃》，南昌：江西人民出版社，2014 年，第 112～115 页。

流坑董氏从明洪武二年(1369年)开始兴建宗祠，直至清末，建祠、修祠活动仍持续不断。至清道光年间，流坑村内大小祠堂多达83座。此外，还有由书院、宅第等改建而成的祠堂。至今流坑村存有大小祠堂建筑62座(见表3-2)。限于篇幅，本文选取5座较大宗祠做简要介绍。

(一)董氏大宗祠

大宗祠始建于明洪武二年(1369年)，原址在杏林之圩，是为祀奉流坑董氏开基祖董合而建。南宋绍兴二十五年(1155年)，合公因其第八代孙德元官至参知政事，并代天子祭南郊礼成而特旨追赠为大司徒，故祠的全称为"宋赠大司徒董公大宗祠"。明嘉靖三年(1524年)，族人商定在村北开阔幽静的陌兰洲上改建大宗祠。建成后，规定由合公之嫡长孙为宗子，宗子主持宗族祭祀。

图3-1 董氏大宗祠遗址

嘉靖四十年(1561年)，大宗祠被闽广钟凌秀农民军焚毁。嘉靖四十二年(1563年)，61岁的南京刑部郎中董燧辞官归里不久，即与时任大足县知县的董极等绅士，倡集族人，在原址上重建大宗祠。重建后，其规模更大，占地近700平方米，为前带大场院的三进式重檐建筑。大宗祠除主祀开基祖合公等列祖列宗外，还将族中官宦、乡贤等附祀其内，以报祖先庇佑之功，又激励子孙发奋努力，登科入仕，见贤思齐。大宗祠整幢建筑场面宽广，构架宏大，典雅壮观，可谓“标坊坦道，重门翼庑幽室崇堂，叠库层楼，肃斋净庐，绕垣绳巷诸无弗称”[①]。惜于民国十六年(1927 年)，矗立了 360 余年的大宗祠被北洋军阀孙传芳残部邢玉堂所焚毁。

(二)宋赠屯田董公祠

“宋赠屯田董公祠”为屯田祠的全称，是为祀奉合公三世孙文肇而建。文肇公有兄弟 4 人(文广、文肇、文晃、文享)，衍化为四大分派。因兵祸外迁等原因，至明代村中仅存文肇、文晃两派。文肇公有儿子 4 人：滋、湘、渊、淳，于北宋大中祥符七年(1014 年)全部中举，次年淳中进士，成为流坑首名进士，官至尚书屯田员外郎兼太子太保，皇祐四年(1052 年)，文肇公以子淳追封为大理寺寺丞，累赠尚书屯田员外郎，故此祠署名“宋赠屯田董公祠”。屯田祠明代建在贤伯巷口，清康熙年间移建于明经巷东端南侧，乾隆年间重建，同治二年(1863 年)大修，即为现存建筑，这是流坑至今所存较大的祠堂。

图 3-2　宋赠屯田董公祠

---

① 六修流坑董氏合公族谱编委会：《流坑董氏合公族谱》卷一，2014 年，第 343 页。

(三)秘阁校书祠

“秘阁校书祠”为校书祠全称,亦即文晃祠,是为祀奉三世祖文晃公建。宋皇祐四年(1052 年),以子洙(一门同年五进士之一,任广州观察推官)被追赠为秘阁校书郎而得名。

图 3-3　秘阁校书祠

元明时期,文晃公的后裔迁居外地的较多。如中国共产党创始人之一,后任中华人民共和国代主席的必武公即属这一支系。校书祠是村中保存较大较完整的一座明代祠堂,地处村西龙湖南段的西岸,背西面湖,其北侧紧靠明代所建的明斋绳武祠。祠前辟有大门廊,门廊之前有一块小平地,紧靠沿湖路,从沿湖路登数级花岗岩石阶过廊前平地至门廊。祠门辟于前墙正中,门楣上悬一块刻有行楷墨填的“秘阁校书祠”木制大匾。祠为上、中、下三堂,青砖铺地,堂间各设一天井,均以花岗岩条石砌成。祠堂宽敞,木质梁柱,构架气势恢宏,风格古朴。上堂筑有祭台,上置祖龛,里面安放列祖“神牌”,是进行祭祖活动的中心场所。中堂名曰“仁让堂”,其匾已毁,现仅存状元刘绎于清同治六年(1867 年)所撰写的一副木刻楷书嵌堂名联:“仁静知流钟地脉,卜世卜年,至今乔木蟠根吉壤千秋传古迹;让水廉泉近邻居,征文征献,重与粉榆话旧,恩江一道共来源。”新中国成立后,在祠内开办了流坑小学，后因学校迁出，年久失修，宗祠破损严重。2003 年 3 月 18 日至 10 月 18 日，历时 7 个月，由政府出资对校书祠进行了全面修缮。现祠内设有董必武生平事迹展，陈列了流坑村中遗存的不少珍贵文物。[①]

(四)双桂先生祠

双桂先生祠是为祀奉合公第十三世，文肇房淳派裔孙董哲卿所建。哲卿，讳华惠，号双桂，元代人。其后裔繁衍成流坑八大房之一，即双桂房。双桂祠位于隆巷东段的北侧，前面朝巷，后面是古木参天的风水林——佛来洲。

图 3-4　双桂先生祠

该祠堂为砖木结构的两进式建筑。祠前有一开阔的门院，院前沿紧靠巷道，祠门正开，门楣上挂有“双桂先生祠”楷字大匾。前辟门廊，祠内两堂前低后高，均以青砖铺地。两堂间的天井全系花岗岩条石铺成。其柱、梁、枋均为用料硕大的木质材料，坚实古朴。[②] 自明代中叶以后，流坑董氏逐渐

① 六修流坑董氏合公族谱编委会:《流坑董氏合公族谱》卷一，2014 年，第 344～345 页。

② 六修流坑董氏合公族谱编委会:《流坑董氏合公族谱》卷一，2014 年，第 345 页。

兴起经商贸易,尤其是竹木经营,至清代,流坑的竹木贸易空前繁荣。董氏为了垄断乌江上游的竹木贸易,成立了行业性组织——木纲会,木纲会类似商会、行会,具有互惠性、排他性和垄断性,该组织就设在双桂祠。故而双桂祠既是祭祖的场所,又是木竹经营者的活动中心。直至民国末年,因陆路交通日益发达,水运逐渐失去原有地位,流坑竹木贸易日趋萧条,设在双桂祠中的木纲会也便随之瓦解。①

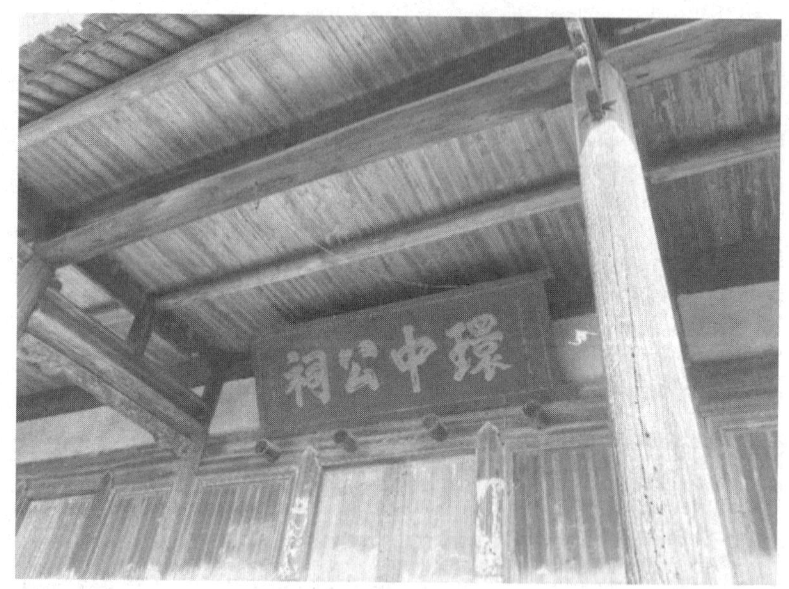

图 3-5　环中公祠

(五)环中祠

环中祠为祀奉流坑董氏第十八世、文肇房淳派裔孙董胤旋所建。董胤旋,字环中,明代早期人,其后裔衍成流坑八大房中人口最多的一房,且富庶人家居多,明代富商董开佩和清代商宦董学华、董光祥、董光裕等人均出自此房。环中祠始建于明,改建于清康熙年间,地处中巷东端的北侧,祠前辟通宽大门廊,其前沿以花岗岩条石铺成。前墙正中辟大门,内为上、下两堂,中辟天井,天井以花岗岩条石砌成。厅堂较宽阔,木质柱、梁、枋构架,上堂

① 黄更昌、王春元、詹楚强等:《流坑历史文化资料集萃》,南昌:江西人民出版社,2014年,第135页。

悬挂“受祜堂”大匾，署款“康熙四十六年(1707 年)腊月吉立，梅石曾鼎题”，西侧挂有“兴福堂”匾。1930 年 10 月，乐安县苏维埃政府由招携汗上村迁至流坑，同年 11 月 7 日在环中祠召开了乐安县第二次工农兵代表大会，选举产生了乐安县第二届苏维埃政府。这次会议对发展全县红色区域，巩固工农政权起到了重要的历史性作用。[①]

二、族　谱

族谱是记叙宗族源流世系、族籍登记、宗族重要成员事迹、宗族墓地、田产及族规家训的宗族文献。流坑村迄今保存着完好的 20 余本董氏谱牒，记载着宗族形成和发展的历史。流坑董氏，从南宋初年修谱始，经过 5 次修订到明万历形成 4 个版本的谱牒，称为“原谱”、“旧谱”、“新谱”以及“重修新谱”，这些都属于宗族的总谱。除这些以外，各房派还有自行修撰的房谱。目前，村中仍保留明万历族谱 3 本，各房谱 20 多个版本，除修撰于明万历十年(1582 年)的《流坑董氏重修族谱》和清嘉庆九年(1804 年)的《豢龙董氏家宝族志》外，村中各房保留的谱牒还有多本(见表 3-3)。

数目如此丰富的谱牒不仅体现明代流坑人口繁衍的速度及其分化裂变的程度，同时也在另一个侧面反映出流坑经济的富庶。由于过去新谱落成需要举行隆重的仪式，并将旧谱置于铁锅中烧毁，故花费甚巨。所以修谱的倡议者一般都是官宦或富商。特别是明清时期放松修谱的限制后，正值流坑竹木贸易的发展繁荣阶段，富商不仅积极倡修谱牒，而且还独立承担公产和众敛后不足的部分，甚至有的还独自缉刻家志。[②]

流坑各房谱牒保存极好，具有严格的保存规矩。每年农历六月初六日需要晾晒一天，而后置专箱保存，不能随意翻动。有些房谱还在其中规定应保管好谱牒：“铁笔既定，不准更移，后有填入，一本在祠，每岁验过，春祭为期，污秽则罚，守责难辞，本源在望，典型在兹，咨尔收者，其世宝之。”[③]

---

① 黄更昌、王春元、詹楚强等：《流坑历史文化资料集萃》，南昌：江西人民出版社，2014 年，第 135～136 页。

② 《抚乐流坑董静山公房谱》，清同治十一年本。

③ 《流坑董氏胤明公房系谱》，清光绪十五年本。

表 3-3　流坑各房保留的谱牒

房支	谱牒	修谱时间
文晃房	《抚乐流溪董氏秘阁校书文晃公房谱》	清同治五年(1866 年)
		民国二十七年(1938 年)
仲吉房	《抚乐流溪董镜山公房谱》	清嘉庆十四年(1809 年)
		清同治十一年(1872 年)
		清光绪二十九年(1903 年)
双桂房	《抚乐流坑董双桂公房谱》	清道光六年(1826 年)
		清光绪十六年(1890 年)
相二房	《抚乐流坑董氏坦然公支谱》	清道光四年(1824 年)
		清同治四年(1865 年)
	《董氏纯然公房谱》	清道光三年(1823 年)
	《董氏思齐公房谱》	清同治三年(1864 年)
		清光绪十九年(1893 年)
相四房	《抚乐流溪董孕(胤)昂公房新谱》	清嘉庆十年(1805 年)
	《抚乐流坑董氏直斋公房谱》	清道光五年(1825 年)
	《抚乐流溪董孕(胤)昂公房支谱》(手抄本)	清道光十年(1830 年)
	《抚乐流溪董孕(胤)昂公房谱》	清光绪七年(1881 年)
	《抚乐流坑董氏时修公房谱》	清光绪七年(1881 年)
胤隆房	《抚乐流坑董氏淳派胤隆公房谱》	清道光二十一年(1841 年)
		清光绪十二年(1886 年)
胤旋房	《抚乐流溪董复新公房谱》	清光绪五年(1879 年)
	《抚乐流坑董氏复彦公房谱》	民国二十五年(1936 年)
胤明房	《乐邑流坑董印(胤)明公房谱》	清道光十九年(1839 年)
		清光绪十五年(1889 年)

文晃房谱，继明代洪武、弘治年间修过两次后，入清以来又重修了三次。第一次是道光七年(1827 年)，富商董纲、董捷文以倡修房谱为己任，召集族众于祠堂商议修谱，并捐资相助；第二次是同治五年(1866 年)；第三次是民国二十七年(1938 年)，富商董年元、董兆庆以及董绳隆也积极捐资倡修房谱。

这些谱牒资料是研究流坑宗族形成、发展的重要史料。如道光十九年(1839 年)修《胤明公房谱》详细记载了乐善公祠的“做祭规则”。这些记录是后人了解祭祖活动的重要历史记忆。明清时期的谱牒内容重视记叙商人的个人经历，翻阅明万历年间的族谱，能够感受到宗族对礼教等思想的重视，族人多为名贤、节妇以及孝子立传。上述《胤明公房谱》创立了“职监传”，专门列举族中商人。汇集众谱内容的民国二十七年(1938 年)《文晃房谱》，谱首共记传、墓志铭、寿序 24 篇，其中商人及其家人 14 篇，占 60%。谱内的小传详细记载商人的生平事迹。这也证实了当时社会面貌和商人地位的改变。

除记录世系外，谱牒还记述了宗族起源以及迁徙情况、祖功阴德、财产位置、诉讼官司等。谱牒用文字直白地叙述着每个成员的位置及其与宗族其他成员的关系。祠堂是为了敬宗以收族，谱牒是提供历史和现实的文献依据，族田则是祠堂宗族依靠的物质力量，三者相辅相成。

三、族　产

宗族的族产一般以族田的方式体现。流坑的族田分为祭田、义田与义学田三种类型：祭田是用于祭祖，根据祭祖的等级不同，又可分为祠田、墓田等。义田主要用于赡族，救济族中的贫困者，兼有祭田的性质。义学田，主要用于支持宗族教育，这与中国文化重视读书、科举的传统有密切关系。族田的设置对于宗族的稳定和发展具有重要意义。族田的来源包括宋代的族内出仕、明清经商者的自愿捐置、族人去世后的遗产捐置、兄弟分家时会析出部分土地交予祠堂或为祭田。流坑董氏家族早在两宋时期就积累了非常庞大的族产。

明清时期，流坑科举事业衰败，竹木贸易迅速发展，族产的捐赠者发生了重要变化。“割田、割地、助银”成为族中竹木富豪热心的“慈善事业”。据董氏族谱记载，自北宋至明万历十年(1582 年)，族中“割田、割地、助银”者就达 100 余人次。至 20 世纪 40 年代，流坑董氏所拥有的山林分布在望仙、增田、招溪、坪溪、湖坪等地，总面积约 10 万亩。① 明清时期流坑的诸多富商都以捐助田产来提高自己在家族的地位，乌江上游大石上书有“上至龙

① 周銮书主编：《千古一村：流坑历史文化的考察》，南昌：江西人民出版社，1997 年，第 79 页。

汉，下至溪石，水流山河，董公照业”十六个大字，是村中老人回忆往昔时念念不忘的辉煌，主要是由富商董其章捐献。大宗祠在嘉靖十二年（1533 年）仅有山地 3 块，年收田租 80 余石。入清以来大量增加，民国时达到 2000 到 3000 石。[①] 到 20 世纪 50 年代土地改革前，各大小公房所拥有的田产，一般都能收到 200 到 300 石租谷。另外，全村各大小祠庙也拥有数量可观的祭田，大宗祠以下的各支公房祠堂一般有二三百石的田产。

族产的支出主要有宗族祭祀活动、资助宗族子弟参加科举考试、救济穷苦族人和流坑村内其他公益事业四项。

一是定期的宗族祭祀活动，这是族产的主要支出。如我们曾提到各房各派都建有自己的祠堂，每栋祠堂由专人管理，并附有祭田，祭田的田租常被作为修葺和定期献祭的资金。如校书祠有祭田 200 亩，每年二月初五春祭，十月十五秋祭。直到民国时期，大宗祠和各房祠春夏之际都要发放人头谷，过年还散拜年钱。同时流坑宗族还定期举办一些宗教活动，为筹办这些活动成立相应的会社组织，如水陆会、地藏会、傩神会、财神会、五王庙会、观音庙会、章王庙会、武英王庙会等，通过这些会社保障祭祀以及宗教活动的举行。一般来说这些祭祀活动的举办耗费巨大。例如水陆会，流坑清代以来每十年在大宗祠举行一次水陆大会，历史上最后一次水陆大会因大宗祠被毁改在桂林公祠进行，建立醮场，超度亡灵，同时唱戏开赌，为时月余。方圆数里内的人们都会前来看热闹，是村中及当地的一大盛事。为了支持此事，大宗祠所设的水陆会拨予田山银钱，作为基金。据老人回忆，水陆大会一次花费达数万元，说明该会会产是很充裕的，而且它实际是为大宗祠管理这笔专项基金的辅助机构。至于各房下的此类会社一般以捐赠或集资得到的会产收益为经济基础，开展活动满足社区和房族的宗教需求。活动的举办能够使族人团聚一堂，联络感情，进而增强宗族内的亲缘关系。

二是资助宗族子弟读书科考的学田。学田的收入用来延师办学，资助族内子弟参加科举考试的路费等花销，给予考取功名的子弟奖励以及庆祝等。例如伯章公祠，曾在清同治元年（1862 年）规定：“县试初场二百文，复

---

① 肖文评：《地方贸易发展与宗族复兴——以清至民国江西乐安县流坑董氏宗族为例》，《江西师范大学学报（哲学社会科学版）》2004 年第 4 期。

试加一百文，府试一千文，道试一千，考古给二百文，入泮喜钱三十千文。”[①]而清道光年间董氏双桂房，为鼓励本房子弟应试入仕，成立了养正会。再如，《养正会簿引并规约》中有明确规定：“县试，初场给钱二百文，复试每场加钱一百文，生童赴考甄别，每名三百文；府试，初场给钱一千文，复试与县同；道试，初场给钱一千文，考取者另给钱二百文，在庠者同。”[②]

三是救济族人，通过对穷苦族人的救助，以达到收族的目的。流坑宗族将族田等族产收入以守望相助、患难相恤的名义发放，使贫困族人有了基本的经济保障，在婚丧嫁娶等仪式时提供经济支持，避免族人被生活压力压垮，缓解族内的贫富分化，使族人获得宗族的庇护，从而达到敬宗收族的目的。

四是公益事业开支，如修桥铺路等。董氏家族在明清时期由于经济富裕，热衷于公益事业和助困济贫，对修桥铺路、修谱建祠、赈灾济贫等多能慷慨解囊，尽心尽力。清咸丰年间，胤清房的董廷标在流坑通往旸田、南岸、岭下的路上修桥、建亭、铺路。此类义举是流坑富商的普遍行为，在当地的民众中赢得了良好的赞誉和拥戴。

第四节 主要的宗族活动

一、婚丧礼仪

(一)丧 礼

丧事在流坑又被称为白喜事，有较为严格的丧葬程序。素有“三十置冠，四十置木”的说法，也就是说人到 40 岁左右即开始准备后事，做好棺材缝好寿衣，有的还请风水先生相好地。[③] 人去世后，常规是第三天出葬，有的则拣日子下葬。丧礼过程大致为：买水、入棺、采山、封棺、吊奠、出殡、下

---

① 《抚乐流坑董双桂公房谱》，清光绪十六年本，转引自徐雅芬：《明清时期江右商的宗族教育——江西流坑村的历史人类学考察》，《中南民族大学学报(人文社会科学版)》2015 年第 2 期。

② 周銮书主编：《千古一村：流坑历史文化的考察》，南昌：江西人民出版社，1997 年，第 366 页。

③ 六修流坑董氏合公族谱编委会：《流坑董氏合公族谱》卷一，2014 年，第 325 页。

葬、送灯、圆魂等，一般会有专门的工作人员，当地人称之为“八仙”或“土手”，负责丧葬仪礼。

买水净身：入棺之前，逝者家中需要点烛、烧香、烧纸、杀鸡、鸣爆等，接着是买水。水是村旁的乌江水，需家中男性(一般是家中长子，若大儿子无法到场，则由次子或其他男性来完成)身穿孝服，由土手带至乌江边。经燃烛、焚香、鸣爆一系列仪式后，向乌江水中投下 3 枚铜币，按照顺时针与逆时针方向轻轻滑动再取回一壶乌江水，称之为“买水”。“买”回的乌江水主要用作给逝者洗脸、洗身。若逝者为男性，从长子开始按照长幼顺序依次给死者洗脸；如果逝者为女性，则由儿媳来执行洗脸和梳头两项仪式，同样需按照长幼顺序依次进行。经济条件好的人家，还会为死者披丝绸、戴金银、放珠宝等，条件不好的人家一般情况下则一切从简。

入棺：净身之后，逝者即被置入棺中，当日不封棺木。此后两日，逝者子女需着孝服，在灵柩前哭祭。

采山：次日早饭后，由孝男与八仙(土手)到山上采点，选定葬处后，先由孝男用锄头挖三下，并将锄头往头上抛至背后，再由八仙挖坟坑。[①]

封棺：逝者去世的次日下午，伴随着铜锣与唢呐的奏乐，逝者子女需要跪地敬酒三回，并封馆。

出殡：出殡仪式一般在第三天(也会有另选吉日)。出殡时，先由土手手抬棺木出坊牌(或其约定的地点)。土手负责敲锣打鼓、沿路散纸，后面是哀伤乐队。在出殡队伍中，死者的长孙手捧遗像位于最前列，其余出殡人员一般按照亲疏远近，先男后女，由长辈到晚辈的顺序依次排列。出殡队伍游巷后，待到逝者子辈在约定地点或桥边进行谢客仪式时，灵柩要暂时停放，这时宾客和哀乐队才可返回，剩下亲属护随土手将灵柩抬至葬地。

下葬：下葬当日需要由土手头目杀一只新取的公鸡放入坟坑(墓穴)中，同时还需在坑中鸣爆敲锣，直到鸡头指向放灵柩的上方。待到鸡不动后，取出鸡，灵柩方可入坟坑。下葬时还需由土手安排将子孙袋放在灵柩上，子孙袋内有鸡蛋、米、茶叶等。随后，土手头目会手牵子孙袋红线并讲一些有关家族人丁兴旺的话语，待到这个过程结束后，孝子们需要接过子孙袋，然后砌拱盖土。值得注意的是棺材放下去有特定的时间，土手会负责几时下葬。

---

① 黄更昌：《流坑：中国古代农村的活化石》，南昌：江西人民出版社，2018 年，第 269 页。

之后，送葬者将哭丧杖插于坟顶，跪地叩首后返回。

送灯：从下葬的当天傍晚起3日之内，逝者的儿子每天早晚要穿孝服提灯（火）前往墓地举行点灯仪式，即点烛焚香、燃纸祭拜。每次都要沿着出殡时的路线往返。

圆魂：该仪式在下葬后第三天举行，由逝者女性亲属负责。是日，全体女眷着孝服，手持哭丧杖从家出发，沿出葬路线，一路哭到墓地。到墓地后，焚香燃烛、烧纸奠酒、作拜后，把哭丧杖插在死者坟头，安慰死者好好安息，意思是说把死者还在家中游荡的魂魄送入墓中。现在也有改在当天就完成圆魂仪礼的。[1]

随着时代的变迁，流坑村的基础设施与村民们的观念都在不断发展。近年来，流坑村推行火葬的方式，同时地方政府配套了公墓设施，传统的丧礼仪式也逐渐简化或者转型。

（二）婚　礼

流坑的传统婚礼程序特别规范。如《胤明房谱》之“家礼节略四条”便有相关记载：“大婚为万世嗣，圣人所以存典礼也。今俗置六礼仪，文俱不讲究而行，惟有时节遗送而已。间或有行亲迎之礼卒，亦未甚合古或将迎于郊外，或迎于户外，宾赞不文迩来毋乃大简。若遂苟且相将则此礼遂亡矣。人伦王化礼合正本崇原，遵而行之，是亦为政矣。兹录本房近规，庙见之日，敦请合房绅士读书及五十岁以上尊长列坐其次，新郎新妇北面鞠躬行四拜礼，长上起立，略辞。拜毕，少停长上命之曰：‘上和下睦，有顺无遗，夫妇努力兴家，自求多福，勉之！勉之！’即退礼，设席用五镟汤饭款洽。”流坑的传统婚礼一般也要经过完整的纳采、问名、纳吉、纳征、请期和亲迎“六礼”。[2]

纳采：也叫请媒、提亲。男家如果看中某家女子，则会请媒婆，选取吉日到女方家提亲。如果女方家同意，则女方也请媒人到男方家回复。传统的婚嫁还是以相亲为主，男方愿意娶、女方愿意嫁，在第一次见面后，若彼此情意相投，男方一般会给女方家钱，金额随意，会依据自身情况给予，当地人称之为“糖钱”。

---

① 黄更昌：《流坑：中国古代农村的活化石》，南昌：江西人民出版社，2018年，第269页。

② 杨圣敏、丁宏：《中国民族志》，北京：中央民族大学出版社，2003年，第48页。

问名：即合八字。当女方家的媒人回复男方家后，男方的媒人则要到女方家去取女子的生辰八字，请当地的先生将其与男子的生辰八字验合（还要与男方家庭主要成员的生辰八字略作验合），俗称“检八字”。如果男女八字相合，则媒人再把男方的生辰八字送给女方家复核，这里俗称“复八字”。如果阴阳先生复核后认为可以，即可进入谈婚论嫁的阶段。

纳吉：问名过后即进入纳吉订婚程序。首先是议婚。双方家长一般不直接接触，都是托媒人议定。一般过程是先由女方家下允贴，即开出礼单，礼单上列出女方家所要的礼金（钱物等）及年节应送的礼物，再送到男方家复核，男方家则根据时间及自家能力，对女方所列礼单逐项加减，然后再送至女方家“审批”，若女方家同意，则双方协商男女见面、迎娶日期等问题，男方则按礼单要求逐项过礼。然后是见面。男方择吉日，在亲属及媒人的陪同下，先到女方家“上门”，并向女方及其内戚赠送红包，此为“见面礼”。女方也应择吉日在亲人及媒人陪同下，到男方家做客，俗称“看场事”，多由女方亲属代女方完成，实则为察看男方的家境。

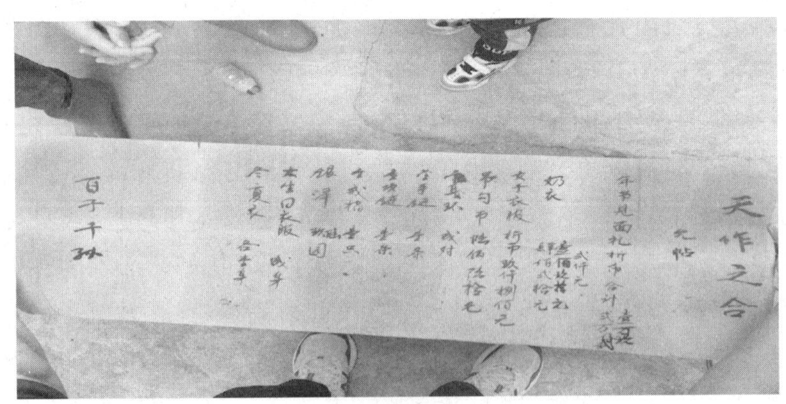

图 3-6　流坑某村民拟写的“允贴”

纳征：在流坑也叫“过允”，男方家会按照礼单数目，正式把大项礼金及部分有关礼品送至女方家，表示已正式定聘，称“大允”。同时女方会通过给男方做衣服等方式予以回复，称“小允”。此外，双方会选定具体的迎娶日期。随着时代的变迁，方式多样化，有些事项会在微信里完成，有些细节在商议婚礼时不会被强调。

请期：即选择结婚日期并征求女家意见，男女双方商定后方可准备婚礼和置办婚宴。

亲迎：即迎娶新娘，此为婚礼中内容最为丰富也是最热闹的一项。在迎亲的前三天或前五天，男方再次向女方家送上一定的礼物，女方家则要请一位面带福相的已婚妇女为自家待嫁的姑娘绞脸修眉，俗称“开面”。结婚前一天，男方家即开始设宴款待为之操办婚事的近亲。在宰猪杀牛后，男方备好花轿、红花、彩礼、压轿肉等，由伴娘、媒人、乐队、轿夫、扛夫等组成接亲队伍前往女家迎亲。男家要铺好新床布置好新房，在新房摆一桌酒，请男童就席，是为“暖房酒”。当晚还要安排一名男童睡新床，寓为新婚家庭早生贵子、人丁兴旺。结婚当日早晨，新娘要“哭嫁”，与父母、姐妹哭诉惜别之情，与父母及姐妹互道赠别、教导或劝慰之言，其父母、叔婶、兄弟，姐妹等各赠新娘一些“压身钱”。在自家用早宴后，新娘头戴凤冠，身穿彩衣绣袍及霞帔，在伴娘等人拥持下上轿，由女子的父亲或长兄关轿门后，在鼓乐声中，花轿徐徐抬起，带着嫁妆随着仪仗队缓缓向男家走去。

到男方村口，要先落轿，经顿轿仪式、新郎赠下轿礼后，轿再起行，男方家喜爆齐鸣，新娘在鼓乐声及喜爆声中到堂前下轿。新娘至堂上与新郎举行交拜仪式，后入洞房。随后敬发喜果喜糖，新郎和新娘要喝鸡汤，名曰“吃孝顺汤”，以示孝敬长辈、夫妻和睦。午宴为正席，时辰一到，由新郎的母舅宣告开席，堂上红烛通明，宾客满座，觥筹交错，非常热闹和喜庆，新婚夫妇要在男方家长的带领下向各位宾客敬酒三巡。晚宴则特意留下最主要的亲朋欢聚一堂。新人敬酒三巡后返回新房，母舅持燃烛在房前，带头向新人喝彩，再请新娘为宾客敬酒，多至深夜方才散席。第二天，设宴款待内戚和操办婚事的人员，婚宴才算圆满结束，并以布料、红包、肉、蛋等答谢媒人。婚礼第三天，新郎要到岳父家“谢亲”，随行送上大米、鸡、鸡蛋、猪肉等。新娘也可与新郎一同返回娘家探望，叫作“回三朝”。[①]

完成以上六项程序，整场婚礼才算圆满结束。流坑村现在的婚姻多以男女双方自由恋爱为主，“父母之命”已经淡化，但“媒妁之言”仍然是不可缺少的启动步骤，人们还是按照传统习俗举办婚礼，除部分程序有所简化外并无太多改变。

---

① 黄更昌、王春元、詹楚强等：《流坑历史文化资料集萃》，南昌：江西人民出版社，2014年，第98～100页。

二、修谱活动

（一）修族谱

流坑宗族文化深厚，谱牒资料丰富且繁杂，至今各房支的谱牒数量仍未有翔实统计。这里的修族谱活动，主要是指董氏总谱的修撰。总谱的编修工程浩大，时间间隔一般较长，需考虑到宗族的财力、人力等因素的具体情况。历史上，流坑董氏5次修谱，最早修于南宋时期，元至顺年间再修，明洪武二十九年（1396年）付梓，明成化二十二年（1486年）重修，明弘治、嘉靖、万历续有修撰，最后一修为明万历十一年（1583年）。族谱的修订对于宗族来说是一个巨大工程，从近代的修谱活动可以窥探一些传统修谱活动的缩影。随着时代的变迁，组织形式与方法上已大有不同，值得肯定的是从编修机构的成立到族谱资料的搜集再到汇聚成册，每一步都经历了不可估量的艰辛。

由于各个房派的自身情况各不相同，族谱编修的具体情况比较复杂。一般地说，族谱的编纂工作大致包括资料的搜集、整理、编写等工作，其中一项最重要的工作是对草谱的调查。在编写总谱前，首先各个房先编写一部本房或本房支的草谱，再汇总到编委会进行审阅、查考、编排、统稿等。调查中以前的房谱多为手写本，而这次董氏六修的宗族宗谱都是印刷体。据村里参与过族谱修撰的人讲，编写一本草谱需要做大量的工作，特别是遗失的一些资料都要重新查找，这项工作甚是辛苦。保存较好的房谱，检查无误后会直接交予专人负责，也会有其他各种情况。

流坑最新的族谱编修于2006年，修谱仪式与以往相比变化甚大。流坑第六次修族谱，主要由流坑董氏董克旺牵头，经2006年11月25日联谊会第二次常务理事会讨论决定，大致用3年左右的时间来完成。但据调查，实际上用了不止3年，前后历经8年方完成新谱修订工作。根据《流坑董氏合公族谱》，大致将流坑修族谱的主要步骤整理如下：

第一，发起修谱倡议，动员全族参与族谱的修订。正式修谱前，流坑董氏宗亲成立了联谊会，为续修流坑董氏族谱搭建了平台。宗亲联谊会负责动员、鼓励董氏宗亲中的名人、企业家和有识之士赞助，为编修新谱提供各方面支持。

第二，成立编修机构，择族内精英人员主持编修活动。在2008年的宗亲联谊会一届四次理事会议上，特成立了流坑董氏六修族谱编纂委员会。此次编委会的成员大多选自乐安县城，一般由熟知流坑具备一定的文化素养且资历较老的人员组成，修谱费由村民按不同学历、职业的不同标准上缴。这次六修族谱主要实行的是编委领导包村包房，成立续修流坑董氏族谱筹备委员会。

第三，搜集整理各房派的谱写资料。房谱牒资料完整地直接交给编委会进行统一搜集，有些房派的房谱因损坏或毁坏需先行自己补修，补修后交编委会。对于最新的人口变动资料，由各支房负责人搜集、汇总，并报编委会。

第四，在编纂中对体例(老谱)进行了改革。主要有以下五点：一是改直排为横排，改繁体字为简化汉字；二是对重要古迹、祠堂、遗址、祖陵、民俗等收录图照；三是对引录的老谱内容加标点断句；四是新增重要人物传记、大事记、职务芳名、职称芳名、学历芳名和捐资芳名，对捐资1万元人民币以上的刊登个人简介，以褒扬和激励后人；五是对以往同姓之间通婚不准入谱问题，采取凡符合《婚姻法》规定的，女方改跟母亲姓后，可同样入谱。此外，本次修谱还对脉络顺序进行了规范，按照公、派、房、系四个层次排列，使之条理分明。对各房派老谱中的一些错漏之处进行了修正。在编排上，对老谱的图、传仍按“五世一图，一图一传”排列，对新编世系图、传则改为图归图、传归传，先图后传，依序排列，每个房系的内容均按概况、本源图、世系图、世系传四部分撰写等。[①]

第五，举行族谱的落成典礼，这是颁谱仪式。族谱的修成是整个董氏宗族的大事情，修谱工作完成后会举行隆重的仪式。按照旧制族谱颁发的场地应该在大祠堂进行，但祠堂在民国时代已经被毁，最终选择在旧址的空地上举行。颁谱仪式召集了董氏各房长辈和成员，主要是由修纂人讲述董氏发展史等，而后由专人主持将族谱颁发给各房。

(二)添丁上谱

与修总谱不同，添丁上谱，即将新生人口书于谱，是流坑各房谱日常的宗族活动。流坑村各个房派的具体上谱时间会有所差异，通常是在清明前

---

① 六修流坑董氏合公族谱编委会：《流坑董氏合公族谱》卷一，2014年，第552～553页。

后。上谱的场所是各个房的祠堂，各房派自行组织上谱之事。每一房派下会有一个专门的上谱先生，添新丁这一家的父母一般需要提前与上谱先生商定上谱时间。

通常情况下，上谱先生选定日子后，会提前通知需要上谱的人。新添人口的生辰八字需先给上谱先生，主要包括名字、出生年月日、排行、辈分等。上谱时，需焚香点蜡，上谱的这家人还会在祠堂门口放鞭炮用来庆贺。上完一家的新丁后，换下一家继续放鞭炮，这场活动一般由本房派管事人来组织负责。有些房支会将上谱活动与祭祖活动合在一起举行。

编修总谱与上丁修谱构成流坑村主要的修谱活动。此外，流坑也有修家谱现象，大多是一种简单的记录，目的在于方便在外族人明晰亲属关系。

第四章

流坑村的宗教生活

流坑历史已传承千年，其中，宗教信仰的类型繁多，又极具地域特色。村中的祖先祭祀绵延至今，与流坑董氏宗族有着不可分割的联系；佛道融合共存，神庙道观相连，管理有序，活动多样；地方民间信仰香火旺盛，信众繁多。以上种种共同形成了流坑村中丰富的宗教生活，这种共存的宗教信仰能够在一定程度上凝聚村落向心力，促进地方社会稳定有序发展。

第一节　祖先崇拜

"关于祖灵信仰中最有普遍意义的是民间亡故的先人的敬奉。民间对亡故先人的敬奉，这是鬼灵崇拜中亡灵观念冥想出来的祖先神崇拜。普遍认为祖辈代代离世，是他们的灵魂依然关注着后代儿孙的一切，因此，追念祖灵，祈求祖先在天之灵庇佑本族子孙后代旺盛，便成为祖灵崇拜的最重要目的。"①流坑村同样重视祖先祭祀，村民普遍认为，祖先能够庇佑后世子孙。那些历史上取得丰功伟绩或对宗族有重大贡献的先祖，更是受到后人的崇拜。在宗族社会的发展过程中，流坑逐渐生成一些正式、非正式的祖先祭祀仪式，以表达对先祖的敬畏，期望祖先长久佑护地方。

一、祠堂祭祖

祠堂是同族的人共同祭祀祖先的房屋，又称宗祠、宗庙、祠庙、祠室等。汉代建于墓所，以后多建于宗亲集中的村镇。② 流坑的祠堂主要分为董氏大宗祠和各房的分支祠堂。

---

① 乌丙安：《中国民间信仰》，上海：上海人民出版社，1996 年，第 146～147 页。

② 乌丙安：《中国民间信仰》，上海：上海人民出版社，1996 年，第 146～147 页。

祠堂兴建的最主要目的就是在每年年节和祖先诞辰时族人共同祭祀之用，以求得祖先的保佑。祠祭也属于宗族内非常隆重的祭祀，由宗族集体在祠堂祭祀全族的祖先，在大宗祠的祭祀中主要祭拜的对象是开基祖董合。据族谱记载，董氏宗族历史上每年于大宗祠行春秋二祭，场面盛大，仪礼严格。各房支还于本房祠堂举办祭祀，主要祭拜本房房祖，仪式过程同样讲究。《流坑董氏合公族谱》(2014 年六修大族谱)中详细记录了董氏大宗祠祭祀的仪式过程，其内容如下：

董氏大宗祠，原有春秋二祭。春祭举于元旦，秋祭举于九月望日。参诸时祭用仲之义，秋则过时，春则不及时矣。今春祀改正用仲，已有年矣，惟秋祭仍旧。以有虞文靖公《秋祀祠记》，不敢变也。且以离乱涣散之余，而粹精会神，必先于格庙。先世仁孝之心所不容泯者，亦岂忍变哉？嘉靖癸卯，宗之贤者七十人，又立冬祭，祭黄山始祖也。黄山寺旧为万一公喜舍守父清然公坟墓祠碑，历唐宋元明如故。正德间刁僧方澜毁裂我祠碑，百十人奋力鸣于大中丞静峰张公，始白其事。事竣捐财，家建宗原堂，寺建檀越祠，俱于至日设祭。大司马聂公有记，大中丞谭公有约，黄山有志，百十人追远重始之义，兹可以观矣。嘉靖丙申，宗之彦士七十人，慨旧祠圮陋而重新之。庚申之夏，寇燹无余，一百二十人又重新之。乙丑之春，乃合三百七十人，捐财复建。夏祭，学士罗公有《夏祀文》，大司马聂公有《祠堂记》。三百六十人尊祖敬宗之心，兹可以观矣。四时之祭，于兹备矣。或曰元旦之祀，不几于废欤？于曰虽杀三献之礼，然庆履端而合群宗。启柜告神，其礼亦云重矣，如之何其可废乎？仍合各宗助银若干两，以供元旦之用，置早晚祭田若干顷，以供时祀之用。推族彦若干人，轮值分理节缩。元旦告庙，四时格庙，虽传之百世可也。若夫礼节仪文，秋祀规则条件，秩然可据，惟敬承而已矣。至于丰约损益，与时宜之，非可以预定也。[①]

由上董氏大宗祠时祭仪式可知，大宗祠每年主要有春祭和秋祭两个盛大的举祭日子。春祭在农历二月十七日，秋祭在农历九月十五日，春祭与秋祭的过程相同。举行春祭的前几日，族内共同商议选出举祭的主祭，这个人选一般按照族规指定的宗子来担任。人选确定后，再将其写在红榜上张贴告知。主祭再指定一些族人担任引赞、通赞、司爵、司乐、司仪、平胜等职位。

① 六修流坑董氏合公族谱编委会：《流坑董氏合公族谱》卷一，2014 年，第 255 页。

临近举祭的前一日，族长要安排人把祠堂打扫干净，然后通过张贴榜单告知要参加祭祀的人，榜上写“凡我与祭子孙务宜整洁衣冠齐楚赴祠行礼，毋得参差紊乱，以致神之不欲者”，意为只要来参加祭祀的子孙，一定要衣着干干净净、整整齐齐地到祠堂行礼，绝不能出现差错，使得神明不悦。举祭日一早，族长带人摆上提前预备的上好的祭品，布置好董氏的“历代衣冠图”、香炉、花瓶、案具等物品，再宰猪一头，准备主菜。祭祀时的陈设也十分讲究，主席共五组，分别盛有脯肉、炙肝等，还有一些小食茶点；旁房席为三盏；各席所置三爵、香烛、褚帛、酒樽等如仪。堂中列香案，上设炸盘，下置茅沙。全族人都要按照榜上的要求到祠堂集合，共同等候举祭。若是有新进祠堂的人，还需要带着能够证明自己身份的证书来接受检查。

祭祀的过程非常复杂，每一程序由司仪主持。仪礼加起来达到 20 余项。分别是：(1)序立；(2)启楼，即主位的成员在原来的位置，其他人都要在堂中出席；(3)参神，即主人位以下的人向神明鞠躬，行四拜礼；(4)授巾；(5)上香，即主祭祀拿香到香案前；(6)降神；(7)进汤；(8)初献礼，即主祭到席前祭酒，举爵倾地；(9)读祝，即主祭到香案前下跪，其余的人也都要跟着主祭跪下，只要是读书的人都要捧着祝诵读它；(10)亚献礼，即主人来献酒，需要跪下，但不用叩拜；(11)终献礼，即在座的人都上前献酒；(12)侑食，即主人到各席前长揖(拱手高举继而落下的一种敬礼)；(13)进馔；(14)进茶；(15)饮福；(16)献辞，辞曰“祖考命工祝，诚致多福无疆。于尔孝孙，责尔孝孙。惮尔受禄于天，宜稼于田。眉寿永年，勿替引之”；(17)受胙，即主祭站起再跪下，做满三个叩首来感谢神明；(18)焚褚；(19)辞神，即主人位以下的人鞠躬行四拜礼；(20)纳主；(21)节乐；(22)撤馔。至此，整个祭祀才算结束，然后祠堂内的众人则可以开始饮宴。最后按功名每人带走 1～3 斤祭祀用的肉离开。

《流坑董氏合公族谱》中也有大宗祠内所设其他祠堂祭祀的祭文：

道原堂祭文

惟公学纯，道谊德重古今，江都相显广川。源深丕振前业，佑启后钦洋洋。如在丕显亦临，以乡贤列公祔食。尚飨。

宗原堂祭文

呜呼！物原乎天，人本乎祖。匪天匪原，曷祖曷父。有祖有父，乃以成谱。谱祖黄山，历越今古。百代宗原，钦承祖武。至日频繁，永受乎福，以贤劳列公祔食。尚飨。

彰义堂祭文

仰惟列祖，咸知大义。有鼎建祠堂，乐捐基地；有奉荐频繁，割田助祭；有营构之时公钱不继，各出私币，以足其费；有出仕而归，分俸以供祀事；有修寝室之门龛；有刻卫门之石狮。凡此皆尊祖敬宗之美意，视有财而吝啬者迥异。爰于孝敬堂左，特建彰义，设主以享四时之祀，表前贤之诚正，以励后之人观感，兴起重本崇源，以义为利。复望尊灵永垂默庇，此祠此祭，传之百世而无替。尚享。

报功堂祭文

仰惟筠松杨仙，本南唐治历之臣，识地中之造化，应天上之星辰。避乱游江南，从虔化而历吾流坑。以救贫不离其师，亦有曾仙逸真，俱与吾祖明法公兄弟为至厚之主宾。既卜流坑之基址，又卜司徒司空四兆，遂衮衮而生祥麟。师弟俱有筠记，即吾董七八百年之富贵，其谨如神。又有寥仙乃逸真之弟子，俱兴国三寮之人。越百余年，又有饶州之廖，其名相同。精堪舆之术，二廖同伦，继杨曾而倒杖，俱于流坑有厚泽深仁。爰于孝敬堂右，建堂立主，执俎豆而荐藻献芹，将以报四仙功德于无垠也。报功祈福，恳恳勤勤，佑吾董氏，绵绵振振。永锡我类，与董氏更万世而长春。尚享。

董氏无祀祭文

呜呼我祖！源深根本，派衍云仍，春祀秋烝，生顺没宁，间有不齐，息消虚盈。或一二世而靡传，或累数传而弗兴，或先世有以增门祚之光，或后人无以效频繁之诚。抱此耿切，恫及孤茕，虔神菲薄，曲致幽明，祈神获其所，而人尽其情，庶同宗之泽，五世不斩，而一体之仁，久而益蒸蒸也。呜呼！尚享。[①]

根据村民的讲述，彰义堂是专祀那些捐钱捐田助建宗祠和助祭的族人的，也就是感谢他们的仁义。报功堂报答董家有功之人，以此让后人感激并学习其精神。宗原堂和道原堂后建，道原堂特地用来祭祀董仲舒，因为族人认为董仲舒为董家道学之源。宗原堂是祭祀清然公等祖先的。由此可知，祠堂不光是族人们供奉祖先的场所，更对后代有着极深的教化作用。不过随着时代的变迁，《祭记》中的祭祀活动正渐渐褪色，如今流坑保留的仪式已

① 六修流坑董氏合公族谱编委会：《流坑董氏合公族谱》卷一，2014 年，第 268～269 页。

经不多了。今家家户户虽仍传承祖先祭拜的信仰,但在形式上渐趋从简。据笔者与村民董某的交谈,现在保留的主要活动就是"上谱":

> 祠堂祭祖,老一辈的人见过,我们这一辈已经很少见过了,现在基本只有在清明节的时候,才会去祠堂一起祭拜祖先,其余的时间已经很少去了。清明节祭祀的时候,在祠堂有一个很重要的活动,叫"上谱",就是谁家生了孩子,新添丁,就要上谱。谱上记载他们叫什么名字,是什么时候出生的,由执笔人一一登记在族谱上,包括董氏子弟新娶的媳妇也要写在谱上。过去只有董家的男孩才能上谱,现在不一样了,女孩也一样可以写进谱里面。我觉得这样很好,家谱里写了他们的名字,就证明孩子们有根了,以后虽然去离家很远的地方,但只要回到家乡,就能看到他们是从哪里走出去的。名字上完谱后,家长会给执笔人一些红包,表达自己的感谢,再在门口放鞭炮庆祝一下,主持的人还要给在场的各位分发茶仪钱。上谱的时候也要拜家里的祖先,现在主要就是烧香,给灯上油,放到大厅中间点燃的蜡烛特别大,要烧一天。可惜的是"文革"时期烧了很多谱,我们这个房头今年就有十个儿子要上谱。每个房头都会这样做,现在到我们这已经有四十多代了,趁着这个日子,家里人难得聚齐,就会在一起吃个饭,聊聊家常。[①]

除大宗祠内的祭祀外,还分有各房支祠堂的祭祀活动。董氏是一个有着几千人的大宗族,其内部自然分化出了诸多房支。而在村内,房支的成员会集中住在某条或某几条巷子中,该房派的祠堂也就修建在他们住所的近处。这样既方便房派中的众人相互沟通,又能够加强族众的凝聚力与归属感。

二、清明墓祭

扫墓,即为"墓祭",也是对祖先的"思时之敬",其习俗由来已久。有的地方叫上坟,有的地方将扫墓称之为"扫山"或"拜山"等,南方部分地区称之为"挂山"或"挂纸"。拜的"山"分两种:一种是自父母上溯至祖宗三代之内的祖辈,称"家山",拜祭家山称"家祭";另一种是对宗族祖先的拜祭,称"祖山""大众山",拜祭祖山称"扫大众山"。

扫墓祭祖习俗在先秦以前就有了,由于古时南北风俗各异,有些地方扫

① 访谈对象:董某;访谈时间:2020 年 11 月 18 日;访谈地点:访谈对象家中。

墓不一定是在清明之际。唐代以前北方一些地方扫墓主要在寒食节与寒衣节,到唐宋后清明扫墓才开始在全国范围盛行。唐代是各地墓祭风俗融合时期,沿袭清明墓祭风俗,并扩大到全国各地。南方很多地方在重阳、清明或冬至扫墓。一般观点多认为清明扫墓的习俗是承袭寒食节的传统,唐朝以前扫墓,都在寒食节期间。将清明与寒食节相混淆,大约起自唐朝;将寒食扫墓混淆为清明扫墓,大约也只是从唐朝才开始的。[①]

流坑的清明扫墓,叫作"挂青"。村中凡是建有祠屋的祠宇,各房都会进行墓祭。是日,外出的子孙不管离家多远,都要赶回家乡扫墓祭祖。上山扫墓者多为青少年,当天他们带祭品上山祭祖墓,长者则在祠堂举祭。举祭后,长幼咸集于祠,摆宴吃酒,也叫吃"清明会"。家墓也是当日祭扫,由年长者带领年幼者准备祭品上山挂纸的,叫"春祭"。这里的"春祭"与大宗祠内的"春祭"相同,只要是举祭的祠堂,都要宰猪设宴,分胙而归。但有些房人丁式微者从简,只点烛、烧纸、鸣爆、拜揖而散。农历七月十五日也像春祭一样举祭,叫"秋祭"。

三、家户祭祀

家祭的这种祭祀形式在秦汉时期就已经有了,当时的祠堂只是用来纪念贤德有名的人,有财有权的人可以自己建造家庙祭祀祖先,平民百姓则通过在家中设神龛、置神楼的方式以祀奉祖先。一般供奉的祖先不会超过四代,也就是高祖以下的近亲祖宗。因为子孙与近亲祖宗一起生活过,彼此非常熟悉,对他们的不舍与敬爱之情也就愈加浓厚,而对高祖以上的祖先,只是听说过他们的故事,相对来说较为遥远,情感基础很薄弱,也就会怠慢一些,以近亲祖先为主。远祖一般会以合族祭祀的方式共同祭祖,家庭少有单独承担祭祀远祖典礼的,在流坑村也是这样。

流坑的村民家中,大多都能看见正房中堂所设供桌,桌子中间悬挂观音菩萨或财神的贴画,高 2 米,宽 1 米,财神贴画的旁边还有一副高 2 米,宽 0.22 米的对联:"三星高照平安宅,五福临门富贵家。"对联两边有两座供奉祖先灵位的神楼,因悬挂在墙上,所以当地人将这种神龛称为神楼。神楼也是由木材制成的长方形架子,长 0.6 米,宽 0.3 米,高 0.8 米。左为尊,流坑村

① 陈久金、卢莲蓉:《中国节庆及其起源》,上海:上海科技教育出版社,1989 年,第 91 页。

民一般会在贴画左侧的神楼供奉祖先。

神楼几乎每家都有，是在盖房子的时候就修建好的，入住新房时需请风水先生来安香火，也就是将自己的祖先们请进神楼（灵牌或照片），安置在家里供奉。安香火的日子是由请来的风水先生算出来的，适合安放神位及香火的日子称为安香日。安完香火后，家中成员再按风水先生的指示烧香，祭拜祖先。不过现在村中已经没有这样的风水先生了，若是需要，就得从村外请过来。做一次要一两千块钱，所以现在村中请风水先生的也就少了。除非是家里非常重视这个，又比较有钱的才会请。安香火的时候还会有安神咒语（节选）：

思想母亲时，时时记在心，母在东问：子在外，母子离别万重山，母要见子难得见，子要见子难上难。只知有名蔡良玉，母亲康氏老安人，上无兄弟下无妹：单生小生一个人，在家不听父母教，酒席台前打死人，打人不打别一个，单打陈家对头人。今日逃生在外：思想起来，表表家乡是不是好？蔡良玉坐店堂，表表家乡：家住湖广相杨府，徐州小县我家门：只知有名蔡良玉，母亲康氏老人，只知就把名字取，取名叫做秦凰凤，在家不听父母教，酒醉昏昏打死人：打人不打别一个：单打陈家对头人，今日逃生在外，思想起来，表表家乡，是不是好？本县衙门把状告：四名单差拿我身，拿我小生振罪命。母亲生子羡巧计：三百两银子出外逃生命，双手接过雪花银，母亲面前说真情。上无兄弟下无妹，单生小生一个人，逃生不走别一处，只往苏州走一行，苏州得子三千满，三千回家看母亲，上拜公主多拜上，又拜家亲康氏老安人，袍袂雨伞齐在手，半夜三更横门出，甩开大步向前走，一直要往大路行，一路行程来的快，铁板桥上来到临，手攀桥杆把桥上，只见桥下水港港，手攀桥杆把桥下，一心要往大店房，我在半路来思想。不觉到了苏州城，将身就把长圩上，花花圩上去安身，只见卖身尘店堂，打水粉，弄鸳鸯，尘柜尘店巧梳妆，起黑心眉，擦一个眉毛弯弯正相当，二人接过袍袂和雨伞，手挽手，进秀房，只见房内三盏灯，你睡一边，我睡一边，你打火，我抽灯，身上拿出四元大洋边，一放放在盘子边，张连妹问到蔡良玉家住何方，何府何县人，蔡良玉唱：家住湖广相杨府，徐州小县我门，多的母亲生子乘巧计，拿子三百两银子出外逃生命。逃生不走别一处，只往苏州走一行，语是妹子情意好，我蔡鸣凤总总不曲程。张连妹又问到：蔡郎哥或是上有爹，下有娘，有无妻子在秀房？蔡良玉答道：上无爹，下无娘，并无妻子在秀房，又无兄弟姐妹在秀房，单生小生一个人，终身结果靠妹身，张连妹听了这些话，把我引进书房习文章。[①]

香火安完后，就可以照常供奉祖先了，也可以在神楼上供奉其他的神和菩萨。据村民讲述，以前大多数村民家中摆放的都是灵牌，现在放灵牌的少了，因为照片会方便很多。有些神楼则供奉神像，如菩萨、财神，或大肚弥勒佛。供菩萨和财神主要是为了求子求财求福，保佑家里没有灾难，再就是辟邪。大肚弥勒佛像慈眉善目、笑口常开，保佑人们宽容心灵、拥有乐观开朗的人生态度，信众多为年长之人。

现在大多数人家会在初一、十五、清明、中秋、春节时，在家中烧香，做一些好吃的摆在灵位与神像前，来祭拜祖先与菩萨。村民董某向笔者讲述了祭祀祖先时的仪式：

祭祀的那天，要事先准备好梯子，让家里的男主人用梯子登上左侧的神楼，随后摇动神楼旁边的铃铛，有的人家里铃铛是固定在神楼上的，就要用一个小木棍敲它。这是为了把自己家的祖先和神叫回来，让他们能够听到家里子孙对他们说的话，看见后代对他们的尊重和虔诚。铃铛敲完以后，把桌上的灯添油点亮，再摆上贡品。这些都做完以后，全家人就一起站在神楼前，认真、用心地向祖先和神明祷告，把自己的心愿讲给祖先听。然后要在家门口放一串鞭炮，具体放鞭炮的原因我也不清楚，老一辈的都这么做，我们也就按着他们的照做了。放鞭炮的时候很热闹，会有不少听到鞭炮声的小孩跑过来，有些路过的村民也会在祭祀祖先村民的门口拜一拜。[②]

第二节　佛道信仰

相比佛教，道教更早传入江西。流坑村的祖先大约是五代南唐时期迁徙到这里的，当时国内最为盛行的宗教正是道教，佛教是在南唐时期才慢慢被尊崇并发展起来的。从地域上来说，流坑地处江西，江西自古仙山繁多，是道教传播广泛的原因之一。佛教传入江西的时间大约在公元 188 年前后。东汉灵帝主政的末期，西域沙门安世高入赣弘法，并在豫章（今南昌）城

---

① 《蔡郎别店剧本》，手抄本，江西省抚州市乐安县流坑村董氏家藏本。

② 访谈对象：董某；访谈时间：2020 年 11 月 15 日；访谈地点：访谈对象家中。

东建寺。入宋以后，在江西弘传最广的是禅宗。到了明代，禅宗临济宗久传不衰，曹洞宗在江西得以中兴。在清代，江西佛教弘传的趋势渐渐衰落，但庐山一带依旧香火鼎盛。村中的大多庙宇是在明清之际建成的，这应该与明清时期流坑村经济发达、财力雄厚有着十分密切的关系。

一、佛教信仰

流坑村对佛教的信奉直观地体现在村内庙宇所供奉的神像中。如村中的武当阁、三官殿、观音庙，其中均有佛与菩萨的塑像。武当阁始建于明代，由廊庑、玄武殿、阎王殿、土地庙和僧舍组成，后经多次修葺或重建，占地约500平方米，正门上书"玄武阁"，入门供奉弥勒佛与护法韦陀，靠后墙而砌的神台供有药师佛、释迦牟尼、阿弥陀佛三尊金身像，金身像前供有5个较小的西方世界阿弥陀佛、北方世界阿弥陀佛、中央世界阿弥陀佛、南方世界阿弥陀佛、东方世界阿弥陀佛的神像。金身像右边为普贤菩萨、观自在尊者、摩诃迦旃延、憍梵波提、难陀尊者、罗侯罗尊者、诃耨楼驮尊者、摩诃迦叶尊者、摩诃劫宝那尊者、宾大颇罗遣尊者、土地公；左边为文殊菩萨、观音菩萨、舍利子尊者、弥勒尊者、薄构那尊者、离婆多尊者、阿诺陀尊者、周利磐陀尊者、迦苗陀夷尊者、摩诃希罗尊者、菩提达摩尊者。香台上放有木鱼、签筒、钵等。笔者在询问武当阁的管理者后，现场求了一个签。求签的要求很严格，一定要双膝跪地，双手拿着签筒，慢慢地向前摇动，心中默念所求之事。签子落下后，按照签上的序号，去前台上对应拿签，可以看到签上给出的结果。笔者求的是姻缘，所抽签为第六十三签，签上文字是这样的："诚心祈求，有求必应。第六十三签，中签，昔日行船失了针，今朝依旧海中寻，若然寻得原针在，也费功夫也费心。解曰：福是禄基，禄是福种，说得分明，切宜守谨。"武当阁的管理者还告诉笔者，若是对求签的结果不满意，可以去寻人解签，将问题解决。

玄武阁旁还建有一座观音堂，里面供有一尊已开光的白色观音菩萨像，旁边还有两位童子像。其门前塑有一座十分高大的地藏王菩萨像，下面写有：

> 《地藏菩萨本愿经》记载：
>
> 是中能塑画，乃至金银铜铁，作地藏形象，烧香供养，瞻礼赞叹。是人居处，即得十种利益。何等为十？一者，土地丰壤；二者，家宅永安；三者，先亡生天；四者，现存益寿；五者，所求遂意；六者，无水火灾；七

者，虚耗辟除；八者，杜绝恶梦；九者，出入神护；十者，多遇圣因。

若未来世，有善男子善女人，欲求现在、未来百千万亿等愿，百千万亿等事。但当归依、瞻礼、供养、赞叹地藏王菩萨像，如是所愿所求，悉皆成就。

（请大家常念：南无地藏王菩萨）

雕像背面的下方记有祈福求愿仪轨：

（一）祈愿前三日

1.需净身（不杀生、不偷盗、不邪淫）。

2.需净口（吃素、不吃葱蒜韭菜等荤食、戒烟酒）。

3.需净语（不妄语、不两舌、不恶口、不倚语）。

4.需净意（心存正念、不贪、不嗔恨、不愚痴）。

（二）祈愿当日

1.需净身沐浴，燃香供佛（三炷香，勿须高香，注意环保）。

2.在地藏像前，至诚礼拜三次。

3.长跪像前，将所求愿望禀告地藏王菩萨，最后说可许则许。

4.起身，礼拜三次。

（三）祈愿后

若能坚持吃素戒杀，行善放生，忏悔诵经《地藏王菩萨本愿经》念佛（阿弥陀佛），则所求之事速得满愿。

若能按照如上仪轨来祈福，求健康，求长寿，求宝宝，求学业，求婚姻，求事业，求平安，求财富，种种所求，皆得圆满。

以上文字详细记述了人们向地藏王菩萨祈福时需要进行的仪式与步骤，充满虔诚与敬意。雕像前堆满了还未燃尽的香烛，足见村中民众对地藏王菩萨的崇奉与信任。

三官殿则位于村中的最南边，与乌江相邻。据史料记载，此殿修建于宋朝，元、明、清各个朝代皆有重建，现存建筑为清道光二十年（1840 年）之物，民国以来皆有重新修葺。最近的一次是在 2014 年由当地村民共同捐钱修复。

整个三官殿分为上下两层，二层现在已经不对外开放，只作为保留原来神像的储存地。在三官殿管理者的带领下，笔者看到了多年前在一层供奉的神像。现在的一层分为了两个庙，左边是大雄宝殿，主要供佛，右边是三官古寺（2014 年重修时新起的名字，也就是三官殿）。大雄宝殿内，三座中间的佛像从左向右分别是阿弥陀佛、释迦牟尼佛、药师佛，阿弥陀佛的右边是普贤菩萨，普贤菩萨的前方是十八罗汉中的第十八弥勒尊者、第十六注荼半托迦尊者、第十四伐那婆斯尊者、第十二那伽犀那尊者、第十半托迦尊者、第八伐阇罗佛多罗尊者、第六跋陀罗尊者、第四苏频陀尊者、第二迦诺迦伐蹉尊者。药师佛的左边坐着观音菩萨与文殊菩萨，他们前方是十八罗汉中的第十七迦叶尊者、第十五阿氏多尊者、第十三因揭陀尊者、第十一罗侯罗尊者、第九戍博迦尊者、第七迦理迦尊者、第五诺巨罗尊者、第三迦诺迦跋厘阇者、第一宾头卢尊者。这些罗汉的名字是用红纸黑字的字条贴在神像脚下的，标注得很清晰。普贤菩萨旁边还有一尊送子观音的神像正在制作。右侧十八罗汉对应的神像是地藏王，地藏王左前方的是护法神韦陀，弥勒佛与护法韦陀前后紧靠，一进门就能看到它们。笔者到三官殿参观时，遇到了此地的管理者董某，对其进行了访谈，内容如下：

笔：您在这工作多久了，每天主要都做些什么呢？

董：我已经在这管理 30 多年了，每天早上五点和下午来这上香。

笔：上香有什么讲究吗？

董：上香一般都是烧三炷香。上香不在多少，贵在心诚，所谓“烧三炷文明香，敬一片真诚心”。一般在大雄宝殿前上三炷香就行了。村民也有过来上香的，然后会给香火钱。来这里上香就直接用这里的香，要祈求什么东西，就向菩萨求，给 20 块钱。你看左侧屋子里的墙壁上贴着好多捐款人的名字，这都是村民自发要建庙筹集的钱，名单前面的一般都是信士和居士，捐的会多一些。

笔：我看三官殿旁边的空地围起来了，是要施工吗？

董：三官殿旁边还要再起一个庙，正在准备，还没开工，也还是供菩萨。具体是哪些菩萨，要等建好了才能知道了。

笔：您有没有向这里面的菩萨求过愿呢？

董：肯定有啊，我的五个外甥都是大学生。考学的时候都来拜了文殊菩萨，保佑他们成功考取，金榜题名。愿望达成之后还要回来还愿，烧香，放鞭炮。

笔：每年三官殿会有什么活动吗？

董：有的。菩萨生日的时候，有好多人会来。还有正月十五，也有好多人来。文殊菩萨的日子，买爆竹，在庙门前放鞭，村里的人都会来。还有原来的居士来念经，念七天经，念经的这个不是村里人，要从外村请。还会请来参加的村民们吃饭，吃的是素斋。[1]

每年农历二月十九日为观音圣诞日，六月十九日为观音成道日，九月十九日为观音出家日，是观音信仰的三大香期。每到这个日子，各大寺院都会举行盛大的观音法会，善男信女成群结队，涌入寺院，烧香礼佛，虔诚祈祷。老一辈的人对这些节日特别看重，往往备上香火，去庙里许愿、还愿。文殊菩萨是智慧佛的象征。因为有关文殊菩萨的传说，文殊菩萨在刚出生就会说话，而且还会别人不会的本领，从小智慧就超越他人。据说就是因为这一传说，文殊菩萨成了菩萨中大智慧的象征，受到信徒们崇拜，村民们求孩子们考取大学时也就多会求文殊菩萨保佑。

在三官古寺内部右侧的房间内贴有参与新寺建成人员和所有三官殿信士的合影，信士是指信奉道教、佛教的在家男子；汉碑有“义士”之称，泛指出财布施者，宋避太宗讳，改称“信士”，后专称信仰佛教而出钱布施的人。但是照片中可以看到，信士中包括了很多女性，也就是说在流坑村，凡是信奉佛道教的，均被称为信士，并无男女之分。在三官殿另一个房间的墙上挂满了为三官殿捐款的名单，其中有一张是三官古寺护法居士的名单，共有 7 人，男女均有。居士与信士不同，在佛教典籍中，常称印度吠舍种姓的富人，或在家有道之士为居士。在汉传佛教，则泛指一般在家佛教徒为居士。佛教认为居士应持守五戒、十善、菩萨戒、八关斋戒等。居士的团体称居士林，居士又分为男居士和女居士。男居士称优婆塞，意为清信士、近事男、近善男等，指皈依三宝、接受五戒的在家男子，亦通称一切在家的佛教男信徒。女居士称优婆夷，意为清信女、近事女、近善女等，指皈依三宝、接受五戒的在家女性佛教徒。

单独供奉观音菩萨的观音庙建于村口，与龙王庙相邻。早在宋代，仲吉房就在这里建造了观音庙，并塑观音佛像，供人崇祀。此庙主要由砖木支撑，30 多平方米，庙前立有一块石碑。门上匾曰“龙溪锁钥”4 个楷体字，门联曰：“龙溪蟠踞千古迹，锁钥瑶石万年兴”。属仲吉房专管，置有田产，专供维修。远近居民妇女，多为求子，备香烛，于每年观音诞辰日（二月十九日）来这里朝拜，仲吉房为管首，当日来此散发签语，收取香钱。20 世纪 70 年代，为了扩建公路，观音庙曾被拆除。至 20 世纪 80 年代，善男信女又募捐化缘，重建庙宇，再塑观音。近几年来，此地香火又兴盛起来，并有老斋妇常

---

① 访谈对象：董某；访谈时间：2020 年 11 月 16 日；访谈地点：三官殿。

图 3-7 流坑的三官古寺

来打扫。

二、道教信仰

道教信仰可见于三官殿里供奉最大的两尊神像:天官和马帅。这两座神像已经有 80 多年的历史,是后来修复庙宇的时候修建的。天官和马帅身后所供奉为天官、地官、水官三官,又称“三元”,为道教较早供祀的神灵。一道经称:天官赐福,地官赦罪,水官解厄。明代以来,各地建有许多三官殿、三官堂、三元庵、三官庙等。每逢三元节,人们都要到庙宇祭拜三官,忏悔罪过,祈福免灾。是时,信仰三官的人都要禁荤食素,称为“三官素”。清代,三官信仰更为普遍,“天官赐福”的年画多种多样。画中天官,身着大红官服,龙袍玉带。手持如意,五绺虬须,面容慈祥,一派雍容华贵的气质。一些图中,天官还慈祥地携带五个童子,五童子手中各捧仙桃、石榴、佛手、春梅和吉庆鲤鱼灯。过去中国民间每逢新春时,皆贴这种年画,以求天官赐福长寿。有时天官还被当作财神。

据当地村民所说,流坑村以前有会做道场的道士,不过现今已经无人,附近别村还有这种仪式的保留,若是村里有人需要的,就会到别村去找。道教做道场,总是将斋戒与坛醮联在一起,故常斋醮连称。醮即设坛祭祷,主要内容为上供祭神、谢罪忏悔、上章祈祷，伴以念经、礼拜、奏乐。坛醮可分两类：一类为清醮，如祈雨消灾、却病延年、传戒受戒、护国安民、庆祝圣诞等；一类为幽醮，如摄召亡魂、破狱破湖、炼度施食等。大醮有普天大醮、周天大醮、罗天大醮等。

道教崇敬神仙，注重祭祀祈祷。为表示郑重虔诚，祭祷者须清洁身心，遵守一定的行为规范，此谓斋戒。斋有供养斋、节食斋、心斋，以心斋为重。道教戒律有上品、中品、下品之分，有“三戒”“五戒”“八戒”等。

村中还会供奉龙王，龙王属道教神祇，源于古代龙神崇拜和海神信仰。因受中国传统文化影响，被认为是掌管海洋中的生灵，在人间司风管雨，因此在水旱灾多的地区常被崇拜。观音庙左侧建有龙王庙，塑有龙王神像，传说“龙王爷”管雨神，遇夏旱时，村民来此求雨，尚有灵应。

在流坑村中，大大小小的神庙加起来共有十几座，其中佛教有之，道教有之。经过笔者的实地走访发现，佛教与道教的庙宇在当地少有分开，哪怕是像三官殿、武当阁这种属于道教的殿阁，里面也供奉着如来佛祖、菩萨等佛教的神像。可见，对如今的流坑村民来说，他们对佛教道教的划分并不是非常明显，村中更多地表现出一种佛道融合的现象。

第三节　其他信仰

一、荷杨神信仰

关于荷杨神的“荷”字，有两种写法，分别是荷、何。“荷”字在流坑村被认为是对于村北荷树岭的指代，而荷树岭对于流坑村来说具有十分重要的意义。流坑董氏在初迁至此处时，就是居住在与现今村址一江之隔的白泥塘，此处正好位于荷树岭之下，而流坑董氏的开基祖董合之墓也正是位于荷树岭的山脚之下。在流坑董氏的多本族谱中，关于流坑村土地归属的记载，都是以荷树岭为界，并声称峰岭以南，都是董氏的产业。据村中老人叙述，新中国成立前，每逢游荷杨真神的时候，最远处也会走到荷树岭。他们认为凡是神走到的地方，都是神所庇佑的地方。可见对于流坑来说，从古至今，荷树岭都是流坑的祖产。另外，早在唐末的时候，著名的堪舆大师杨筠松也对于荷树岭进行过详细地勘察。据传他在流坑一住就是三年，其间对流坑周围地形、山川河流、祖先陵墓都进行了细致地勘察，并建议董氏家族应从当时居住的白泥塘迁至江对岸居住，必会官运亨通、富贵盈门。董氏听从了他的建议，迁至现在的村址，并最终成为如今的“千古第一村”。按照当时堪舆师的说法，流坑此处风水大旺，而其间的龙脉就处于村北的荷树岭上，由此我们或可推断荷杨神的“荷”字就是出于荷树岭的“荷”。

何杨神的说法源自董氏宋代先人董敦逸的传说。董敦逸是流坑董姓六世祖，曾任户部侍郎。传说他出使辽国，辽主要他行下臣之礼，董敦逸为维护国体，执礼不从。辽主恼怒，把他打入牢中，强令他夜读土墙上几千字的黄陵碑，限次日黎明背诵。是夜无月无灯，伸手不见五指，正在着急之际，忽然萤火虫成群飞聚墙上，借此荧光，董敦逸逐行诵读，翌日黎明他倒背如流。辽主大惊，十分钦佩，赐他貂皮，遣还回宋。据说背熟碑文后，董敦逸默默祷问，不知是何路神灵保佑，请告知姓名，待回中原后，奏明朝廷请功。就在这时，萤火虫纷纷聚附在碑文上的“何”“杨”二字上。后来打听到，土牢曾关过中原派去的何姓、杨姓的两位将军，此时为救中原忠臣而显灵。董敦逸还乡后，不忘何、杨救命之恩，设置二将军像，每年祭祀神灵，游神出灯，永志不忘。

“出何杨神”活动在乡人心目中十分重要。每年正月初九，传说是何杨神的生日，必须出游。从这天晚上掌灯之时始，即由当年结婚的新郎官负责，捧着何杨神像，走遍全村每一家，有道士随行，带领户主念咒跪拜，赐福于董氏子孙。是日，家家户户都要摆上香案，点上几盏灯烛，放几碗米，点香鸣鞭炮接送。

二、太子信仰

流坑内的村民还十分信奉太子，仰山庙与汉褚行祠中所供奉的主神均是太子。流坑百姓对太子的了解并不是很多，只是听说供奉的是汉朝的一位太子。因为受到陷害，到流坑避难，太子在流坑受到村民们的照顾，这令他非常感动。太子重返朝中即位后，感念流坑村民，于是免掉了村民的赋税，让他们生活无忧。从此，流坑便建庙、建祠供奉太子。

有关太子的传说有着更为详细的记载，太子的姓应为钟。钟太子名叫钟义，是武陵县唐封乡水莲村钟相第四个儿子。南宋初年，金兵侵犯，官宦横暴，百姓痛苦不堪。钟相便率领众人反抗，建立一个叫“楚”的农民政权。可是，成立不久，就被宋朝的军队镇压了。钟相与他的三个儿子也都在战争中牺牲了。钟义在被敌军围困逃脱时，趁着夜色，躲进一团荆棘丛中，身上很多地方都被划破了。因怕被敌军发现，就一直待在荆棘丛中不敢轻举妄动。直至大将军杨幺带兵来救他，二人一起逃进深山之中一处叫作董家冲的村庄。村民董大爷见钟义的身上伤处颇多，又中了风寒，便安排家人给客人烧茶、热水、煮饭，他便上山采草药。杨幺为钟义脱掉脏衣，抱他躺在床上。当宋兵找至董家时，董家人谎称钟义是自己的小儿子，因上山砍柴不慎摔伤，卧床休养，才骗走了官兵。钟义也在董氏一家的悉心照顾下渐渐康复，钟、杨二人非常感激董氏的恩情，临走时许诺他日定将报答。后来杨幺被推举为义军领袖，并被拥戴为大圣天王，而大圣天王则拥钟义为太子。后太子想起当日董氏的恩情，亲自前往董家冲帮助董氏驱走恶霸，并建寨永保平安。三年后，农民起义终被朝廷剿灭。当地农民因拥护起义，备受迫害，故百姓更加怀念太子恩情，并建庙以作纪念。

这则故事广泛流传于湖南、江西、安徽等地，所以三省之内皆有太子庙，其中尤以湖南汉寿太子庙香火最为鼎盛。此则故事与流坑的太子庙传说颇为类似，且故事之中的救人者正是董氏，这也是笔者认为这则故事与流坑信奉的太子相关的原因。但无论其中关系怎样，流坑村中的太子信仰与周边村落及江西省内的太子信仰出自一脉，应当是毋庸置疑的。且据记载，流坑太子庙建于明朝初年，当是外来信仰无疑。只是经过几百年的传承，流坑村民将自己的祖先认定为故事中的主角而已。

三、五王信仰

五王庙在入村沿龙湖南侧右行约 200 米，位于朝朝街西侧入口处的左手边。紧邻着村中最著名的建筑——状元楼。神庙正门匾额书写“五王庙”三个大字。殿内神像上方书写着：“神威浩荡，灵昭千古。”左右两根木柱上分别贴有“求子求财求富贵，保官保民保平安”门联。据说此庙建于唐代，庙内左右两面墙上刻有一副对联，相传也为唐朝真迹，上书：“羽翊梁公靖一牝司晨之乱”，下书：“匡扶唐室建五龙夹日之功”。由此可以看出此庙当初建造时的意图所在，而牝鸡司晨之乱自然指的就是武则天建周的故事。庙内神台上供有财神、土地神、荷杨神、皇帝（唐太宗李世民）、宰相（狄仁杰）五位。财神前写有“人顺财盛，财神显灵，财源广进”，土地神与荷杨神前写有“保天下官民平安，天下太平”，皇帝前写有“世间老少平安，身体健康。”，宰相前写有“宰相保佑，高中状元，金榜题名”。可见各位神明对村民来说所求的愿望之分。

图 3-8　流坑五王庙

据村中老人介绍，这庙原本供奉的是五尊神像，分别是唐朝的五位宰相郭子仪、狄仁杰、袁恕己，另两人不详（另一说法为张柬之、桓彦范、袁恕己、崔玄暐、敬晖）。据传为宋朝时期高中状元的董德元为纪念唐朝时安史之乱中立下战功的几位王爷而修建。该庙在“文革”期间，庙中五尊神像都被“造反派”拉出庙外焚毁。现今庙中的几尊神像都是近几年重新供奉的。现在的五王庙很少有本村其他房支的村民前来供奉，只有该庙所归属的镜山房村民偶尔会在此祭祖，因此现今五王庙的主要作用是供外来游客参拜。而依现状看来，虽然此庙没有得到大多数村民的认可，却似乎是村中香火最盛的庙宇，也是唯一对外收取香火钱的庙宇。

四、巫术信仰

流坑村中有巫觋的存在，《说文解字》中记载：“觋，能斋肃事神明者。在男曰觋。在女曰巫。”[①]巫觋亦人亦神，二重身份，故有“又做师娘又做鬼”之谚。

① （汉）许慎撰，（清）段玉裁注：《说文解字注》，上海：上海古籍出版社，1981 年，第 201～202 页。

巫觋被认为能通鬼神。具体有两种方式：一种是请神附体。请神附仙有请神、探源、抓鬼和谢神四个步骤。《汉书·礼乐志》："大祝迎神于庙门，奏《嘉至》，犹古降神之乐也。"[①]降神后，巫成为神的体现，代神表达意思，此时的巫往往处于昏迷状态，有些是运气，有些是服用麻醉品，另一种是过阴，即"灵魂出走"。也就是巫觋的灵魂可以离开肉体，到神鬼所在的地方。汉族称"走阴差"。《中华全国风俗志》写南京的巫师：走阴差，俗云人死必有阴差来引，而阴差非阳差领人不可。人家有久病不愈者，每延请若辈，赴阴查察之，或睡于床，或卧于地，佯为死去，勿令人动摇，一小时而后醒，谓之"还阳"，睡时胡言乱语，代鬼神说话。[②] 现在流坑共有四位这样的人，一位男性，三位女性，但是四人的个人经历各有不同，附身在身上的神明也不一样。笔者对其神明附体的经历等情况均进行了访谈：

LCZ，女，66岁：

20多年前有一天，我和我老公一起去后山砍柴，突然港背老爷就降临到我身上，我就开始抽搐，我丈夫就以为我发癫了，就用砍下来的树枝条抽我，打得我在地上直打滚，我就觉得很丢脸，娘家也从来没有过这样的事情。

我以前身体不好，特别虚弱，担着那么多柴是担不起来的，后来港背老爷来了之后，我就能轻松地挑起很大的一堆柴了。大家也就因此相信，的确是有老爷降临到我身上，就渐渐地开始有人来向我问神。老爷之所以选中我，是因为看我家里穷，一直住在河这边，就让我去服侍他，专门去管港背老爷庙里的香灯，烧香，做专门服侍老爷的仆人。像我们这种专门服侍老爷的人，被叫作"小女子"。大家来问神的时候，也就管我叫作小女子。

找我的人有身体不好的，回来叫我给看看，然后会给我几块钱感谢老爷。老爷人非常好，并不会要求来问神的香客一定要给多少钱，主要随缘，给一块两块就可以。

以前每个月，固定的初一、十五日，老爷都会来，来的时候没有征兆。老爷会画符，我什么都不会。家里特别多的人会来找我，都坐不下，但是最近这两年，神来的次数越来越少了。尤其是今年疫情，就来

① （汉）班固撰：《汉书》，北京：中华书局，2007年，第137页。

② 胡朴安：《中华全国风俗志》下编，石家庄：河北人民出版社，1986年，第143页。

了一两次。老爷应该是去别的地方帮助更多的人，做更重要的事情，所以来的次数就少了。来找我问神的人自然也就少了。

具体来神的时候，老爷与香客说些什么我也不清楚，问神时候的我没有自己的意识。我老公一开始的时候是不信的，后来因为亲眼看见过，就慢慢相信了。一般会来问家庭、工作、身体不好的，求财、求功名的。

DDL，女，48 岁：

我是以前生病了，病得很严重，去了医院也看不好，连着打了八天的针，依旧没见好转。所以外面的买卖也做不下去了，就回老家了。我以前是不信神的，觉得它不是真实存在的。

2018 年菩萨来我身上，她是乐安县大华山上的王母娘娘，不是流坑村里的。她刚来的时候，把我家里人吓坏了，以为我发神经。从我嘴里说出来的话家人也听不懂，因为说的不是家乡话，而是普通话，没有口音。不过菩萨附在我身上后，我的身体慢慢开始好转了，应该是菩萨帮我把邪气排出去了，所以我很感谢她，也是从那时候开始，才相信神的存在。

因为我来神的时间很短，到现在刚第三年，所以找我的人不是很多，几天可能才有一个人来。我也不指着这个挣钱。一般来找我的就是来算命的，五块钱一次。还有运气好不好，小孩半夜闹哭，会叫魂，没有规定时间。要请神，把香摆开，请神来。村里有五个女的，一个男的。村民们信谁就去找谁，都可以。现在是第三年。不会走阴，只会算运气，姻缘和求财都可以。

XGH，女，56 岁：

笔：您是什么时候开始问神的？

X：我是 32 岁时开始来神的，之前生了一场大病，菩萨来了后病就好了。

笔：每天有固定的时间问神吗？

X：有的，每天上午 9：00—9：30，下午 2：00—2：30 来神。

笔：一般是哪里的人过来找你呢？

X：有很多人来找我，村内的人也有，从牛田镇、县城来的也有。

笔：信奉菩萨之后，每年有哪些活动？

X：我只吃素，不吃肉。信佛、信观音菩萨，每年要请三次客，请信佛的村民们来家里吃饭，分别是在农历二月十九日、六月十九日和九月十九日，因为二月十九日是观音菩萨的出生日，六月十九日是观音菩萨的成道日，九月十九日是观音菩萨的出家日。

笔：您会不会一些巫术呢？

X：以前会过阴，年轻的时候会做。过阴的时候要睡在床上，过阴就是“走阴间”，走了可能会回不来，没有人叫醒我，对身体的伤害很大，做完要睡上三天才能缓过来，现在要带孙子，家里人也担心我的身体，就不再过阴了。

笔：来找您的大多都是问些什么呢？

X：来我这里问神的百分之九十五都是生病的，求菩萨保佑。还有考学的，考上了就回来还愿。还有求子的，考上了还愿时会给120元。以前穷，就给二三十块钱这样。

笔者有幸参与了一次XGH的问神活动。当天上午是从10点开始的，共有六位香客前来，都是女性，年龄在30～70岁之间。老年人一般求的就是自己和老伴，还有家里的子女身体健康、平平安安，再就是求给家里添丁，求儿求女。年轻人一般求的是姻缘、事业、学业顺利。来神的时候，双手握紧成拳，举过头顶，还打着哈欠，就像人困倦时伸懒腰一样，将这个动作连续做3次，神就“降下来了”，之后香客就可以和XGH身上的“观音娘娘”沟通，说出自己的问题。XGH会先问香客询问之人的名字和生辰八字，掐指算一算然后说一下他的近况，再问香客对不对，香客继续询问，如孩子成绩不好，怎么才能提升呢？XGH开始双手合十，举过头顶，拜3次，拿起卦向椅子上扔，看预示的是好是坏。所谓的“卦”，成一对，形似一个牛角，一分为二，掌心一般大小，表面颜色为红棕色，由檀木制作。抛出去若是两个平面朝上，则为阳告，意为一般；若是两个凸面朝上，则是阴告，意为不好；若是一个平面向上，一个凸起面向上，则为神告，意为尚好。有些经常去的村民对此非常熟悉，当“卦”落地时，能够立马说出是阴阳告还是神告，神情也随着“卦”的变化阴晴不定。若是出现阳告或者阴告，XGH就会点上三炷香，拿在手里比画，请求观音菩萨将不好的事化解，然后再继续抛出卦，直到抛出三个神告，就代表已经化解完成了，然后告诉香客，当愿望达成后，要记得回来还愿，感谢菩萨，并让香客拿上刚才XGH手里的三炷香，去旁边拜一拜，感谢菩萨。随后香客会问XGH需要给多少香火钱，根据愿望的多少来定，若是愿望比较简单，就会收得少一些，若是有些复杂，则会多一些，一般从几块到几十块不等。

笔者还对前来问神的吴姓香客进行了访谈：

笔：您贵姓，从哪里过来的？

吴：我姓吴，是从牛田镇过来的。

笔：来找她是为了治病吗？

吴：7 年前我来过，那时候身体不好，就找菩萨给我看一下，她说有不好的人跟着我，给我了个符带在身上。画符要在中午 12 点之前画，过了 12 点画的符就不管用了。画完符后，把它和米装在一个三角形或四边形的红布里，带在身上。就给我化解了。

笔：那现在身体怎么样了？

吴：现在身体已经好了，所以今天我是来还愿的，感谢一下菩萨，给她上个香，再给些香火钱。

笔：除了自己还问过 X 家里的其他人吗？

吴：顺便再问问我的儿子和孙子。儿子在上海开车，就问儿子平安不平安。孙子是这几天有些感冒发烧，刚五个多月（问神的时候按虚岁算，因为小孩刚 5 个多月，所以按 1 岁算），就过来让菩萨给看看，有没有什么问题。

作为流坑社会文化的一部分，我们无法否定信巫在当地的社会意义，但仍应认识到其弊端。巫术无法真正疗愈伤病，也无法真正解决灾害，若过度依赖将带来严重后果。

流坑信仰多元，庙宇繁多。民间信仰承载着地方百姓祈福攘灾的诉求，是流坑村落文化的一部分。目前，国内像流坑村这样保留完整、宗族凝聚力强、村民信仰意识较强的传统村落并不多见了，所以，以流坑村为调查点，也为我国就民间信仰方面的研究提供了良好的考察地，更为其积累了丰富的村落民间信仰现实素材。

第五章

流坑村的风水文化

在赣南的广大农村，甚至城市，信仰风水、从事风水术的人确为数不少，甚至可以说相当普遍。这一现象与历史上江西形式派风水的创立和发展有很大关系。宋代，江西形式派风水与福建理气派风水并称为当时的两大风水流派。赣南山重叠嶂、河流交错，得天独厚的自然环境为风水师提供了风水实践的客观条件，还曾涌现出一大批形式派风水师，诸如廖瑀、谢世南、赖文俊、刘谦、谭文谟、谭仲简等。[①] 作为江西古代文化缩影的流坑村，深受整个赣南风水文化环境的影响，风水文化兴盛，其选址、布局都体现了风水学的意涵。至今，流坑村仍流传着古老的风水故事，风水景观更是随处可见。纵使古今巨变，风水观念在今选址、择日等事项中仍扮演着重要角色。

第一节　风水故事

流坑村如今仍然流传着许多古老的风水故事，大抵与董氏宗族选址相关，有的载于族谱，有的则靠口耳相传保存至今。这些故事神奇诡谲，其中人们讲述得最多的是杨筠松为董氏祖先寻龙脉、相吉地的传说，“杨仙相地”至今仍是流坑董氏后人口中的美谈。

“思其族之基为唐国师杨仙所卜，因周视其里巷”[②]，流坑董氏如今居住的流坑村，传为唐代著名堪舆家杨筠松所卜。杨筠松，字叔茂，名益，号救贫，传为窦州（今广东信宜西南）人，被后人称为江西风水形式派的祖师爷。唐僖宗时曾为国师（又载他为南唐国师），掌灵台地理事，官至金紫光禄大

① 温春香：《杨救贫与江西形势派风水术》，《广西民族学院学报（哲学社会科学版）》2006年第1期。

② 《抚乐流坑董氏坦然公支谱·爵先公祠堂记》，清道光甲申年本。

夫。唐广明元年(880 年)十二月,黄巢破唐朝京城长安后,杨筠松将皇宫堪舆术带出宫禁,漫游江南,为世人勘测山形水势、宅基墓穴。杨筠松著有《青囊奥旨》《疑龙经》《撼龙经》《立锥赋》《黑囊经》《三十六龙》等书,被后世风水家尊称"杨公",在民间传为神人,俗称"杨仙",因其常使贫者致富也被称为"杨救贫"。[①] 关于杨筠松为董氏家族相地一事,不仅在流坑董氏族谱中有记载,在流坑董氏后人口中代代相传,传说中也颇有使贫穷者致富的意味。

一、筠松报恩寻吉地

据流坑村民所述,流坑董氏繁盛即受惠于杨筠松为董氏相地种坟一事。流坑原有一刘姓家族,也曾繁盛一时,后来家道中落。董氏的兴旺便与刘姓家族的没落有密切联系。

董氏曾居于宜黄黄山寺,从宜黄迁到流坑的第一位祖先叫董合。当时杨筠松在朝廷做官,从事灵台地理之事,其经常在赣州之境寻龙相地,声名远播。一日,杨筠松寻龙至流坑附近,他沿着发于荷公山的龙脉行至流坑刘姓家族居所处,欲借住刘家。刘家不曾理会杨筠松,甚至还放狗驱逐。落魄的杨筠松无意间走到了董合住处,不同于刘家的冷漠,董合一家人热情招待杨筠松。清贫的董合家无好菜好酒招待,便将家里的鸡杀掉,将鸡肉剔除以鸡骨相待。杨筠松心中难过,感慨再次遇到吝啬之家。翌日,杨筠松失望离去,前往附近山上继续寻找龙脉。离别之际,董合家赠一小布包,嘱咐包中之物可缓解一时饥饿。后来杨筠松发现布包里居然是鸡肉,杨筠松惭愧至极,感动泪泣,心想:"董家人心善,不应清贫一世,定要为董氏相得一好坟地,使其家族兴旺。"之后,杨筠松果真寻得一处风水极好的坟地,便返回董合家,询问此地归属,却得知其属刘家。恰巧,董合家的大儿媳在刘家做佣人,杨公提议,让大儿媳偷取刘家一块生姜。董家人按照建议行事,大儿媳被发现偷盗之后被刘家人打骂,因不忍受辱,遂自杀于刘家。依照规矩,刘家只能将之安葬在自家坟地,也就是杨筠松此前寻得的那处风水宝地。事情皆如杨筠松预言,"不久,董氏必将富裕繁盛"[②],董合家自此逐渐发达。

董氏族人皆把董氏家族的昌盛归功于杨筠松相地种坟。董氏认为刘家

① 黄更昌:《探古览胜话流坑》,南昌:江西人民出版社,2002 年,第 225 页。

② 访谈对象:董友根,男,51 岁;访谈时间:2020 年 11 月 18 日;访谈地点:访谈对象家中。

的好风水被引到了自己家中，于是才有董氏渐盛而刘氏渐衰的局面。据村民所言，如今村中许多庙宇都供奉刘姓神像，是为报答刘家，整个董氏家族都应敬奉。[①]

关于杨筠松为董氏种坟的传说还有另外一种说法。流坑董氏于五代南唐时便已在此开基建村。唐代末年战乱时节，董氏的祖先从安徽黄山寺迁居到流坑。当时一对董氏夫妻带着两个儿子来到流坑，最初便在村北江对岸的港背庙周围安居。恰逢政权灭亡之际，一位名叫杨筠松的国师逃至流坑。杨国师在饥寒交迫时，行至流坑董氏家。此时的董家人穷苦，尚有幼子需养育，捉襟见肘，日子过得十分拮据。但董家人并没有拒杨国师于门外，反而用家里仅有的一只土鸡招待他。杨国师非常感动，对董家人讲：我如今身无一物，无以为报，愿相一吉地，助董氏家宅兴旺，富庶一方。3 年之后，杨国师再次回到流坑时发现，董家人并没有他当初所说的富裕景象，依旧贫苦，甚至更加糟糕。杨国师经勘测发现，当初的坟种错位置了，所以董家依旧没改贫穷样貌。杨国师心中愧疚，决定帮董家人再次勘测风水，寻一好坟地。种完新坟，杨国师安心离去。他走后几年，董氏渐发达。董家人感念杨国师种坟之恩，修大宗祠供奉他。[②] 于是，方有杨国师相助董氏发家的故事。

这两则故事在情节上有同有异，但核心内涵是一致的，都表达了杨筠松为了报答善良的董家人而为其相地。董家人原本十分贫苦，但仍向杨筠松伸出援助之手。杨筠松感恩董氏在危难之际的收留，便为董家寻好风水，董家也因为杨筠松所寻的好风水而兴旺。虽然传说带有神奇色彩，但不可否认的是董氏后人口中的传说都传递着董氏为人处世的道义，以及杨筠松与流坑董氏之间的紧密联系。杨筠松来到流坑遇到的董家人为从宜黄迁至流坑的董氏族人，也正是在杨筠松的勘测下寻得好地，董氏才从白泥塘迁至如今流坑村的主体区域。在董氏族谱中有许多杨筠松为董氏寻得好风水而兴

---

① 对于刘姓神，流坑村民还有不一样的说法。村中确实有许多庙宇供奉刘姓神，诸如太子庙、汉储行祠与仰山庙。村民对这位刘姓神描述甚少，只提到这是一位汉朝的太子，因遭到陷害流落到流坑避难，董氏家族人对其照顾颇为周到。太子回宫后，思及流坑董氏当日的收留之恩，便请为流坑村民减免赋税，而董氏又感恩于太子的减赋之举，便在村中修建庙宇供奉太子，教育世代子孙皆感念太子之恩。今日，人们并不争论刘姓神的真实身份，而主要以此教化后人应知恩图报。

② 访谈对象：董接祥，男；访谈时间：2020 年 11 月 17 日；访谈地点：访谈对象家中。

旺的谶语。有如“寻遇南唐国师杨筠松先生师弟，卜居斯土。土名和里，地号中洲”；“筠松箝曰，阳星日月峡相随，文武状元归。燧注曰，董德元中文状元，董藻中武状元，果有明验”。[1] 谶语所示，杨筠松为董氏相得“风水宝地”，迁至此地后董氏开始发达，董氏后代人才辈出，仕途高升。

二、董氏寻吉穴改墓地

(一)祖墓改葬地，“寅葬卯时发”[2]

据说，董氏先祖董合带着家人从宜黄黄山寺迁至如今流坑村北乌江对岸的白泥塘，董合便和家人在白泥塘建宅安家。开基祖董合去世之后，其后人将他就近安葬在白泥塘的山脚之下。董合下葬不久，董氏后人便遇到了赣州著名的风水师杨筠松，董氏族人皆欣喜。因受董氏招待之恩，杨筠松告知董氏自己在附近的荷树岭寻得了一穴好墓地，名曰“斗牛形”，董氏后人便将先祖董合墓迁至新地。杨筠松告诉董氏后人，要选一个吉日并在寅时下葬，如果见到泥鳅上树、铁帽过路便立即覆土砌墓。杨筠松预言此墓会使董氏“寅葬卯发”。董家人按照杨筠松所言，在所选吉日，将董合墓挖开抬出棺柩，运到荷树岭斗牛形墓地处，董家人与“八仙”燃着灯笼、火把在葬地旁等候，至寅时，将柩棺放入墓穴。棺柩放妥后，不一会儿，便见到附近的树上挂着一个泥鳅篓，一个头顶铁锅的人正好从树下走过。看到这一番景象的董家人甚为惊异，这夜深、路远、山幽之地，一瞬间人和篓从何而至？难道杨先生的预言真会成真？大家边咕噜边动手盖土砌墓。事毕，恰好到了卯时。此时天还未亮，董家一行人举着灯笼、火把启程回家。未走多远，看到前方有一闪一闪的火光和五六个人的身影，但片刻工夫就不见了。大家觉得奇怪，便一起朝着刚才有火光的地方走去，发现路边有几个木箱和乱丢的木棍、油烛。当把木箱打开时，看到箱子里装满了金银财宝，董家人纷纷惊喜，董氏就这样意外地得到了一大笔财富，果真应验了杨先生“寅葬卯发”之言。后来得知，这几箱金银财宝，是一伙强盗乘夜抢劫一大户人家而来。当时，强盗们在惊慌中将其抬至荷树岭，本想松口气，而又看到不远处火光通明，

---

① 《抚乐流坑董氏秘阁校书文晃公房谱·董氏流坑十六古迹》，清同治五年丙寅年本。

② 故事整理参考黄更昌主编：《流坑历史文化资料集萃》，南昌：江西人民出版社，2014年，第258页。

以为官府派人前来捉拿他们，便丢下笨重的箱子，窜入山林中逃命去了。因改葬此墓地后，董氏的确发达了，董氏后人将荷树岭即荷公山视为龙脉之山。

（二）费尽心思谋吉地，天葬龙穴出人俊[1]

流坑董氏第十九世孙董重鼎，为迁居江田的开基祖，娶本县某村谢氏为妻。夫妻俩和睦勤奋，共同营造了一个美好的家园，生子禹方，后相继得孙男三人：礼、裕、补。受祖上荣耀显贵自豪感的驱使，日夜期盼家中能有一名为官显贵之人，光耀门庭。可是，夫妻俩年逾半百，虽儿子禹方有文声名于当地，但还没有出现一个官，为此深感遗憾。

据说有一天，重鼎之妻谢氏到娘家做客，偶然之间，看到一个地方光辉灿烂，甚觉奇异。谢氏回到家中，对丈夫谈起所见。重鼎说：此乃一处龙穴宝地，若能葬身其地，子孙旺发有期。谢氏听后，心动极了，为谋得这他姓之地，夫妻俩费尽心思想出一计：身于异乡亡故者，是不允许进村回家办丧事，若在垂危之时，以探娘亲为由住在娘家，去世后，以大姓之威，强辩亡故之因，再求就近安葬，其事不就可成吗？

几年后，谢氏年老多病，虽勉强可以坚持，但她知道自己已来日不多，便以想念娘家人为借口，嘱家人将她送至娘家居住。到娘家之后，谢氏的病日益严重。谢氏娘家人担心谢氏死于家中，欲将其送归董家。可谢氏强装没事的样子，故意表露出其恋恋不舍之情，娘家人就没再坚持将谢氏送回。几天后，谢氏在娘家去世，董家人知道后，前往谢家讨说法，故意强词夺理，声称定是谢氏在娘家受到委屈才死去。谢家人窘迫，不知如何是好。这时，董家的几位代表则出面解围，说：婆婆既已去世，急需商定的是安葬之事，但若运到江田安葬，按风俗不得进村入屋，这样既有失董氏体面，大损重鼎公尊严，对谢家来说也并不光彩，婆婆也是谢家女儿，要么就地安葬，方为妥。谢家看到这种情况也只有依允。

董家吩咐风水师，要求其按照指定的地方勘测葬穴。下葬之日，前面锣手举着“引魂竹”开路，“八仙”抬着灵柩，孝子、孝孙们拥持着，唢呐手一个劲地吹，后面跟着长长的送葬队伍，向葬地缓缓前行。起初还是蓝天白云，当

---

[1] 故事整理参考黄更昌主编：《流坑历史文化资料集萃》，南昌：江西人民出版社，2014年，第267页。

灵柩近至葬地时，天空突然乌云滚滚，风起雨来，送葬的人被淋跑。灵柩刚放置葬地，便开始狂风大雨，电闪雷鸣。众人纷纷跑到近处的路亭避雨。看着漫天大雨、滚滚山洪，大家满脸愁容。可不一会儿，风收雨停，云开日出，天边还出现了几道紫色的霞光。众人到葬地处却怎么也找不到灵柩和挖好的墓穴，只见一个新堆起的小丘，董家人即靠小丘前砌成墓堂墓门。据说，墓前河历年涨水，从来也不会淹至墓堂坎石。这就是流坑一带人们所传说的“天葬”。

不久，董重鼎之孙董裕金榜题名中进士，官至刑部尚书，有人说是有赖于祖母（谢氏）葬得这块龙穴宝地。

三、把水口未成，杨“仙”显阴灵

（一）“赶”山把水口，遇阻事未遂[①]

杨筠松为董氏相的阳宅吉地，在董氏首次开基地即白龙塘的江对岸，名曰中洲，即现在流坑主体部位。中洲是一块开阔的河谷地，四面群山环抱，秀峰叠翠。乌江之水自其东南至东北再转西而流，流至其西北角有一狭隘处，即为流坑乌江段的出水口。杨筠松把中洲地喻称“鱼袋”，并箝曰：“鱼袋若见兑，位卿相可期。”[②]因此认为：保固“鱼袋”地势，关系到将来流坑的兴旺，而把好水口至关重要。可是水口仅南面是山，而其北侧是块平地，受江水的长年冲刷难保长久之固。据说杨筠松想方设法要帮助流坑董氏把好这一水口。

相传，杨筠松有赶动山脉之术，他手拿“撼龙鞭”将他处的山向流坑水口方向移去。而当移至离一个村庄不远处时，此村中有一个富婆发现前方的山林在隐隐移动，甚感惊奇，立马夺过奴婢手中的扫帚，向那移动的山指指点点地说：奇怪，山怎么会动？那山就再也不动了。赶山未成，气得杨筠松将“撼龙鞭”一甩，正击中“龙背”，那山就在此处沉陷了一个大凹。杨筠松随即咒骂道：此处有个恶婆寨，龙背因她往下陷。枉有良田与房屋，前进银谷后泄财。从此，那富婆虽有万贯家财，但很快就衰败下去了。

---

① 故事整理参考黄更昌主编：《流坑历史文化资料集萃》，南昌：江西人民出版社，2014年，第259页。

② 《抚乐流坑董氏秘阁校书文晃公房谱·董氏流坑十六古迹》，清同治五年丙寅年本。

杨筠松赶山把水口未成，据说后来董氏就在其处栽树植竹蓄成一洲林，即为后人所说的白茅洲。以挡乌江泛滥之水，维护水口江流，保固“鱼袋”地形。后有人赞曰：“鱼袋列兑居，坤舆增式志。横锁翰墨津，天然成位置。仙人富贵箱，千秋征盛事。”[1]

（二）杨仙显阴灵，游村题赞诗[2]

流坑董氏为报答杨筠松的卜基占穴之功，在明嘉靖三年（1524 年）所建的大宗祠内，特辟一堂祀奉他。37 年后，即嘉靖四十年（1561 年），闽广钟凌秀农民起义军在火烧大宗祠时，据说杨仙的塑像屡烧未燃，是杨仙阴灵扑而默夺，将塑像头脚颠置才被点燃，这时杨仙已显灵脱身而去。不久，董氏又重建大宗祠，在祠内专辟报功堂祀奉杨筠松地仙。传说此时杨地仙神游流坑，看到董氏一派兴旺景象和对自己如此厚报，心里非常高兴。于是，欣慰在报功堂题诗一首：

五百年前此地游，江山依旧水西流。
雪峰北耸竖后枕，天马南驰列前屏。
铁骥夜嘶真武阁，奎星光映状元楼。
子男后裔多聪俊，不负筠松旧话头。

“雪峰”与“天马”分别指位于流坑北向和南向的山峰；“真武阁”“状元楼”均为明代流坑有名的建筑；“子男”分别指董德元（封庐陵开国子）和董敦逸（封长清开国男）。在传说中，杨筠松的阴灵再次回到流坑时，所见到的自己被董氏祀奉在特辟的“报功堂”也确实存在。嘉靖四十一年（1562 年），董燧返乡后随即在被闽、广农民军焚毁的大宗祠的原址上重新修建了大宗祠，新建大宗祠比原祠更甚壮观。在董氏族谱中有《报功堂记》一文：

> 董氏著有杏林之墟祠，左为育贤楼，祀杨、曾二仙。岁秋祀，请杨、曾二仙之主入祠，配以二世祖司空公，盖不忘其卜宅卜坟之功也。余童蒙时及见之。嗣嘉靖癸未、甲申岁，迁创新祠于村之北境。议楼以育贤祀仙，非所宜。且灌献时，有祖妣在，混二仙于其中，似未安。乃于寝室之东，特建杨、曾祠堂。祀毕，则以特牲祭二仙。及辛酉之夏，闽广流寇

① 《抚乐流坑董氏秘阁校书文晃公房谱·流溪十二景》，清同治五年丙寅年本。

② 故事整理参考黄更昌：《探古览胜话流坑》，南昌：江西人民出版社，2005 年，第 155 页。

> 肆焚祠寝，屡焚不燃，及颠置列主于门外，而焦毁乃尽，若先祖与二仙之灵阴扑而默夺之地。今祠，则自蓉山子与余解组归田，倡族正斯文一百二十六人，先营寝室以栖神，是为“孝敬堂”。堂之右，为“报功堂”，亦继先人之志，不敢忘二仙之功也。今增祀廖禹者，廖亦堪舆仙，续营五坟，其功不减杨、曾云。按廖之名禹者二，俱以堪舆显，居不同地，生亦不同时。然嵇先后二廖于吾家，俱曾卜吉兆，故统题其名，不敢偏举……此其为吾先人立万年不拔之基，诚所谓成我者之恩与生我者等耳！曷敢忘所自耶？杨、曾之记曰：“赐绯赐紫一百人，三百绿袍玄息著。”吾先世受绯紫之赠者虽多，第未至百人；衣绿者虽多，亦未至三百。然五桂联芳，魁元帅保。前者既验，安知后日不验乎……今吾家之子若孙，鸾停鹄峙，桂茁兰森，受绯紫之赐而衣绿者，绳绳蛰蛰，皆诸仙之赐也……今诸仙之神既栖于董氏之祠，则于董氏衮衮降生，当不特公侯已也，必有立德如草庐吴公所期待于董氏者叠出焉。则吾董报诸仙之功，与诸仙享吾董之报，岂不与天地相为终始哉！①

文中提到的杨、曾二仙即为杨筠松与曾文辿，二人都曾经为流坑董氏卜吉地，董氏为了报答卜坟恩情，在祠堂的育贤楼祀奉二位。后来在村北建立了新祠，经董氏族人共同商议，认为将杨、曾二仙继续祀奉在育贤楼实为不妥，因为楼中还有董氏祖先，二仙与祖先混在一起让董氏族人深感不安，随即特别建立杨曾祠堂供奉二仙。嘉靖四十年，村北祠堂被闽、广的农民起义军焚毁，董燧解甲归田后与族人在原址上共同建立了新的董氏大宗祠。新宗祠里面特别设立了道原、宗原、彰义、报功、孝敬、敦睦六堂，在报功堂祭祀杨筠松、曾文辿二仙。因为廖禹也曾为董氏祖先卜坟，不能忘其恩情，便在报功堂增祀廖仙。杨、曾二人为董氏卜得吉地后，还曾预言董氏有上百人仕途高升、科举高中，甚至会有 5 人同时中举。后来，预言果真应验，董氏感叹“诚所谓成我者之恩与生我者等耳！”②。董氏将董氏家族的兴旺归功于 3 人，其功可与祖先之功等同。足以见得董氏将杨、曾、廖为董氏堪舆看得十分重要。

---

① 《抚乐流坑董氏胤昂公房谱·报功堂记》，清光绪辛巳年本。

② 《抚乐流坑董氏胤昂公房谱·报功堂记》，清光绪辛巳年本。

第二节 风水景观

流坑村主体位于“中洲”之地，乌江水与龙湖水环抱，加之流坑村内八条大巷连接着村体，使得流坑村呈现出“活水排形”之状，形成一道别具特色的景观。除了有流坑村“活水排形”的整体形貌之外，流坑村内外还有著名的“十六古迹”与“流坑十二景”，族谱中皆有著述。

流坑村得天独厚的自然环境与村内外独特景观交相辉映，为整个流坑村增添更加夺目的色彩。著名旅行家徐霞客在游经流坑时，也不禁感叹：“又三里，则大溪自东而西，渡长木桥至溪南，是为流坑。其处阛阓纵横，是为万家之市，而董氏为巨姓，有五桂坊焉。”①

一、“活水排形”

唐代末年战乱时，董氏家族由安徽迁至江西。迁至此处的董氏第一代先祖名董清然，清然公带着子孙定居于抚州的宜黄霍原。清然公生有二子，长子连，次子称。连生三子，尚一、尚二、尚三；尚一生二子，长子全，次子含；尚二无子；尚三生子董合。董氏家族逐渐人丁兴旺，后世子孙董全一支迁至鄱阳海口，称德兴海口派；董含与其父、祖仍居宜黄霍原，称宜黄北源派；董合司徒公则迁至乐安流坑，因此地当时属吉州庐陵县云盖乡，所以称庐陵派，后世又称乐安流坑派。② 董合带着家人徙居至乌江南来而西转处北岸的白泥塘（也称白龙塘、白玉塘）。此地虽背山面江（朝南），但地盘狭窄，不利村庄扩展，更因白泥塘处于乌江河道的拱背之上，犯风水之忌，故不久董氏将村宅迁入白泥塘对面的中洲，即现在流坑古村的主体区域。据流坑董氏族谱有关记载，流坑之地为一块“二龙并落、三水夹行、雌雄交遣”的风水宝地。“二龙”指荷公山脉西一支入高坪（龙湖西沿地带），为雄龙；东一支入村，为雌龙。“三水”分别指村东沿的江水、村西沿的湖水和西山脚下来自西南山中的溪水。江、湖、溪三水夹村庄与高坪两地，并行而流，至村西北角与江水相汇合，为流坑水口。

---

① （明）徐弘祖：《徐霞客游记》，上海：上海古籍出版社，2020年，第49页。

② 周銮书主编：《千古一村：流坑历史文化的考察》，南昌：江西人民出版社，1997年，第28页。

现今的流坑古村基本保存了明代刑部郎中董燧所规划、整建后的平面布局。整体布局依照城邑的里坊制。村中的内湖，即南北向的龙湖将村盘分为东西两部分，以东部为村庄的主体区域。[①]“金鼓峰前草木萋，流坑原是古流溪”[②]，流坑村（也称流溪）地处乐安县城西南37公里的金谷峰下、乌江冲积形成的小盆地上。村盘坐落在东南北三面环水、西侧一面依山的“半岛”之上，当地人称“活水排形”。整个村落阳基盘坐南向北。村东部地势平坦开阔，村西部略为倾斜，呈西高东低之势，整个阳宅基得面东朝阳之利。且东面远方有东华山为屏，所以整个村落的选址符合“枕山、环水、面屏”的空间模式，有利于历代居民的生息和繁衍。[③] 在流坑村董氏族谱中，有《流坑村图述》一文对“活水排形”的中洲之地的发源有详细解释：

> 是地隋唐以前，悉为荒壤。山农野叟，结草为庐。龙湖一带。榛篁阴翳，芦荻纵横。朱梁间，吾祖司徒公自宜邑霍原徙居江背白龙塘。寻遇南唐国师杨筠松先生师弟，卜居斯土。土名和里，地号中洲。发祖赣山，迢迢千里，蜿蜒而来。过荷公坳，一跌特起，秀峰长拖毡褥，高列幛屏。御屏一山，实为归宿。环拱皆山，绕抱皆水。鹤驾立其东，芙竹揭其西。南迎天马，北峙楼台。雪峰万丈，梅花与柳絮同清；龙涧一泓，玉印与金鱼并耀。况夫阛阓右绕，譬若城垣；竹坞横拦，实为锁钥。天然形势，恍惚乎一都会也！自唐迄今，丁添万户，聚只一家。贤哲代生，英才迭起。“簰中富贵”之语，莫不次第应焉。兹将阳宅图出，俾后人展按而知我祖之德与杨、曾之功，胥堪共此地并垂不朽也已！[④]

中洲为乌江水自东南而来，环绕流坑而形成的一个半弧形洲地。[⑤] 董氏族谱中有提到“上至荷公坳吊排石，下至龙江石一带……凡草木沙石，不许轻动，违者照律认罚。如此，中洲与屋基相为悠久矣”[⑥]。中洲之地山环水抱，龙脉所在，龙脉皆从祖山荷公山[⑦]而来，关乎董氏家族的兴旺，家族内

---

① 周銮书主编：《千古一村：流坑历史文化的考察》，南昌：江西人民出版社，1997年，第78页。

② 《抚乐流坑董氏秘阁校书文晃公房谱·董氏流坑十六古迹》，清同治五年丙寅年本。

③ 黄更昌主编：《流坑历史文化资料集萃》，南昌：江西人民出版社，2014年，第3页。

④ 《抚乐流坑董氏淳派胤隆公房谱·流坑村图述》，清道光辛丑年本。

⑤ 周銮书主编：《千古一村：流坑历史文化的考察》，南昌：江西人民出版社，1997年，第376页。

⑥ 《抚乐流坑董氏秘阁校书文晃公房谱·董氏流坑十六古迹》，清同治五年丙寅年本。

⑦ 荷公山：即荷树岭，董氏族人将之视为祖山，认为其为龙脉所在。

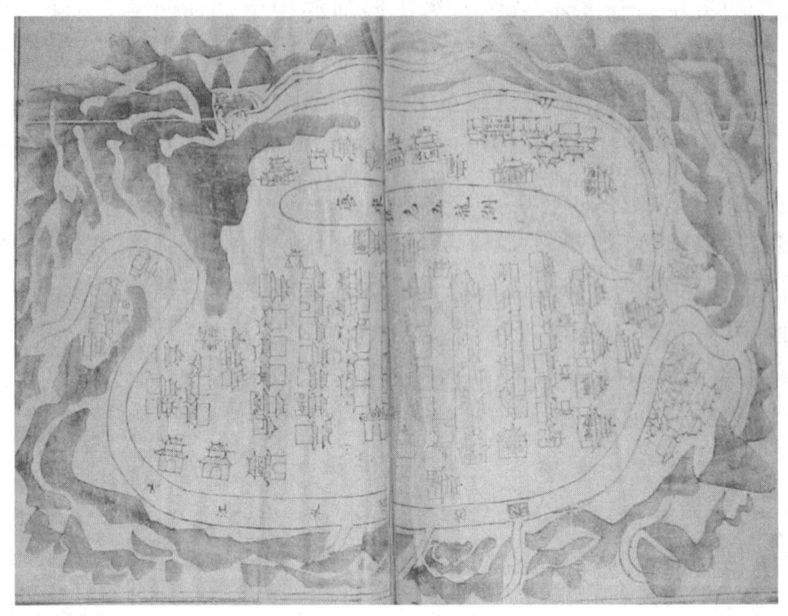

图 5-1　流坑村阳基宅图

资料来源：《抚乐流坑董氏胤昂公支谱》，清道光庚寅年本。

规定不得损伤龙脉丝毫，任何违背这一规定的人都要受到处罚。流坑董氏谱牒中对流坑村龙脉有如下描述：

> 荷公山脉，西一支入高坪，为雄龙；东一支入村，为雌龙。二龙并落，三水夹行，雌雄交遘，堪舆家谓也字崩洪是矣。……陂头夹水道，西一道入高坪(高坪，流坑古地名，董氏居之)，灌田亩池塘。东一道入村，灌池塘园圃。池塘水满，田圃润泽……二龙布气与交遘处(布气处，潭头是也。交遘处，官庄下、七姑堆、武当阁、下板桥皆是也)，永不许轻动坏土。二水道通水处(今天符庙是也)，永不许恃强阻塞。此董氏富贵根本也，合世世保守。龙脉所以厚民居，水道所以通民利。王法加修，古人均重，犯者合族群攻之。[①]

从龙的角度来说，其太祖山发祖于灵华山，海拔 1455 米。灵华山分一支向北，在高龙山又起峰，海拔 1038 米；沿牛田河西走，在流坑村南起少祖山。少祖山称南华山，海拔 459.9 米，高如御屏，尤可高贵者，有峰如天马在午方。董氏族谱中提到，此为“天马南驰”，杨筠松评此为：“天马出自南方，

① 《抚乐流坑董氏坦然公支谱·宗原道原两堂簿引》，清道光甲申年本。

公侯立至。”[①]少祖山俯下出雌雄两脉三水夹行，雌在东雄在西。雌结阳基气止，雄结阳基气还过江前驰。雌结的阳基气聚中巷有微突。站在微突中央远望，南有天马；海拔 459.9 米；北有北岭，海拔 581.5 米；东有东华岭，海拔 672.1 米；西有鹰咀岭，海拔 439 米。真是个环拱皆山。另有牛田河自南折东，至白龙圹再折西，过村闪与西边小涧合流，后出案山，流向牛田镇，绕抱皆水。[②]

曾经的流坑村，竹木贸易繁盛，常常可见在乌江之中有许多排工撑着载物的竹排顺江而流，而流坑村处于三水夹行之中，其村落整体在董燧规划之下呈横纵清晰的布局。八条大巷将整个村落连接在一起，就像竹排一样，因此流坑村人将流坑村主体形象的叫作“活水排形”，像一支被绳索吊住的竹排，自北向南流向龙湖。流坑村在此“活水排形”处立基，既符合风水学上背山面水的原则，又由于北侧峰峦高耸，远山连绵，阻挡了寒冬北来的冷空气，所造成的局部小气候并不亚于坐北朝南者，是一处风水绝佳的宝地。[③] 流坑村山环水绕，且村口的各个方向分别有玉皇阁、观音庙、武当阁、三官殿等，将流坑村主体围抱其中，仿佛时刻守卫着流坑村不被侵扰。

二、白茅洲扼水口

“荷公山脉，西一支入高坪，为雄龙……龙脉所以厚民居，水道所以通民利。王法加修，古人均重，犯者合族群攻之。及大溪东入，水势冲突，久废堤防，不免伤龙。自今已往，由吊牌石至观音庙，亦合种木积石，以为堡障。又三台南驰，山势峻绝……自今已往，由一台至三台，以四周围山腰横路为界，种松成林，以壮前观。轻犯一木一石者，合族重罚之”[④]。在流坑村西北乌江的北岸，有一块洲地，名叫“白茅洲”，被董氏视为与流坑盛衰有着密切关系的“风水地”。白茅洲正处于流坑村的一水口处。

“水口”在中国古代村落的空间结构中有着极为重要的作用。水口的本义是指一村之水流入和流出的地方。在中国传统文化中，水被看作是“财

---

① 《抚乐流坑董氏秘阁校书文晃公房谱·董氏流坑十六古迹》，清同治五年丙寅年本。

② 黄连璧(广州丽光堂)：《千古一村：江西流坑的风水》，新浪网，http://blog.sina.com.cn/s/blog_51286fdc0100cnyq.html，下载时间：2020 年 12 月 1 日。

③ 董莉：《风水与宗族的“双赢”——以乐安县流坑村为例》，赣南师范学院历史学系 2012 年硕士学位论文，第 22 页。

④ 《抚乐流坑董氏坦然公支谱·宗原道原两堂簿引》，清道光甲申年本。

源”的象征，“水环流则气脉凝聚”，水“左右环抱有情，堆金积玉”。所以，风水中对水之入口处的形势要求不严格，有滚滚财源来即可；但对水之出口处的形势有很严格的要求，必须水口关锁，为的是不让财源流失。① 白茅洲所处位置正好是自东向西乌江水在村北西转的出水口，在风水学上，需要将其锁住。因此，在董燧等人的提议下，决定蓄洲，遂在白茅洲种植树木，并对洲的地盘和洲上的一草一木严加保护，以保护流坑龙脉，防止损伤流坑风水。董燧与族中人士制定规约，对于轻易践踏洲上草木者加以重罚。

然而，规约虽立，但对一些散漫的村民仍难以约束，不能杜绝其不良行为，达不到预期的效果，董燧为此颇费心思。一日，董燧正在为如何完全杜绝不遵守规约的行为伤神，忽然听得一声马叫，立即萌生一计，他唤来家人，授意将自己的马故意赶人白茅洲，在洲内吃草。不久，就被村人发现，大家都认得是董燧的马。于是引起了不少村民的议论，并有言责：自己提议订禁约蓄洲，却自己违反，如何要求让族人遵守？听闻村人的抱怨，董燧故作惊异，在假作询问一番情况后，当即向村民自认过失，表示要进行重罚。董燧将自己犯洲之马牵了过来，一边用手抚摸着马，一边向族众说：“宰了它，分给大家食用。”虽然心中充满着对马的内疚和怜惜之情，但是为了使族众遵守规约，董燧忍痛。随后又拿出银子三百两，供村公用，以示重罚，在场的村民面面相觑，都认为处罚过重，董燧却说：“不如此，不足以禁绝。”村民们无不叹服。村民见状，连蓉山老爷（董燧号蓉山）违反规约都要处罚，而且是轻犯重罚。自此，再也无人敢进犯白茅洲，其他相类似的规约也得以生效。如此一来，家族的利益得到了有效而持久的维护，村中风气也大有好转，促进了各项事业的不断壮大和发展。至今，白茅洲上古木参天，是一片很好的护河林，这得力于董燧当年的蓄洲之功。②

三、龙湖毓秀

“赣州寻龙到荷公，寻到荷公不见踪。双脉雌雄神变化，一穴好地五湖中”③。这是董氏谱牒中对龙湖的描述。龙湖之名在明清之际就已经存在，但是当时的龙湖与现今的龙湖有所区别。据村民所说，并非因为其弯弯曲

---

① 刘沛林：《风水——中国人的环境观》，上海：上海三联书店，1995 年，第 181 页。

② 黄更昌主编：《流坑历史文化资料集萃》，南昌：江西人民出版社，2014 年，第 271 页。

③ 《抚乐流坑董氏秘阁校书文晃公房谱·董氏流坑十六古迹》，清同治五年丙寅年本。

曲像条龙而称为“龙湖”，其名的由来可见于族谱中杨筠松的这一谶语。龙湖只是“五龙湖”的简称，五龙湖中藏着流坑村的龙脉。此外，在流坑董氏族谱中，一幅描绘了流坑村阳基宅的村图，也明确标注了“唐宋五龙湖”。

谶语中的“五湖”即五口大池塘，所以流坑村人把它叫作“五龙湖”。五龙湖原来是若干口小池塘，因为有五条路经过，遂有五口。后来这五口小池塘被合并后遂变成了大池塘，上面有两个更小的池塘是“龙”的眼睛，如今也已经将它合并，村人都觉得非常像龙。村民原来都将其称作“五龙湖”，现在的年轻人大都不知道龙湖原来的叫法，就把“五”省略了，叫作龙湖。2000年时将五口大池塘联通，虽然原来也是互通的，但是原来五口大池塘里还有若干小池塘，里面有田埂将其分开。到了20世纪50年代，村中人口越来越多，人们需要更多的耕地。因为流坑村所有的下水沟都通向龙湖，排到龙湖中的生活废水使得塘里的泥土具有很强肥力。于就把池塘里的泥挖起来，筑成田埂，围成一个个小池塘。村民便在这些田埂上栽种蔬菜。直到旅游开发之后，池塘周围被整治，经过规划之后，这些菜地便再也没有出现过，但是在此之前，龙湖中的菜地不断被毁坏与被垒砌。[①]

董氏族谱“流坑十六古迹”中对作为十六古迹之一的龙湖有这样的描述：

> 唐地仙杨筠松谶曰：“赣州寻龙到荷公，地在五湖中。簰头人砍斧，簰尾人摇橹，簰中人富贵，一村两般土。富贵流坑董，贫穷石井曾。”何公山名旧有五湖，今皆为池塘，近池塘而居者多富贵。簰地形也，簰头人砍斧，世产匠人；簰尾人摇橹，世产船户；簰中人富贵，皆董氏居之。一村两般土，二龙同降，土分黄黑，黑为雌，黄为雄，皆产富贵。流坑、石井，俱地名，流坑董氏自唐宋迄今富贵不乏，石井曾氏亦自唐宋迄今但一老故家耳，而贫穷犹昔。风水系人盛衰，历历可验如此。筠松仙术，信乎有明征矣。[②]

乌江与龙湖上下相通，使中洲之地处于围流不息的江水与湖水的合抱之中，这也是流坑“活水排形”之貌的一个重要成因。从“流坑十六古迹”可得知，杨筠松从赣州寻龙脉直到荷公山，当寻到荷公山时，再也不见龙的踪迹。原来，荷公山有雌雄两支龙脉，变化难测，有龙穴好地正位于五湖之中，

① 讲述人：董福华，流坑村人，68岁，男。

② 《抚乐流坑董氏秘阁校书文晃公房谱·董氏流坑十六古迹》，清同治五年丙寅年本。

故后来五湖被誉为五龙湖。杨筠松关于篛头、篛中、篛尾的预言也有所应验，流坑村西（篛头）多工匠，村东（篛尾）沿江多排工，而村中近龙湖居者多仕宦之家。因此，流坑董氏更加深信五龙湖潜藏龙脉不假。据说，宋明两代，水道畅流，池塘水满，田园润泽，流坑村多出富贵。而元代流坑衰败说的是因为龙湖被人凿石掘土，阻塞水道，有害龙脉之故。[①]

图 5-2　流坑龙湖

除了风水意义上的龙脉之用，龙湖还是整个村子理水系统的关键。龙湖水一部分引自乌江，另一部分来自雨水和村民排放的生活用水。流坑村的内部排水系统是通过天井聚集雨水，天井四面的屋顶向内倾斜，使雨水顺屋檐落到天井中会集。再经建筑地下的暗沟流入沿巷道布置明沟、暗渠，雨水和生活污水通过明沟、暗渠排入龙湖，净化后流入乌江。湖水不断流动更新，湖水清澈有鱼游动，碧波荡漾，美不胜收。流坑村独具特色的理水系统，使得龙湖不仅成为流坑村的重要景点，还能作为全村的生活用水，满足村民灌溉、浣洗、防灾等需求。[②]

---

① 黄更昌主编：《流坑历史文化资料集萃》，南昌：江西人民出版社，2014 年，第 260 页。

② 闵忠荣、黄萍、段亚鹏：《传统村落理水智慧浅析——以江西省流坑村为例》，《城市发展研究》2018 年第 1 期。

四、仙家流芳

董氏谱中记载，杨筠松为董合、董桢伉俪点吉穴四口，斗牛形、黄蛇形、金钗形、飞鹅形。另有两口穴，抱鹅形、潭口海螺形也为杨筠松、曾文辿所卜葬。此外，廖禹也为流坑董氏卜葬六口吉穴，观前象形、文源虎形、云水峡二龙争珠形、苍鹰伏兔形、烂骨蛇形、暘田犬眠形。族谱有言："斗牛、黄蛇、金钗、飞蛾形、抱蛾形、山田虎形、潭口海螺形，此皆地仙杨筠松、曾文辿所卜葬者也，观前象形、文源虎形、云水峡二龙争珠、苍鹰伏兔形、烂骨蛇形、暘田犬眠形，此皆地仙廖瑀所卜葬者也。此十三家，乡里至今称为仙家，杨、曾、廖瑀之功多矣，至今祠祀不忘。"①

除此十三冢外，谱中还有记载：居士清然公葬宜黄崇三都何陵塘黄山寺后蜈蚣形辰向，配乐氏葬同都寺前连珠坑右畔人形心穴亥向；清然公孙尚一公与主配邹氏并葬寺前南畲凤形，尚三公葬王家坑冲天凤形寅向，配杨氏葬陈家坑团凤形酉向；始祖董合司徒公葬长坑（今名荷树岭）斗牛形亥山巳向。②

以上皆为董氏族谱中记载的拥有好风水的名墓。广州丽光堂黄连璧风水师于2000年在流坑考察风水之后，认为流坑村董氏有十三口吉穴③，此十三口吉穴在族谱中皆有所提及：

一、斗牛形亥山巳向。土名长坑峰，今名荷树岭。葬祖考司徒公（始祖董合公）。

二、黄蛇形巳山亥向。土名枫山岗。葬始祖妣豫章郡夫人。

三、金钗形巳山亥向。土名富原山。葬二世祖考司空公。

四、飞鹅形亥山巳向。土名白龙塘。葬二世祖南阳郡夫人。

五、蜈蚣形戌山辰向。黄山寺。葬清然公。

六、人形心穴巽山乾向。寺前。葬清然公妣乐氏。

七、凤形巳丙山亥壬向。寺前右畔。万一公同妣郑氏合葬坟地。

八、冲天凤形申山寅向。寺前水口汪家坑。葬尚三公。

九、象形申山寅向。杨梅坑。葬尚一公妣吴氏孺人。

---

① 《抚乐流坑董氏秘阁校书文晃公房谱·董氏流坑十六古迹》，清同治五年丙寅年本。

② 《抚乐流坑董胤明公房谱·董氏仙踪图》，清光绪己丑年本。

③ 黄连璧：《千古一村：江西流坑的风水》，新浪网，http://blog.sina.com.cn/s/blog_51286fdc0100cnyq.html，下载时间：2020年12月1日。

十、海螺形甲乙丙丁向。葬宋工部侍郎长清开国男敦逸董公。

十一、蟠龙形乙辰山辛戌向。吉水金鸡岭。葬宋参知政事卢陵开国子德元董公。

十二、博凤形寅山申向。北源陈坑。葬董尚三公三孺人。

十三、人形庚山甲向。陈坡。葬万二公。[①]

此十三墓中有许多为杨筠松、曾文辿所卜,他们还留下了大量谶语。关于金钗形的谶语,杨筠松记:

杨公寻下富原山,秀龙多脚似云行。
到头尽龙钗脑穴,巳山亥向出官班。
山后突突多华盖,只好元辰四绕环。
左畔坤申抢入倒,右旁子癸水朝阳。
合归庚酉归乾亥,头时多出绿衣郎。
留与董门传世宝,曾仙记取在心肠。
过龙帐下幢幡讲,异日公卿报政康。
不旺税钱只旺贵,做官都是读书郎。
殿前儿侄都相见,十岁孩儿不认娘。
四方仕宦多荣显,曾仙正穴为他装。

坤申过龙宝盖落,水上太阳余不错。
转回金水旺英贤,子孙发科多入幕。
董氏当年积德深,今日子孙筵御乐。
三官罢任正回归,四官朝圣赐金桌。
赐徘赐紫一百人,三百绿袍玄息着。
儿孙累世享官荣,与国齐同如山岳。

曾文辿记:

酬恩再下富原山,地在白云间。
二十四字回环水,峰峦特地起。
阳星日月峡相随,文武状元归。
端正飞鹅头上生,金殿玉阶行。
代代富豪家有官,子息不穷寒。

---

① 《抚乐流坑董胤昂公房谱·墓图》,清光绪辛巳年本。

亥上一峰，明月楼台。

董氏子孙，功名百世。

关于飞鹅形的谶语，有杨筠松记：

董公留住二周年，相待意无偏。

又下白龙塘一穴，留记歌中说。

坎癸腾腾入亥乾，丙向夹蛇迁。

虎马兔山高起顶，庄田置万顷。

巽水下流入丙宫，然后转归东。

下后两载官荣至，乡员多大利。

舍人县令佐官郎，代代达朝堂。

向后为官五百任，观国山相荫。

若见五人同甲名，官职渐时荣。

着紫着绯并着绿，东甲水来触。

他年犹解动瘟黄，内反及家堂。

五百年中犹解败，辛戌水流大。

若见水流庚，依旧好流坑。①

以上关于杨、曾的预言，据董氏族人说，皆应验。如董燧在明万历元年(1573年)所言，此时流坑正好村西多木匠，村东沿河多排工，而村中多仕宦官僚之家。村中之所以多仕宦官僚之家，那是因为阳基正在村中。又如杨筠松飞鹅形记："五百年中犹解败，辛戌水流大。若见水流庚，依旧好流坑。"②此处的"庚辛戌"，是以飞鹅形之墓为中点之"庚辛戌"。庚方为流坑正常水口，由于此水口左为大山，右为小堤树林，称为白茅洲。若牛田河小水，水出正常水口为"水流庚"；若牛田河水大，冲破小堤由白茅三州直出，此为"辛戌水流大"。若"水流庚"则流坑村阳基藏风得水乘生气，故是"依然好流坑"；若"辛戌水流大"，则流坑村阳基水直出泄气，故有破败。据族中谱书记载，元时曾有"辛戌水流大"，结果真是董氏家难频仍。广州丽光堂的黄连璧认为此水也确是流坑兴衰的关键之一，可惜已在水口旁山上开路，白茅洲树林不密不高，此乃流坑村之不幸！③

---

① 《抚乐流坑董氏秘阁校书文晃公房谱》，清同治五年丙寅年本。

② 《抚乐流坑董氏淳派胤隆公房谱·董氏仙踪图》，清道光辛丑年本。

③ 黄连璧：《流坑事实》，新浪网，http://blog.sina.com.cn/s/blog_4b93285d010008ti.htm，下载时间：2020年12月1日。

另有形记："亥上一峰，明月楼台；董氏子孙，功名百世。"[①]董燧认为，董氏家族自宋朝起便功名不乏，此为应验。"阳星日月峡相随，文武状元归"[②]，其中文状元指的是董德元，武状元指的是董藻。"虎马兔高山起顶，庄田置万顷"[③]，董氏世有富人也应验。董燧还道："宋张唐卿榜，父子叔侄兄弟五人同年进士，嗣后而联科进士者，络绎不绝，迄今登进士者，凡三十六人，中乡试者一百三十人，官职渐时荣之谶，皆有验也。"[④]这便是"若见五人同甲名，官职渐时荣"[⑤]。天马出自南方，公侯立至。董德元封庐陵开国子，董敦逸封长清开国男，公侯之谶，虽未尽验，然封为子男，均列五爵，亦未无征也。[⑥]

五、瑶石挡江水西流，玉印文笔兆瑞象[⑦]

在乐安县城西南方37公里处，赣江支流恩江上游的乌江河畔，有一块开阔而美丽的河谷地，四面群山环绕，秀峰叠翠，地名中洲，古老的流坑村就坐落在这里。碧绿澄清的乌江之水自村的东南至东北再转西而流，与村西沿南北向的长湖（龙湖）相连通，使流坑成为一个山环水绕之佳地。一千余年来，流坑董氏就是在这一块沃土上肇兴和发展的。

相传，在若干年前，南来的乌江之水流至谷罗山麓（指现在流坑村东北角地段），被一巨石挡住而折向西流（乌江在此处汇集龙湖之水，故此段称为龙江），这块巨石名曰"瑶婆石"。其后，因江水向西不断冲刷，不久，又露出一块巨石于江中，名曰"瑶公石"。两石相望，犹如两颗石印，在江中阻流击浪，泛起层层光波，使"石印"有浮动之感。这一景观称为"瑶石印波"，被作为"流溪十二景"之一，并有诗赞曰："澄江抱村流，一石堪砥柱。劈破水中天，凭矶可垂饵。丝纶拥惠涛，波印翱云路。"曾为董氏相地的堪舆家杨筠松对此签曰："印浮水面，焕乎其文章。"因此"石印"被誉为"玉印"，并将"玉印"

---

① 《抚乐流坑董氏秘阁校书文晃公房谱·董氏流坑十六古迹》，清同治五年丙寅年本。
② 《抚乐流坑董氏秘阁校书文晃公房谱·董氏流坑十六古迹》，清同治五年丙寅年本。
③ 《抚乐流坑董氏秘阁校书文晃公房谱·董氏流坑十六古迹》，清同治五年丙寅年本。
④ 《抚乐流坑董氏秘阁校书文晃公房谱·董氏流坑十六古迹》，清同治五年丙寅年本。
⑤ 《抚乐流坑董氏秘阁校书文晃公房谱·董氏流坑十六古迹》，清同治五年丙寅年本。
⑥ 《抚乐流坑董氏秘阁校书文晃公房谱·董氏流坑十六古迹》，清同治五年丙寅年本。
⑦ 整理参考黄更昌主编：《流坑历史文化资料集萃》，南昌：江西人民出版社，2014年，第256页。

与“文笔”[①]相关联。董氏族人认为后来董氏科甲蝉联，英才辈出，源自“玉印”与“文笔”之兆。

乌江在流坑村的东北角，因“瑶石挡江”而转向西流，使村落处于江水的绕抱之中，故流坑村又名瑶石村。这样，有利于保护村庄地盘，并使居者心情处于平静安详的状态，适宜于居民的繁衍生息和村庄的长久发展。因此，流坑村人认为“瑶石挡江”及其“石印浮江”与流坑的兴盛与长久有着重要的关系。

瑶石所处的江段位于流坑村北，在没有公路之前，是流坑通往乐安县城等地的必经之处，江上，秋冬架以长木桥，春夏必须舟渡。明末著名地理学家、旅行家徐霞客游览流坑村，就是从这里走过长木桥进入流坑村的。在清乾隆四十六年(1781 年)，通过村民义捐，在此设有义渡，名曰“瑶石义渡”。由董氏第二十八世孙、文肇·淳派复彦房的儒士董捷撰记，并刻碑立于流坑村北风水林，靠近乌江边的瑶石渡通道处。至今，瑶石风水林古木参天，依旧掩映和迎送着南来西去的江水，而瑶石渡口早已荒芜，往昔人来人往的景象已成为历史，只有那块义渡碑还静立在这里，似乎在等候人们的光顾，而孤独地承受风雨的吹打、人事的冷漠。

六、筠松勘宅基，巨石遗仙迹

相传，杨筠松从虔州步龙，顺龙脉而行至流坑北面约 7 公里处的荷树岭，发现此山有雌雄两支龙脉入流坑，处于流坑中洲的五湖是龙穴所在。又看到中洲之地平坦开阔，近处江水环绕，远处群山拥翠。雪峰北耸，天马南驰，东华、西华秀峰叠翠。探测其山形水势，认为是一块很好的阳宅之地。便在五湖的西侧[②]一块方径约有 3 尺长的大石上放置罗盘镜，以定方向。测毕，杨筠松将其地貌地势与方位告诉董家，建议董家将阳宅从乌江北岸的白龙塘迁至南岸的中洲定居；并预言董家将来会兴旺发达，大富大贵。“村之阁前大路旁，有石方径三尺许。世传筠松初入流坑时，以此石乘罗镜以定方向。八百年来奠于古墙之阴，莫之敢动。上有杨筠松罗镜石六字，至今遒

---

① “文笔”，按董燧所注“东有梅岭，西有镜山，南有天马，北有雪峰，中有宝塔，皆秀拔高耸如文笔”。

② 据说就在后来状元楼前的古道旁。

存”[①]。据说，杨筠松放罗盘镜的那块大石，后奠在流坑的古墙下，数百年来，无人敢动。上面刻着“杨筠松罗镜石”六字，谓之“石遗仙迹”。[②]

第三节　风水习俗

根据流坑董氏谱牒的相关记载与村民所言，可以看出曾经的流坑村极为看重风水，村民认为风水的好坏直接影响了家族的发展，对于阳宅与阴宅基址的选择，婚丧嫁娶、建房搬家等重要活动的日子都有严格的风水要求。如今流坑的风水习俗已大大简化，一是因为村民的意识发生了改变，二是新时代的环境下没有足够的支持风水继续存在的空间。如今，在流坑留下的风水习俗，最普遍和显而易见的便是随处可见的求吉辟邪之物，以及“看日子”即挑选良辰吉日。“看日子”的习俗在各种活动中进行，诸如结婚嫁娶、丧葬、建房、搬家等。

一、造房中的风水讲究

流坑风水文化曾经十分兴盛，流坑董氏十分看重阳宅与阴宅的选址，这一点在董氏族谱中有大量相关谶语可证明。谱中记载了杨筠松为董氏步龙相地，并且与曾文辿、廖禹为董氏先祖卜得十三口吉穴，并认为董氏家族的发达在很大程度上是由流坑村所在龙脉与董氏墓地阴基决定的，将董氏后人科举高中归于杨筠松曾经的“赐紫赐绯”之功。造房的过程涉及诸多风水讲究，纵使在时代的洗礼中，早已删繁就简，但仍能够窥见风水对该地造房活动的影响。

据一村民回忆，2003 年他的建房过程是这样的：

> 在决定建造新房后，首先得请风水先生前来查看所选之地是否合适，并向风水先生提供生辰八字。房基确定好之后，需要再次请风水先生挑选一个吉日进行首次动土。挑选日子时，若是原本心仪的日期不合适便只能往后顺延，直至风水先生找到新的吉日。看屋基时，风水先生用罗盘测定方位，对主家选定的大门朝向进行勘测。在流坑人的风水观中，屋宅的朝向至关重要，若有不妥，便听取风水先生的建议更改

---

① 《抚乐流坑董氏秘阁校书文晃公房谱·董氏流坑十六古迹》，清同治五年丙寅年本。

② 黄更昌主编：《流坑历史文化资料集萃》，南昌：江西人民出版社，2014 年，第 258 页。

朝向。此外，放基石、盖顶、上梁都需要看日子，如果这几个日子所选不妥，主家就会招来灾祸，在主家做事的人也同样会遭遇灾祸。选好屋基后，建房的第一步，放基石。在此之前，需要完成一系列严肃的仪式性的活动。首先，要在屋基的正中央放置一方桌，桌上放两支点燃的红蜡烛，再插上两支香，蜡烛与香都得要是两支，取“成双成对、好事成双”的吉祥之意。随后，在方桌上放置一斧头与一砖刀，斧头是木工的工具，砖刀是泥工的工具。有趣的是，更为讲究的人家，在桌上摆放毛主席的画像，能够避凶驱邪。待物品放置齐全，便邀请先生们“喝彩”[①]，喝彩的顺序必须依照建房的顺序，风水先生率先喝彩，泥工次之，最后是木工。喝彩的内容都如“今天住新房明天就做官，今年找媳妇明年添儿子”这样的吉祥语。[②] 待以上一系列活动结束后就是放鞭炮。主家拿着鞭炮绕屋基走动，鞭炮燃放过后的碎屑铺满地基，无须清扫。随后迎来特别重要的一项活动，便是放基石，在场的每个人都要拿石头扔在屋基上，结束后，泥工开始将石块拣平。所有基石放好后，泥工便用砖刀开始砌墙。泥工开工后，木工方可开始准备工作。“三位先生”的工作顺序也应了起初喝彩求吉的顺序，一切按部就班，循序渐进，建房活动最终顺利完成。建好新房后，主家再次邀请风水先生挑选搬家的好日子。在流坑，搬新家叫作“过火”。过火之日主家提着火笼，要保证里面的火不熄灭直到进入新家，这便应了过火之意。[③]

据村民所言，在2003年之前，甚至更早之前，还会更加隆重：

方桌上摆放的东西会更丰富，最重要的是摆放五谷，并且五谷摆放的位置十分讲究。米要装在斗里，且装满放平；茶叶、谷子、豆子、芝麻等皆少许放在红纸上。此外，还要放置针线、剪刀、尺、糖等物品。放置这些物品，有些许辟邪之意，但更多的是对未来生活的美好期盼，意味着住在新房里也同样会拥有这些东西。放基石的活动也更加丰富，家中富裕者会在墙角放上两枚银圆，这会带来好兆头。后来演变成硬币，主家象征性地朝着墙角抛撒几次即可。[④]

这些习俗大都只存在于过去。如今，村里建新房大都使用钢筋混凝土，

---

① 喝彩：说一些应景的吉祥语。

② 访谈对象：董小云，男，51岁；访谈时间：2020年11月17日；访谈地点：仰山庙。

③ 访谈对象：董友根，男，51岁；访谈时间：2020年11月17日；访谈地点：仰山庙。

④ 访谈对象：董小云，男，51岁；访谈时间：2020年11月17日；访谈地点：仰山庙。

挖掘机取代了人工挖地基，挖好地基后将混凝土倒入，省去了放基石的重要环节。摆放方桌与喝彩的活动有所保留，不过也是极少村人这样做。“看日子”依旧很重要，在婚丧嫁娶、造房搬迁等重大活动中仍然扮演着不可或缺的角色。人们对良辰吉日的执着与热爱不减，这并非是流坑人的偏执，这是大多数农村社会成员，甚至大多数中国人都信奉吉祥文化所致。

流坑村风水习俗的减少还体现在一个重要方面，即村民口中的专业风水先生极少。因此，他们也会请附近村镇的风水先生前来为自己看风水。但与此相矛盾的是，非专业的风水先生存在不少，他们因为对风水感兴趣，平日里翻看一些风水相关的书籍，比村中的普通村民多了解些风水知识，偶尔帮他人“看日子”。

二、求吉避凶的风水符号

流坑村一道独特的风景便是那形色各异、求吉避凶的风水符号，如石敢当、吞头、八卦镜、倒镜、桃枝、镰刀、镇屋兽、镇符等。这些风水符号都表达流坑人寻求与环境达成和谐的期望，以及对于吉祥文化的重视。

（一）吞　头

吞头常见于南方少数民族地区，是挂在门楣上用于驱邪的雕刻面具，大多以兽头为主，也有人兽结合的。吞头是民间艺坛面具的变异，起源于图腾崇拜和原始巫术，是古代图腾文化与巫文化相结合，经历漫长的岁月后嬗变而成的一种民间文化的产物。它往往绘有狰狞怪兽的形象，瞠目怒视、龇牙咧嘴、犬齿突出，好似能吞掉一切灾祸和妖魔鬼怪，避邪救灾免疫。怪兽形象或烧制成瓦当用作屋檐口，或彩绘于木瓢背面悬挂于门楣之上。大致可以分为两种类型，一种是木头雕刻的兽面具，造型大同小异，风格古朴、粗犷；第二类是石刻的兽头面具，常与大门上方的石刻匾联为一体，造型夸张浪漫。不论是木雕的、绘制的，还是刻的，流坑村都一应俱全，活泼生动、浪漫神秘。但因经历岁月的洗礼，这些吞头皆露出斑驳之态，木雕的尤甚。据当地村民所说，木雕的吞头面具需经过“招兵”[①]后，才能挂在门楣，发挥辟邪之用。

① 招兵：道士所做的专门法术仪式。

图 5-3　石雕吞头

图 5-4　绘制吞头

图 5-5　木雕吞头

图 5-6　在巷口的吞头

(二)镇屋兽

在流坑村,可见屋顶正中有形似动物的立体物,是镇宅避凶的镇屋兽,这些镇屋兽形态不一、外观奇异。据村民所说,如若两间住宅正好门对门,这样的情况通常是不利于人居住的,不吉利,这时找风水先生在屋顶上放置一镇屋兽可达到辟邪的作用。有趣的是,流坑的屋顶上还有放置陶罐的,村民称这样的陶罐为“犽”,同样具有镇宅的功能。

图 5-7　镇屋兽

图 5-8　犼

(三)泰山石敢当

在风水文化中,石敢当发挥辟邪求吉的作用,如大门直对巷口,此种情况需要补救,常凿石敢当立于当冲之地。石敢当本身是块石头,但其规格有制,《鲁班经》上的规制是:“高四尺八寸,阔一尺二寸,厚四寸,埋入土八寸。”[①]上刻“石敢当”或“泰山石敢当”,意味着所向无敌,可镇百鬼。[②] 关于泰山石敢当的来源有许多传说,但基本上都体现了石敢当驱邪避凶的神力,人们常将雕刻“泰山石敢当”五字的石头立于墙根、街巷、桥头、要冲,以保村宅平安。在流坑村有一处立于路口的石敢当,雕刻着“泰山石敢当”五字,嵌于墙内,直面一条小道。这也是在村内发现的唯一一块石刻的石敢当,其他形式的石敢当有在外墙上直接书写“泰山石敢当”几字的,还有在木板上、倒镜上写此五字的。流坑村的石敢当形制各异,不仅体现在不同的依附载体上、不同的书写上,还体现在与其他辟邪物的组合上。

图 5-9　石刻石敢当

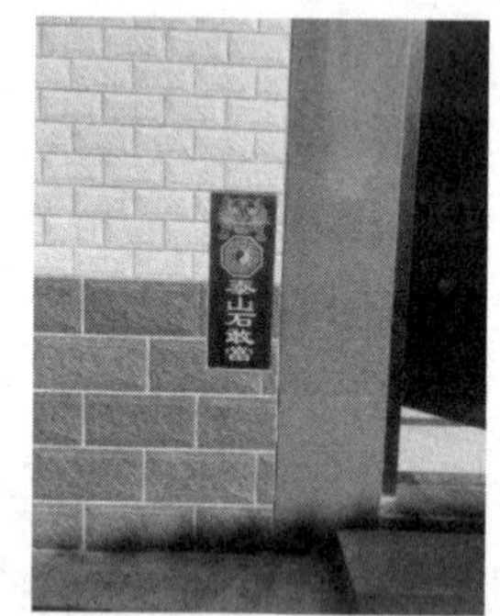

图 5-10　八卦图与泰山石敢当

图 5-11　手写泰山石敢当

① 《绘图鲁班经》,浦士钊校,上海:鸿文书局,1938 年,第 36 页。

② 刘沛林:《风水——中国人的环境观》,上海:上海三联书店,1995 年,第 78 页。

(四)八　卦

在中国人的心目中,八卦符号是一种富含哲理而又意蕴尤深的神圣符号,人们常用它来驱凶化吉、永保平安。当遇到他家的屋脊冲向自家的门窗时,人们认为有煞,于是常在门窗上悬挂"八卦镜"、"倒镜"或"兽面镜"以避之。在中国人的传统知识里,八卦还是一种代表了吉祥的符号,或画于栋梁上(称"暗藏八卦"),或做成八卦门、八卦门钹,希望以此来获得保佑。[①] 流坑村的八卦符号有八卦镜、八卦图,它们常常与其他辟邪物一起存在于门窗上或墙壁上。

图 5-12　八卦镜与篦子

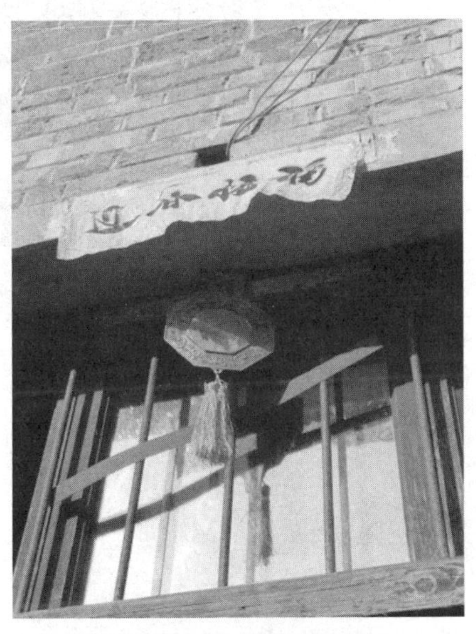

图 5-13　八卦镜与钢锯

堪舆名家杨筠松曾盛赞流坑风水"若见水流庚,依旧好流坑"[②]。在流坑仍旧流传着许多奇异的风水故事,杨筠松为董氏相地几乎成为流坑董氏人人知晓的故事。流坑得天独厚的自然环境使得流坑村处于"活水排形"的吉地,且流坑村拥有白茅洲、中洲、龙湖、仙冢流芳、西山过化、石遗仙迹、峡开日月、三山起顶、五桂联名、天马南驰、文笔插汉、石印浮江等十六古迹,又

① 刘沛林:《风水——中国人的环境观》,上海:上海三联书店,1995 年,第 82 页。

② 《抚乐流坑董氏淳派胤隆公房谱・董氏仙踪图》,清道光辛丑年本。

有东华晨钟、西山晚磬、雪峰北秀、宝塔凌霄、巨门中镇、瑶石印波、鱼袋锁钥等十二景，真可谓是风水好、景色好的一块宝地。记载有流坑风水之事的流坑董氏谱牒，给后世子孙了解流坑风水文化提供了一个绝佳的蓝本，也是流坑村风水文化没有在新的时代浪潮中消失的重要原因。为达到人与自然的和谐，流坑人从始至终都在寻求理想的居住环境。

图 5-14　八卦图与倒镜

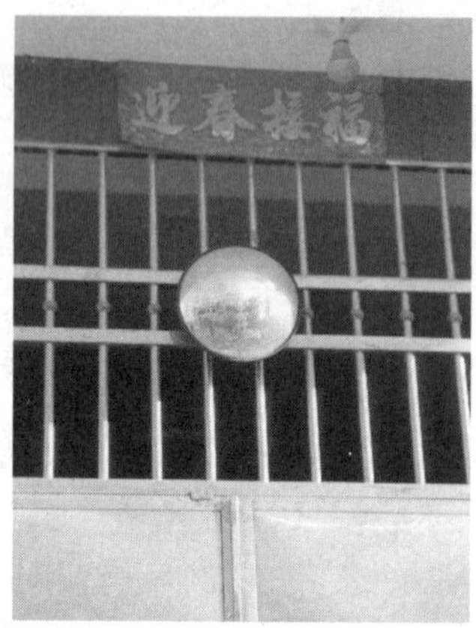

图 5-15　新式倒镜

第六章

流坑村的傩舞艺术

流坑村的傩舞，历史悠久，源远流长，因其常在正月表演，并且多在本族有娶媳、添丁、中试等喜庆人家表演，以庆祝喜事，因此又称“玩喜”。据傩舞团成员讲，北宋哲宗元祐年间（1086—1094 年），流坑村的董敦逸，官至监察御史，正值契丹屡犯中原，奉旨出使契丹议和。出使途中遇一女子，与其详告契丹的礼仪及风土人情。董到达后，虽受百般刁难，由于掌握实情，所有难题均对答如流，令契丹王叹服，准予议和。董在契丹居住了 12 年，在他回乡之时，拟登门向该女道谢，谁知该女已亡，便请人按其面容刻成面具，并派人学习当地跳傩仪式带回京城。后董遭谗被黜还乡，便将面具和仪式带回流坑，傩舞因此在流坑传播开来。另一种说法是：董被黜还乡时，命书童董弼肩挑傩舞面具，其中文傩和武傩各置一头，文的如跳加官，武的有灵官等。至江西信江过渡时，忽遇狂风，把一头文傩吹入江中，逆水而上，于盱江上游被南丰石邮人所捡，只剩下一头武傩带回流坑。两说虽有所不同，但流坑傩舞是宋时由董敦逸从京城带来之说则完全相同。

20 世纪 50 年代，中国舞蹈艺术研究会调查研究小组到乐安县对傩舞进行调查后，推断其渊源大致有三：一是宋绍兴十九年（1149 年）建县时，即八百多年前民间已存在；二是在宋以前，从甘肃陇西郡传入，也至少有千年以上的历史；三是宋时由董敦逸从番邦带回。这一推断说明流坑傩舞至少有将近千年的历史。[①] 而章军华则在《论流坑傩》一文中详细分析了流坑傩的起源和流变，认为流坑傩并不是直接从北宋宫廷傩礼中继承下来的，而是与北宋时期的社祭假面舞有着一定的渊源，在举行时间上又与宋代祭祀灶神的“春社”相吻合。但现存的傩舞已看不到北宋时期的风貌，主要是明代

① 中华舞蹈志编辑委员会编：《中华舞蹈志·江西卷》，上海：学林出版社，2014 年，第 59 页。

嘉靖、万历年间改革后的明代诸军傩的风格特点。[①]

第一节 傩班与傩舞团

一、傩 班

在流坑，旧时有“八房八傩班”的说法。傩舞自北宋后期传入流坑后至明初的200多年间，随着人口的激增，一套傩舞不能适应村民的需要，那时流坑已分为八房，傩面具亦随之扩展，每房各制傩面具一套，组建傩班，分别建台表演。如文晃房傩神面具，坐于太子庙，庙前建有戏台；仲吉房傩神面具，存于武英王庙，亦于庙前建有戏台表演；双桂房傩面存于中流砥柱（又名启明门），未建戏台；胤功、胤华二房傩神面具，坐于桥西三义庙，亦未建台；胤隆房傩面坐于武英王庙；胤明房傩面坐于拱辰门庙；纯然房傩面坐于镇江门；胤施房、胤昂房、坦然房三房共塑摊面具一套，存于里仁门庙。在仰山庙戏台演出，这些没有专建戏台之房，有的只有台板和高凳临时扎台于空场或在仰山庙前戏台演出，现今武英王庙和太子庙处的古戏台已废弃，仅保留有仰山庙处的古戏台。村民们所说的“傩神”就是指傩面具。凡有傩面处，都有傩神会组织，实为出傩活动而设的基金会，有专门的田租收入，这种基金会组织叫“士心会”。辛亥革命那一年，拱辰门因洪水而墙垣倾毁，傩神像也遭虫蛀。后由士心会一批人出面出资重建。清道光十九年（1839年）董氏胤明公房谱《乐邑流坑董胤明公房谱·附傩神会略》中记载该房祭傩的由来：“古者终岁而时傩，吾乡之奉此神，亦犹行古之道也。我先祖立庙北垣，就拱寰门上架造敌楼，中祀炎储、关帝，旁纳诸傩神面。”[②]

旧时，流坑傩班出傩分为以下形式：

第一，凡村中有“中举”“添丁”“成亲”等喜事，傩班便会出动。只要家里人去和各房傩戏班的人打声招呼，傩班的人便会在戏台上报户主的名字及喜事，然后表演，结束后到户主家去吃麻糍。如祝贺婚嫁、添丁则表演《七仙女下凡》，祝贺功成名就表演《魁星点斗》。

第二，逢喜事时，除在戏台里表演，还有一种形式，那就是到户主家里去

① 章军华：《论流坑傩》，《抚州师专学报》1998年第3期。

② 《乐邑流坑董胤明公房谱·附傩神会略》，清道光十九年本。

"走报"。傩舞角色走报会到户主家中报喜、喝彩并表演，户主会给一些打发的喜钱。

第三，过去村中发生瘟疫时，会举行"行净"，当地人也称"打水绿"，是一种索室逐疫的仪式。村民们会组织起来清理巷道和沟渠。到了晚上，各家各户插立点燃的松柴，然后选青壮者戴傩面假扮将神，披铠甲执兵器，率领众人巡游于大街小巷并入室驱瘟鬼。众人执竹片，拿红叉，敲锣打鼓，声音振聋发聩，直到把邪祟全部驱出村子，而后村民才放心睡去。

第四，值"游老爷"这样的民俗活动之时，有时也会配合演出。

过去傩舞演练也有着修习武备，抵御外敌的作用，每年到了小年（农历腊月二十四日），村中便开始自发组织青壮年进行傩舞演练。董氏胤明公房谱中记载，"先世尝修武备，借戏舞以为训练，内以靖其氛，亦外以御其侮也。然而事虽近戏而周礼不废，似亦未敢厚非"，"每年冬年月，弟子操习拳棍团牌。新春月之初，结台演戏，装扮古传，成部教演戏阵兵法。宵装扮神像，扫荡街巷。是夜，汛扫庙楼龛座。中夜，房长率众行四拜礼，祝圣安位。即将经年竹宵杂秽着送至塘上焚化。回身复行四拜礼，关闭宫寝如常"。[①] 流坑董氏虽为强宗大族，但也曾受到过外族和山贼侵扰，使其损失惨重，明嘉靖四十年（1561 年）入侵的山贼甚至烧毁了为侍奉董氏开基祖而建的大宗祠。自此，流坑董氏为增强实力，抵御外侮，采取了一系列措施，"借戏舞以为训练"正是其备战措施之一，因此族谱中的这一记载才会将冬季子弟操习拳棍团牌、新春时节排演傩舞，与"成部教演阵兵法"联系起来。流坑董氏作为强宗大族，无论是守护家园，还是向外扩张，都需要强悍的抵御力作为依仗，因此提倡族中子弟演傩舞、习拳脚、练武艺自然就有了合理之处。

大年过后的正月初二日，各房傩班先出游一次，走遍全村，即示意当年的傩舞活动正式开始。据前傩舞团成员董丕龙老人讲述，流坑傩出傩前会让该年轮值的"神首"去请道士。神首由各房选出的有威望的年长者担任，负责每年的出傩收傩仪式。到了正月初二日出傩的时候，道士持一枚薄木板印章，上面刻满了小船和小人，道士将这种印章盖在纸上，印成"舟画"，分给大家，又将大舟画挂在各庙中，出傩时房长率众人行跪拜礼，出傩活动正式开始。

正月十五日为收傩日。这天，装扮神像，打扫街巷。至夜将神楼龛座进

① 《乐邑流坑董胤明公房谱·附傩神会略》，清道光十九年本。

行清扫，并将垃圾秽物送到外面烧掉。然后由道士在庙中主持取舟仪式，各房操持事务的神首都必须在场。道士打珓要连打三个神珓后，才将舟画取下来送去乌江边焚烧，跪拜，这叫"烧舟"，又叫"送顺"，意为送神明上天。烧完之后，停锣息鼓，再由各房首率众人接回傩面，傩面须放入祠堂十几天，然后再归庙。行跪拜礼后，关闭寝宫。最后吃餐"神粥"，神粥就是把猪肉一直放到锅里煮，煮到像稀粥一样，吃完神粥，大家散去，全部仪式结束。

各房凡在上一年有升学、毕业、中考、升官、娶亲、接婿、添丁等喜事的人家，要先派小孩去本房的傩神庙中请傩班，并将"傩神"①抬至家中供奉祭拜。之后，傩班的走报来到该家门前，大声报喜，并送上与该家喜事相关内容的对联，以示庆贺。接着由喜事人家迎进傩班，先在家中的厅堂上表演一番，再送到村中的戏台上表演。傩班来到戏台，先由神首焚香点烛，燃放鞭炮，并高声报出喜庆人家的姓名和喜事，接着乐器奏响，表演开始。

民国年间，由于军阀连年混战，波及广大农村，危害颇深，致使民生凋敝，流坑村也饱受其害。村民生活每况日下，社会道德也随之下降，带来多种不良恶习，流坑董氏子孙亦多涉及其间，以致傩舞不愿去学，因此八房傩舞下降到三四房，一蹶不振。

新中国成立后，傩面具被认为是迷信，纳入被禁之列，不敢倡导。特别是"文化大革命"时，在"破旧立新"的号召下，流坑村所有庙祠内菩萨、傩面等，统统付之一炬，使得数百年流传下来的文化遗产破坏无遗。自 1978 年中共十一届三中全会后，拨乱反正，流坑村得以重睹盛世。村民中尚有爱好傩舞的老人，忆及先人留下的傩舞曾是新春佳节的最好娱乐，值得弘扬，于是自发集资，重塑一套傩面具。虽然无法与过去的傩面具相比，但也可作为练习之用。村民们利用残存下来的蟒袍、武靠、道具、乐器，间或演出，活跃农村文化生活。但技艺粗浅，老演员健在无几，且各届耄耋之年，久疏演习，身躯不便，力不从心，技多遗忘，故演出之艺，大不如昔。

二、傩舞团

1997 年之后，流坑旅游业逐渐发展起来，特成立流坑管理局进行本地旅游项目的监督管理。2000 年，村委会协助召集村里还会跳傩舞的 30 余人，组建成立流坑傩舞团。2006 年，傩舞作为非物质文化遗产被列入国家

---

① 傩神：即傩面具。

级非物质文化遗产名录。伴随着这股浪潮，流坑傩舞作为旅游文化资源被搬上了舞台。流坑傩舞舞团的实际管理工作由流坑管理局牵头。为了培养传承人，流坑管理局还组织培训了 13 个愿意学习傩舞小孩。但受 2003 年“非典”的影响，流坑旅游业经营状况不佳，流坑管理局发不出工资补贴，傩舞团濒临解散，培训工作也因此暂停。次年，傩舞团就只剩下 13 位老人在坚守岗位。

现在的傩舞团同样由流坑管理局牵头管理，成员是 2017 年通过考核招募而来的，当时的考官主要是乐安县文化馆的工作人员。据现傩舞团成员董小平口述：“我记得是 2017 年 3 月份的时候通知我们报名傩舞团的参加考试，去了之后是（流坑）管理局请文化馆的老师过来考核我们，开始是让我用普通话进行自我介绍，之后就是让我动一动手指，看看我的手指灵不灵活，然后老师站起来做了一个动作让我模仿，考察我肢体的协调性，最后是进行才艺展示，因为我不会乐器，就唱了支歌，我记得当时报名一起参加考试的一共有 37 个人，最后只录取了 8 人，所以还是挺严格的。后面有一个人不来了，所以傩舞团一共只招了 7 个人，加上村里还会跳傩舞，演奏乐器的 10 位老人，加起来一共 17 人。”2020 年初，这些老人因年事已高，全部退出了傩舞团，目前傩舞团只剩下 17 年新招的 7 人。招入傩舞团之后，由傩舞团的老演员们对他们进行培训，因为当地缺失记载流坑傩舞的详细史料，所以传承方式一般是通过本族内师傅对徒弟、父母对子女这种直线式的口传身授来实现的，傩舞的学习和表演也都是通过演员们模仿师傅教的动作，加上自己的理解和改编逐渐形成的，所以很难有统一的固定动作。舞团成员各有分工，现任傩舞团成员情况如表 6-1 所列。

表 6-1　现流坑傩舞团成员情况表

姓名	年龄	乐器	表演角色
董友根	51	唢呐	马帅、金刚
董小平	58	二胡	魁星、马帅、金刚
董根仔	58	落子	钟馗、黄灵官、天官
陈四英	58	二胡	书生、朱元帅
陈雪桂	41	二胡	哪吒、仙女
董正保	48	笛子	
董小云	51	锣钹	

由于傩舞表演被商业化、舞台化，因此傩舞团的运作方式也趋于正规化，他们实行轮班制的管理制度，会按照值班表进行轮班，每半个月进行一次轮换，每班3～4人，主要负责日常的傩舞表演以及古戏台的开放、值守、卫生清洁和维护秩序。平时在导游带着游客过来或者游客主动要求观看傩舞表演的时候才会给他们表演傩戏。傩舞团的演员们一般是轮流每两人表演一次，但由于老演员们因身体原因无法长时间表演，所以时长一般约10到15分钟左右，且动作上幅度较小。老人们退出傩舞团后，这种演出模式仍保留了下来，故演员们在多数时间不需要表演甚至不表演，并且按固定时间上下班，一般每天上午时间为9点至12点，下午则为1点至3点，其他时间则无须来古戏台。傩舞团成员的薪酬由基本工资加上考勤工资和门票提成组成，其中基本工资是300元，考勤工资是900元，每月工资封顶是2000元，据傩舞团成员讲述，他们每个月的基本工资和考勤工资都能拿到，但因为流坑村旅游效益不好，游客较少，门票提成基本拿不到了，每个月工资就只有1200元。

第二节　剧目与曲牌

一、剧　目

流坑傩舞剧目众多，内容多为三国故事、西游记故事、封神故事等，大致可分为两类：一是由民间风俗演绎而来的祭祀祈福类节目，有《钟馗扫台》《天官赐福》《财神进宝》《魁星点斗》《书生董永与七仙女》《走报之喜》《六将表演》《昭穆座位》《安庙装香》等；二是由明代诸军傩演化而来的演示武功类节目，有《闯辕门》《古城会》《唐僧取经》《抢罗汉》《滚团牌》等。这些剧目反映了流坑董氏作为一个强宗大族，修习武备、骁勇的风貌以及村民们对新年的美好祈愿和向往。以下是各剧目的详细介绍：

1.《钟馗扫台》：披甲执笏威武雄壮出台。相传钟馗赴京城应试，却因相貌丑陋而落选，抗辩无果，愤而撞死殿阶，帝闻之，赐以红官袍安葬。后来唐明皇患顽疾，久治不愈，一日梦见一奇伟大汉，捉一小鬼而啖之，称自己为殿试不中进士，钟馗。皇帝醒后，命画工吴道子绘其像以崇之。意为除邪祟，取其吉庆之意。

2.《天官赐福》：传说天官是道教所奉之神。被人们尊为福神。他锦袍朝靴执笏出台，手捧“天官赐福”匾，潇洒自然，干净利落，一步一摆，均合乐步。是为祈福门庭，光耀门楣，多子多孙，大吉大利之意。

3.《书生董永与七仙女》：董永身着锦袍，脚踏朝靴，手拿折扇，一扇一步，踱步堂中，七仙女抱子出台，二人相拥，轻灵的舞姿配合唢呐曲调，十分精彩。传说董永因卖身葬父，结识七仙女，后与其结为夫妇，生下一子，传为汉武帝时的董仲舒。他上“天人三策”的建议，为汉武帝所采纳，“罢黜百家，独尊儒术”开启以后二千多年来以儒学为正统的先声，是董氏祖先的楷模，为后世子孙所尊崇。

4.《魁星点斗》：上身赤裸，身着披肩，短裤赤脚，一手捧斗，一手执笔，轻步灵活出台，左脚后翘踢斗，步伐灵活。传说魁星主宰天下文运。俗称“文曲星”，一头红发，青面獠牙，经他朱笔一点的人，定能夺魁高中。流坑村建有魁星阁于文馆右侧楼上，塑像以崇祀之。

5.《财神进宝》：他身穿黑袍，脚穿高靴。左手托聚宝盆，右手执金锏，舞态雄伟，仪表威武，俨若真神。财神系封神小说里的赵公明。死后为神，掌管天下财富，后世人咸奉为财神，多有塑其像于神龛，时序奉祀。

6.《走报之喜》：短衫下拦，手执马鞭，背插报旗，如使者般出台，快马加鞭舞完后，对书生董永下礼，用报旗招摇几下，表示已高中报喜，书生骑马在前，走报执辔跟随而进。在封建社会里，凡进学、拔贡、中举、进士、榜上有名者，主考衙门，一定填发高中喜报，由持报使者分赴已中考生家先行报喜，主家赏以红包，设宴款待，以示荣耀。

7.《六将表演》：

(1)黄灵官——系道教之正神，穿甲执鞭出台，传说为极其正直之神，专打抱不平，最恶口是心非之人。一日，邹元标①慕大华山②之名，前往朝拜三仙。他脚穿着牛皮制成的长靴登山，登上两步，又滑下一步，半天不得上山，他知是靴子的原因，于是脱靴穿袜上山，进入庙门，看到右边有鼓，鼓是牛皮做的。他对菩萨辩驳道，我穿不得牛皮靴？为什么你的庙可以打牛皮鼓？其鼓便滚下山去了。三仙气恼，便命黄灵官执鞭暗中跟随。如有昧心，就地正法。一日邹元标行至瓜田，顿感口渴，摘一瓜止渴，并放三文钱作为补偿。

---

① 邹元标，字尔瞻，号南皋。江西吉水县县城小东门邹家人，明代东林党首领之一。
② 大华山亦名华盖山，海拔1010米，地处乐安县城东南部，是远近闻名的道教圣地。

又至一甘泉喝水，水面浮有一层尘污，他吹开欲喝，照见灵官怒目在上，即曰："灵官何必跟我，我冷水都要吹冷来喝，你还不相信我吗？你赶快回去，迟了恐怕庙里没有你的座位。"黄灵官听罢便返回去了，果然庙里没有了供奉他的位置。

(2)马元帅——即杨戬，穿铠甲执方戟，雄赳赳气昂昂出台。传说他是封神小说里的"二郎神"，神通广大，善七十二变，擒魔缚怪能手，辅姜子牙伐纣成功，是逐邪护义的一位正神。

(3)朱元帅——执甲执锤，左手拿蛇，据传系乾坤袋，能装天地日月星辰，变化无穷，雄武出台。传说是封神小说里一位神通广大善于擒魔的正神。

(4)哪吒——传说封神小说里李靖的第三子，是乾元山太乙真人首徒。他身披云肩，左手拿乾坤圈，右手执火尖枪，脚踏风火轮，作战勇敢，利用乾坤圈法宝，屡挫敌锋，舞姿灵活，扭转自如。

(5)元王——系袍执剑，手拿灵魂袋，潇洒出台，传说他在茅山学法，茅山是道教修炼之地，常人不得其入。元王经藤桥进入茅山学法，深得师娘喜爱。学成回家，师娘赠一盒给他，她藏于盒内，嘱他到家之后才能打开看，不曾想他中途打开，师傅立马知晓他拐带师娘逃走，随放飞刀追杀他，幸得师娘知此宝要见血才飞回，随即破手出血，祭于刀上。师傅见刀上有血，以为诛杀收回飞刀，师娘只得返回茅山。其师斩断藤桥，从此外人再也不能去茅山学法了。

(6)金刚——即殷郊。他是纣王长子，纣王轻信妲己之言，杀子灭亲，被阐教仙人广成子相救，上山学法，艺成遣下山去"兴周灭纣"，并对广成子亲口发下毒誓，若来日助纣为虐，自愿受死于犁耕之下。途中遇申公豹，被其唆使，要"兴纣灭周"，并且得知殷洪被杀，决定为弟报仇，攻打周军。后因他违背誓言，遭犁锄之惨。故金刚的面具，头上有头。

这六将均系道门将帅，穿龙披甲，各执法宝兵器，演出时神态各异，各逞其能，同聚一庵，保佑生灵。

8.《昭穆座位》：

(1)真武——黄袍赤脚，手执拂帚簇拥和三官而出，六将环绕听令，他登上最高层后，用拂帚一扫，六将左右分开站立。传说真武，即"玄武"，古代神话中的北方之神，亦为道教所奉之道主，为古净乐国王的太子，生而神猛，越东海来游，遇天神授以宝剑，入武当山修炼，经 42 年而成功。白日飞升，威镇北方,号“玄武君”。大中祥符年间因避讳,改“玄武”为“真武”。宋尊为“镇天真武灵应祐圣帝君”,简称“真武”。

(2)三官——锦袍执笏随真武而出台,亦为道教之神,即天官、地官、水官之合一。传说天官赐福、地官赦罪、水官解厄合而为一。今为人间赐福、赦罪、解难之福神。

(3)财神——财神是掌管人间财富之神,他手握元宝,四方散财,保人间家家财源广进,户户富裕安康。

(4)周公和桃花女——双方各执拂帚法宝出台,彼此于台上角逐后站立两旁。传说为纣之臣,夫妻忠诚正直,佐周而有天下。被人们所钦敬奉为神明。

(5)和合一对——系真武座前的二位神童,二像蓬头笑脸,一持荷花,一捧圆盆,各执拂帚分左右同时出台,手挽手,极其亲密。传说和合神通广大,能招财进宝,终生互爱。以标榜人间兄弟阋墙、同室操戈的典范,人们塑造和合像置于家堂之中,以图吉利。

(6)土地神——白须红衣,手持拐杖而出,传说为管理一小地方之神,即社神。《公羊传·庄公二十五年》载:“鼓,用牲于社、于门。”[①]土地洞不可尽祭,故封土为社,以报功也。各神就座,以待和尚装香。

9.《安庙装香》:披袈裟,执拂帚,穿僧鞋,领一小和尚伸懒腰,揩眼睛开锁出台。这时响起音乐,大和尚洒扫堂院,添油点灯,表演清静无为,飘逸利落的姿态,专心念佛的虔诚,拂去菩萨灰尘,逐一插香,敲撞击鼓(以锣、鼓代之),长揖三拜,小和尚跟着跌倒三次而入。

10.《闯辕门》;诸葛亮取葭萌关遭到马超的阻击不胜,挂出“免战牌”,适逢张飞外征返辕,看见此景非常气愤,打碎“免战牌”力闯辕门。赵云、关羽挡住他,不得胡来,张飞气极,三番五次要闯进辕门,质问诸葛军师,讨令出城大战马超。

11.《斩蔡阳(古城会)》:《三国演义》里的关羽过五关斩将至古城,羽知飞据有古城,奉二嫂来投,不意飞闭城拒纳,讹闻他降曹,适曹将蔡阳出征,路过古城,飞以为羽率蔡来取古城。羽再三劝说无效。飞曰:“如无心取城,我助你三声战鼓。”于是羽与蔡战而斩之,以明寻兄之意也。二将顶盔戴甲,

① (春秋)左丘明撰,(晋)杜预集解,李梦生整理:《春秋左传集解》上,南京:凤凰出版社,2020年,第101页。

各执大刀出台，酣战良久，各逞技能，威武壮观，技艺精湛，甚为精彩。

12.《唐僧取经》：唐僧穿袈裟持法杖，孙悟空握金箍棒，猪八戒使钉耙，沙和尚执铁铲担行李，先后出台，师徒们各显其能。孙悟空翻筋斗、八戒舞钉耙、沙僧弄铁铲，往来穿插，舞姿自如，各有不同，似有降龙伏虎之势，降妖镇魔之能，台步由慢转快，辗转献技。

13.《滚团牌》：这是一种不戴面具的武术表演。在明、清末期，流坑村时受外扰，村中组有团牌手，一旦受到袭扰，即出动团牌手抵御，以保地方安全。团牌，是用牛皮革制造，圆似箬笠，避刀枪器，8 人出台表演，4 人左手执盾，右手操刀，依次翻滚，另 4 人执矛或枪，互相对敌，竞争激烈，宛若战场。这种武技，曾经发挥过很好效果，多次受到上司嘉奖，惜今已失传了。

过去流坑傩舞的最后节目是《抢罗汉》，非常有特色。“抢罗汉”时全部演员都取下面具，一起登台献艺，各显其能。演员们现出打拳、踢腿、翻筋斗、跳桌子等绝活，把演出推向高潮。

在傩舞表演的仰山庙古戏台前，放有一尊关公的神像。由于关公一身正气、神勇无敌，他被奉为坛神或戏神。开戏时先祈关公，后开正戏。自改革开放以后，流坑傩舞也因时而变，其剧目的演出顺序也有所调整，据傩舞团成员讲述，开正戏时一般按照如下顺序演出，先是《钟馗扫台》《天官赐福》，接着是《书生勤学》《魁星点斗》《仙女送子》《走报》4 个段子，再次是《出六将》，最后一个节目是《安庙装香》，表现大小两个和尚进庙装香敬神的过程。整台演出近一个小时，配有唢呐、二胡、锣鼓、钹等丝竹和打击乐器，虽无唱词和念白，但表演细腻传神、动作精湛诙谐，戏剧性强，富有情趣。

过去流坑傩舞表演一个节目要演近半小时，几个节目完整表演下来将近两到三小时。而现在随着流坑村旅游业的发展，流坑傩舞作为当地特色的民俗活动也被作为文化遗产搬上旅游景点的舞台，并且出于对快节奏的景点式表演的需求，流坑傩舞也进行了一定的适应和改造，使其逐渐“快餐化”。将过去的共 32 个傩舞角色缩减为 5 个，全部演完只需要大约半小时。在一般游客前来观看演出时，傩舞演员们只单独表演两个角色，时间大概只有 15 分钟左右。这种表演时长的缩减一方面是不得已而为之，因为现在的傩舞团一共只有 7 个人，还分为两班轮换，一班只有 3 到 4 人，无法表演更多的角色，只能缩减。另一方面就是短时长的表演更符合游客对于旅游景点节目表演的需求，能够给游客留下意犹未尽之感，时间太长反而会使游客观看时产生疲劳。但如今流坑傩舞的“快餐化”已成事实。

二、曲　牌

流坑傩舞有着一整套伴奏的曲牌，这在以民间傩为主的赣傩，处于独树一帜的地位。伴奏曲牌有文场、武场之分，文场有二胡、笛子、大小唢呐等；武场则为全套打击乐器，一如戏曲音乐体制。伴奏的小吹曲牌有《朝天子》《浪淘沙》《一江风》《小桃红》《榜妆台》《小靠山》《大靠山》《麻婆子》《风流串子》《水底鱼》《刮骨令》等。伴奏的大吹曲牌有《风入松》《一枝花》《五更恋郎》《长锣火把》《急三腔》《过唱》《点杠》《摆锣》《将军令》等。

不同的曲牌对应着不同的应用场景，据傩舞团成员董友根口述，在主家有人考取功名或者在大宗祠祭祖时会吹《朝天子》和《榜妆台》做伴奏，在办寿宴祝寿时，要吹长调《小桃红》《一江风》，村里有身份地位的人办白喜事时，会吹《哭王恩》《浪淘沙》等。

在表演傩舞时的伴奏共有 11 个调子：出六将时马帅和金刚、哪吒吹同一个调子叫作长锣，钟馗和灵官、魁星点斗、朱元帅同一个调子叫作摆锣，元王单独一个调子也叫摆锣，踩宝会吹一个调子，排将一个调子，散将一个调子，安庙装香两个调子（安庙时候吹《小桃红》，装香的时候吹《浪淘沙》），出仙女一个调子（分为三段，小孩哭的声音也要用唢呐吹出来），仙女送子一个调，走报单独一个调子（要吹出马叫的声音，颇具生趣）。其音乐的曲牌名称、风格以及乐队所使用的乐器都带有古时宫廷音乐“朝宴乐”的浓厚色彩。

据村民口述，“朝宴乐”是明代后期在南京任刑部尚书的董裕带领族中弟子到宫廷乐队习得而代代传承下来的。表演时鼓用“七锤八刨”作暗号，与其他乐器表演者进行交流。[①] 既有高雅的宫廷乐曲，又有脍炙人口的民间小调，并且使用工尺谱记谱，这在其他傩舞中比较少见。只是现在能够识得工尺谱的老艺人已所剩无几，如今的乐谱多为简谱，为后人整理而来。伴奏乐器主要有二胡、笛子、唢呐以及锣、鼓、钹、小铛等。过去经济条件较好时，还有三弦、月琴、号筒、笙等，不仅有简单的锣鼓打击乐，而且吹管、丝弦乐器齐全，足可见过去流坑村之盛况。

---

① 周建新主编：《中国节日志（江西卷）》，北京：光明日报出版社，2017 年，第 300 页。

三、服饰与器具

（一）傩面具

傩面具是傩文化的象征符号，在流坑傩舞的表演和出傩收傩的仪式中占有重要的地位，其不仅是傩事活动中的神祇载体，也是傩舞表演中的角色装扮，有着“摘下面具是人，戴上面具是神”的说法，既具有宗教艺术的意味，又具有民间艺术的特征。傩面具的主要表现手法是通过对五官的刻画以及色彩装饰的运用来塑造人物的性格特征。它比普通的面具更加具有对于身份认同的确立作用，[①]因为带上傩面具则意味着傩事活动的开始，而傩事活动的时间较为特殊，过去只在正月才能表演，所以傩面具的作用就显得尤为重要。

流坑傩舞又被当地村民称为“玩戏面”。在流坑傩面具不仅仅只作为傩舞表演的道具，它同时还作为傩神被供奉在村中敌楼中，拱辰门中现存一中华民国五年（1916 年）碑刻称：

> 村之北，为印明房分支，子孙繁衍，所居经十余世矣。村口空缺之处，立有敌楼，上塑汉代帝王将相，以及傩神等百有余像，祀享血食，惠泽生民。

平时傩面具也是挂在庙内或敌楼内和其他神像一起，享受香火祭拜。乡老们回忆，过去各庙中的傩面具都一种格式，各有 30 多个。现在全村唯有完整的一套，放在仰山庙。在正月初二日，流坑会举行出傩仪式，各房将自己的傩面具抬出，按照顺序摆放在箱中，在村中游行。流坑傩舞的仰山庙戏台后面一共有 32 方傩面具（见表 6-2）。

据傩舞团成员讲述，目前傩戏台存放的傩面具主要是“文革”之后重新雕刻的。面具主材为木质，质感厚重，部分面具根据角色特性辅以胡须，头顶绑有红布，眼睛位置开孔，耳朵位置穿绳，因其表演动作幅度较大且质量较重，故在傩面具内里嘴部横置一细木棍，表演时用牙齿咬住，能够保证与面部贴合，在表演过程中保持面具不掉，但也因此不能出声演唱，所以流坑傩舞又称“闭口傩”。

---

① 汪鸿：《赣傩面具的艺术符号探微》，《装饰》2010 年第 2 期。

表 6-2　流坑傩舞团的现存傩面具介绍

编号	角色	特点	尺寸	剧目
1	张飞	黑脸，黑须	长 29cm，宽 20cm，高 14cm，胡须 16cm	闯辕门
2	刘备	黄脸，黑须	长 35cm，宽 22cm，高 10cm，胡须 35cm	闯辕门
3	赵云	黄脸	长 38cm，宽 22cm，高 10cm	闯辕门
4	周公	红脸，黑须	长 35cm，宽 28cm，高 9cm	六将排阵
5	土地	黄脸，白须	长 29cm，宽 21cm，高 12cm，胡须 26cm	安庙装香
6	孔明	黄脸	长 29cm，宽 17cm，高 9cm	闯辕门
7	社公	黄脸，白须	长 32cm，宽 20cm，高 10cm，胡须 20cm	西天取经
8	蔡阳	黄脸，白须	长 34cm，宽 22cm，高 12cm，胡须 20cm	古城会
9	真武	黄脸，黑须	长 27cm，宽 22cm，高 13cm，胡须 26cm	安庙装香
10	三官祖宗	黄脸，黑须	长 34cm，宽 22cm，高 12cm，胡须 25cm	安庙装香
11	小和尚	黄脸	长 26cm，宽 19cm，高 12cm	安庙装香
12	大和尚	黄脸	长 26cm，宽 20cm，高 11cm	安庙装香
13	和合	黄脸	长 24cm，宽 18cm，高 11cm	安庙装香
14	和合	黄脸	长 23cm，宽 18cm，高 10cm	安庙装香
15	走报	黄脸	长 31cm，宽 19cm，高 10cm	书生勤学一走报
16	桃花女	黄脸	长 30cm，宽 21cm，高 10cm	安庙装香
17	小鬼	绿脸，粉舌	长 26cm，宽 19cm，高 11cm	魁星点财神
18	关公	红脸，黑须	长 32cm，宽 22cm，高 11cm，胡须 34cm	古城会
19	天官	黄脸，黑须	长 35cm，宽 20cm，高 10cm，胡须 25cm	天官赐福
20	孙悟空	红脸	长 29cm，宽 19cm，高 9cm	西天取经
21	猪八戒	白脸	长 29cm，宽 19cm，高 12cm	西天取经
22	钟馗	黑脸	长 31cm，宽 26cm，高 11cm，胡须 23cm	钟馗扫台
23	财神	红脸	长 31cm，宽 29cm，高 11cm，胡须 24cm	魁星点财神

续表

编号	角色	特点	尺寸	剧目
24	朱元帅	蓝脸	长 31cm，宽 20cm，高 12cm，胡须 17cm	出六将
25	灵官	红脸	长 30cm，宽 21cm，高 11cm	出六将
26	书生	黄脸	长 37cm，宽 26cm，高 10cm	书生勤学
27	魁星	蓝脸	长 30cm，宽 29cm，高 11cm	书生勤学—魁星点斗
28	金刚	黄脸	长 25cm，宽 20cm，高 12cm	出六将
29	马元帅	黄脸	长 31cm，宽 30cm，高 11cm	出六将
30	七仙女	黄脸	长 28cm，宽 17cm，高 8cm	书生勤学—仙女送子
31	哪吒	白脸，底有蓝色	长 26cm，宽 20cm，高 11cm	出六将
32	元王	红脸	长 29cm 宽 20cm 高 11cm	出六将

流坑傩面具的形象高度拟人化、世俗化，面部神态较为温和，无狰狞之色，作为一种娱神娱人的表演性傩舞更注重观者的观看体验。其用色方面主要分为黄、黑、蓝、红、绿、白 6 个色系，辅以头部其他的装饰以及色彩赋予更为丰富的寓意和内涵，这几个主要色系同时也代表着傩面具角色鲜明的个性特征。

1.黄色系：黄色系傩面具以人的基础肤色为主色，表现出沉着安稳的性格特征，此类面具在流坑傩面具里占据了绝大多数。例如刘备、孔明、赵云、真武、七仙女、书生、天官等。如刘备，常人肤色，戴官帽，黑须长髯，七仙女则头戴，桃花眼，柳叶眉。

2.黑色系：主要有张飞、钟馗。黑色最初也是用来表示人物肤色的，后面逐渐符号化为一种刚毅正直、孔武有力的人物形象。张飞和钟馗的傩面具使用黑色为主色，在眼部着以白色，使得眼部在面具的整体造型中凸显出来，营造出一种怒目圆睁的感觉。

3.蓝色系：主要有魁星与朱元帅。魁星面具脸部主色为蓝色，头发、眉毛、双角均为红色，两颗獠牙外露。民间有“魁星面目狰狞，金身青面，赤发环眼，头上还有两只角，整个仿佛是鬼的造型”一说。说明在雕刻魁星这一面具时，雕刻艺人对其进行了还原。蓝色也代表了刚猛的形象，朱元帅是

《出六将》里的人物，系收摄鬼神，统领天兵的正神，脸部主色也是蓝色，胡须、眉毛、上眼睑为红色。

4.红色系：主要有关羽、周公、灵官、财神、元王、孙悟空。红色最初也是用来表示人物肤色的，后面逐渐符号化为一种血气方刚、忠直勇猛的人物形象。这些角色均为红脸，带有胡须，但在细节刻画上略有不同。关羽的刻画符合民间对其的形象记忆，面若重枣、丹凤眼、卧蚕眉、长髯、这些特征都在傩面具上刻画出来。元王为白须，双角。孙悟空则雕为猴相，脸部主色为红色，用黑色画出毛发的质感。

5.绿色系：小鬼的傩面具为绿色，在众多傩面具中仅此一方，小鬼面具整体用色为绿色，光头，粉色舌头吐出一截，有俏皮滑稽之感。

6.白色系：主要有猪八戒、哪吒。猪八戒傩面具主色为白色，辅以黑色短笔触，呈现出粗粝质感，眼部凹陷，以黑色描边，嘴有獠牙，额头处雕有下垂双耳，整副面具比以往文学影视作品中刻画的八戒形象多了些许凶厉。哪吒傩面具主色为白色，朱唇，黑眉，是一个勇武精干的小生形象，但笔者发现因其年久脱漆露出了原本的蓝色底色，并且嘴部周围有加装胡须留下的孔洞，问询傩舞团成员得知原本的蓝色傩面具名为温元帅，后改画为哪吒。

（二）傩道具

傩舞的道具是辅助人物形象塑造的最佳语言。其作用与傩面具相同，都是为了说明角色身份和营造演出气氛。[①] 每一件傩道具都与固定的那一方傩面具所绑定，傩面具和傩道具的组合使得对应的角色形象凸显出来，例如哪吒与乾坤圈、魁星和朱笔这样组合搭配而成的人物形象早已深入人心，缺了哪一样都会让这一整体形象不完整，会影响跳傩的状态和观者的观看体验。流坑傩舞属于闭口傩，在没有台词的情况下，光靠舞步和动作很难表演出剧目的应有之义，因此流坑傩的道具也承担了补充说明作用，能够更好地对角色的职能和剧目的内容加以阐释。流坑傩舞的道具一般是由铁和木为材料制成，多为武器类，制作工艺古朴大气。目前现存的流坑傩道具（见表 6-3）种类繁多，各具特色。

① 张越钟：《浅谈道具在戏曲演出中的作用》，《戏剧之家（上半月）》2014 年第 6 期。

表 6-3　流坑傩舞团的现存傩道具介绍

编号	名称	尺寸	特征	使用角色
1	敖丙锤	长:43cm 锤头直径:6cm 锤把直径:2cm	锤头部分为金色,锤把部分红色	哪吒
2	乾坤圈	直径:50cm	圆形铁圈,外包红布条	哪吒
3	元宝	高:6.5cm 上宽:10cm 底宽:8.3cm	木制元宝,外包金箔,下系红布流苏	财神
4	神蛇	长:34cm 蛇肚:3.6cm 头长:6.5cm	黑色锤状,通体漆黑,缀有白点	朱元帅
5	狼牙棒	长:38.7cm 宽:6.2cm	棒头为黑色,棒把为红色	朱元帅
6	九节鞭	长:72.8cm 宽:3.2cm	圆柱形,无棱无刃	黄灵官
7	斩妖剑	长:68cm	铁质银色剑身,剑把缠黑布	元王
8	灵魂袋	直径:7cm	斗形,外包红布	元王
9	金斗	长:38cm 宽:6.5cm	木制斗型,外包金箔,外包红布,底部装把手	魁星
10	朱笔	长:25cm 直径:1cm	笔身红色,笔头黑色	魁星
11	方天画戟	长:143cm 枪尖长:26cm 木杆:124cm 月刃高:12cm	木制红色戟杆,一端装有铁制枪尖,侧有月刃	马帅
12	两耳尖枪	长:134cm 枪尖:24cm 耳宽:4.5cm 耳长:7cm	木制红色枪杆,一段装有两耳半圆形铁制枪尖	金刚
13	关刀	总长:145cm 刀长:39cm	通体木制,刀杆为红色,刀身黑色,刀刃刷灰漆	关公
14	拐杖	长:131cm	木制拐杖,通体红色	土地
15	佛珠	总长:103.5cm 悬挂长:60cm 共 69 颗	木制手串,通体乌黑	和尚
16	金锏	长:70.2cm	四棱无刃上有斑驳金漆	财神

续表

编号	名称	尺寸	特征	使用角色
17	笏板	长:50cm 宽:6.8cm 厚:0.4cm	木制弧形板状,外包金箔	钟馗
18	木偶	长:46cm 宽:20cm 高:10cm	木质人形偶,着白色碎花布	七仙女

(三)傩舞服饰

流坑傩舞的服饰较为考究,制作精良,穿着如同古装戏曲服装,虽多有损坏,但依然能看出流坑傩舞曾经的盛况。流坑傩舞也为不同的角色准备了不同的服饰,傩服的穿着不受时代、地域和季节限制,并且一定要对应具体的角色,不能随意更改傩衣的穿着,比如魁星这一角色要求上身赤膊,只穿披肩,下身短裤赤脚,在寒冬腊月的傩班表演中依然要遵循这一穿衣原则。流坑傩舞服饰形制宽松,除开魁星、金刚等部分特殊角色,其他角色对于服装内里的穿着并无要求,日常服饰即可,同时对应不同的人物角色穿着不同服饰,有着丰富的变化性。所谓变化性,是指材料风格与视觉形式的变化性,强调角色的地位、情感、行为的区别性。比如地位显赫的多穿长袍,地位低微的多穿短衫等。[①] 流坑傩舞还有一些为了某一个角色特别设计的服装,比如金刚上着蓝色半袖短衣,外披云肩,下穿抱裤,腰围护裙,红色披云肩便是其专属的服饰,其他角色不能使用。按照服饰类型划分,流坑傩舞服饰大体可分为以下几种:

1.蟒

流坑傩舞中的蟒服一般是身份高贵、地位显赫的角色所穿的一种袍服,因为蟒纹和龙纹样式很相似,自古就有“五龙四蟒”的说法,即五个爪子的是龙,四个爪子的是蟒,蟒服也因此得名。其主要样式为圆领大襟、大袖、衣长及足,满身绣纹样主要是如龙纹、日、月、海水江崖、云纹等。颜色主要为黄、红、黑、绿、蓝等。在剧目《天官赐福》中,天官这一角色就身穿红蟒,凸显其地位显赫,气势威仪。剧目《书生勤学》里的书生身穿白蟒,演绎出一个才华

① 刘卷:《赣傩艺术视觉审美特征研究》,《湖南医科大学学报》2009年第5期。

横溢的青年才俊形象。

2.靠

靠是流坑傩舞中武将所穿的行头，又称甲衣，是以明朝时期武将的罩甲为原型演变而来的，靠领为圆领，靠身与靠牌分为上下两片，衣长及足，靠身为铠甲形制，上下分离，似衣非衣，似甲非甲，较为宽松。静则赋予人物以威武气概，动则便于夸张舞蹈动作，背部无靠旗。[①] 以马帅的白靠为例，整体分为三个部分，通体白底，蓝色绣花纹路，靠领为圆领，用绳扣与靠身相连，长袖紧口，小臂处纹有五爪龙，左右两开裾，腰部装饰有二龙戏珠纹样，靠牌护裆处绣一虎头，虎头两侧绣有蓝色五爪龙。这类靠主要为一些武将所穿，比如黄灵官则穿红色软靠，哪吒为蓝色软靠，朱元帅为绿色软靠。

3.褶

褶，又称褶子，由明代斜领大袖衫经过艺术加工而成，是用途最多、样式最丰富、最为常见的一种袍服类的服装，其形制与长衫类似，较为宽大，袖口敞阔多为斜领。其分为花褶子、素褶子两类，花褶子一般绣有禽兽、花鸟等图案，素褶子则并无刺绣，颜色多为深色，偶有浅色。在流坑傩舞的戏台上褶子既能单独外穿，又可搭配蟒、抱裤、披肩等叠穿使用。褶在流坑傩舞的服饰中主要为一些女性角色及长者或者儿童所穿，比如真武、桃花女、走报、土地、大小和尚等。例如真武身穿黄色褶子，因其地位尊贵，故绣有龙纹。走报身穿红色褶子，有喜庆之意。

流坑傩舞的服饰最初是使用宗族的众财集体置办，后来乐安县戏剧团解散以后，将戏剧服装转交给了流坑傩舞班。又用了几十年，傩舞团成立初期流坑管委会也为其置办了傩服。近几年乐安县文化馆又为傩舞团买了新的服装，虽然是新服装，但其款式与过去的傩服已有所不同，更倾向于戏服，因此在傩戏台后台存放着各个时期的傩舞服饰。这些服饰的传承和嬗变与流坑傩舞的发展趋势相吻合，从祈福逐疫的傩事活动到舞台化戏剧化的傩舞表演，发生了从娱神到娱人、从艺术的宗教化到宗教的艺术化的转变，但傩舞的本质内核并未改变，改变的是形式和参与者对于傩舞本身的看法和态度。

流坑村的傩舞作为中国非物质文化遗产中的杰出代表，是江西省珍贵

---

① 沈华耀：《文化自信的造型表达》，中国艺术研究院硕士学位论文，2017 年，第 43 页。

的古文化遗存和独特的民间表演艺术，历经近千年传承至今，已经呈现逐渐商业化快餐化的趋势。其随着生活节奏的加快和新兴事物的冲击，经由改造过后的流坑傩舞在当地民俗活动中所占的地位也逐渐衰落，原本过去在正月期间还会有表演，现如今受村中经济情况以及疫情影响已经连续几年都不演出了，村民也已经很少去看傩舞表演，与之同时逐渐消失的还有身为傩舞艺人的荣誉感以及青年人对于傩文化的认同感和传承使命。但流坑傩舞作为流坑村民共同的文化记忆早已根植于他们的心中，相信流坑傩舞在未来的传承发展过程中定会重新焕发生机与活力。

第七章

流坑村的传统建筑

流坑俗称“千古第一村”，能誉名千古第一，自然与其深厚而独特的历史文化密不可分。建筑是流坑众多历史文化资源中最为突出的名片，其建筑文化彰显了中国众多古建筑的文化特征。自五代南唐升元年间董氏肇基建村以来，经历了千余年发展，至今仍保存了明嘉靖至万历年间经董燧等官绅规划整建后的村庄聚落平面布局，以及众多独栋或连体古建筑群，其浓厚的建筑文化气息弥漫在旅居文化视野里。全村现有各类新老建筑500多处，保存有古建筑与遗址260余处，其他具有文化价值的建筑也在不断修复当中。

第一节　现存传统建筑的类型

中国传统建筑的类型多样，依据社会功能可划分为宫殿、坛庙、陵墓、宗教建筑、公共建筑、园林、民居、桥梁等不同类型。在各地，因文化习俗的差异，传统建筑又呈现出不同的形式。当前流坑古村现存的传统建筑可细分为祠堂、庙宇、民居、书院、阁楼、牌坊、墓葬等多种类型。

一、祠　堂

祠堂，这里指由一家族及其房派为祭祀祖先和先贤专立的建筑。流坑族房派系众多，各房建造祠堂的时代不同，建筑风格也存有差异。流坑大型祠堂多建于村周或中心地带，多坐北朝南或坐西朝东，如董氏大宗祠、宋赠屯田董公祠、明斋绳武两先生祠、双桂先生祠等，具有庇护和统率全族（房）子孙的意义；较小的多依房派支系，散置村中，朝向不一，如益宇公祠、爵先公祠和绍南公祠等。流坑的祠堂除董氏大宗祠为建筑组群外，其余各祠为单体建筑，多为两进，最大的为三进。

(一)董氏大宗祠

大宗祠始建于明洪武二年(1369 年),原址在杏林之墟(具体位置不可考),是为祀奉流坑董氏开基祖董合而建。明嘉靖三年(1524 年)族人于在村北开阔幽静的陌兰洲上改建大宗祠。不幸的是,嘉靖四十年(1561 年),大宗祠被闽广钟凌秀农民军焚毁。两年后,辞官居家的刑部郎中董燧与大足知县董极等官绅一起,倡集族众,在原址上重新扩建大宗祠。重建后的大宗祠占地七千余平方米,其规模比原祠更为宏伟壮观。

董氏大宗祠现在虽只遗存一对石狮子和屋基遗迹,但其仍旧是流坑村祖祠建筑文化的巅峰代表,也是流坑建祠历史的社会文化象征。大宗祠场面之宽、气势之大,为流坑古建之最。现残留的 5 根直径 0.7 米、高 8 米的花岗石柱和一对红石巨狮巍然肃立于旧址之上。在场院东西两侧所遗存的"理学名贤"坊和"三策流馨"坊,至今仍在向人们显示其昔日的风采。[①] 今董氏后人将大宗祠遗址视为流坑的"圆明园"。

(二)宋赠屯田董公祠

宋赠屯田董公祠,是流坑现存最大的一座祠堂,为祀奉流坑董氏三世祖董文肇所建。该祠明代建于贤伯巷,清康熙年间在明经巷东端重建,乾隆年间又在原址上重新扩建,同治二年(1863 年)大修。宋赠屯田董公祠虽多次迁移,但仍保留其主体的建筑文化布局,延续中国建筑风水布局的阴阳对应结构。

该祠为前带庭院的三进二天井建筑,其东西两侧的院墙辟有拱门,拱门上分别刻有"矩步""规行"题额。祠前正中辟牌坊式大门,上署"宋赠屯田董公祠"。祠堂高大轩昂,气势非凡。内堂石柱林立,木质梁纺构架气势恢宏,给人以庄重肃穆之感。石柱上有阴、阳刻联多幅。中堂悬有"太和堂"木制大匾,取《易经》"保合太和,乃利贞"之意,系太子太保、礼部尚书龚光亨所题书。上堂立面两层,面阔 5 间,进深 3 间。楼上为御书阁,底层明次间为展敬堂,两稍间分别为崇爵堂和尚义堂。明次间后檐步隔成神室,内设神龛,其雕刻精致细腻,流光溢彩。上堂挂有"龙章世赐"朱底金字大匾,上书文肇

① 六修流坑董氏合公族谱编委会:《流坑董氏合公族谱》卷一,2014 年,第 342～343 页。

一派自北宋至清道光年间历代科名、官职人员名单，共52人。

(三)明斋绳武两先生祠

明斋绳武两先生祠为祀奉董明斋、董绳武二人而建，位于龙湖西侧街上巷，与秘阁校书祠毗邻，建于明，历代虽有修葺，但较完整地保留了明代建筑风格，是流坑明代宗祠的代表。

该祠也是流坑村砖石木组合雕塑较为完整的宗祠建筑之一，祠堂为两进一天井建筑，门前条石台阶，门楣上悬有“明斋绳武两先生祠”木匾。上堂后面设神室，安放董氏列祖的牌位，神室上方悬“两宜堂”匾。近天井两侧有木雕狮子斜撑，左为狮子戏球，右为狮子抱子。柱础石质，作鼓形，室内装修采用编竹造，木构架为穿斗式，天井间纵向以月梁式的梃梁承托上部构架，两侧厢房以福扇装修，隔心和绦环板的木雕简朴，后堂有门通小花园。2004年，乐安县人民政府出资修缮该祠。

二、庙　宇

流坑的现存的大小庙宇有11处，大多位于村周、江边，少数位于村中，所供奉的神祇繁杂，有观音、弥勒等佛教神明，也有三官等道家诸仙，又有先贤圣哲和地方性神像。流坑神庙的建筑规模、形制、结构各异，繁简不一，戏台和庙宇时有组合。相传流坑的戏台到晚清仍有3座，均与神庙配套而建，即仰山庙戏台、太子庙戏台和五王庙戏台，是演戏而祭神等集体活动的场所。一方村落同期有3座戏台，可想象当时流坑文化娱乐和娱神活动的活跃局面，今流坑村仅存仰山庙戏台。

(一)三官殿

三官殿位于流坑村西北面，距村约300米处，坐北朝南，占地约500平方米，地域开阔，屋后是乌江，屋前有水池，其西侧古树参天，浓荫覆盖，环境幽雅。此阁始建于明代，清同治十二年(1873年)和民国二十六年(1937年)两次重修，也是一座融道教、佛教和民间诸神于一处的综合性建筑，由廊虎、玄武殿、阎王殿、文昌阁和僧舍等组成。下层由中间面阔三间的主殿和两侧作配房的稍间构成，主殿前有三开间的门廊，升三级石阶而入，即为神殿。殿堂顶部有覆斗式藻井、天花，均绘有彩画。二楼为魁星阁，顶部藻井、天花绘有瓜果、八宝、仙鹤、龙虎和人物故事等彩色图案，阁四围以槅扇式装修，美观雅致。阁内前为拜坛，后为神台，置木雕魁星供奉。

图 7-1　三官殿外景

(二)仰山庙组合建筑

仰山庙坐落于中巷东端的南侧，坐东向西，北靠爵先公祠，南临翰林楼，是集戏台、看场、四角亭和庙宇于一体的组合建筑。戏台布局为东西纵向排列，舞台和庙宇分别建于东西两端突出部位，中间为看场，场内卵石铺地，可容纳观众千余人。四角亭位于庙堂之前，覆于看场之内。两侧山墙辟有高大宽敞的拱门，供观众出入。戏台为木构舞台，全为重修之物，四角亭和庙宇均为明末清初所遗。四角亭木质构架，颇重装饰，顶部为天花和斗八藻井，枋下有雕花雀替，下层硬挑为鳌鱼造型的木雕，两侧斜撑分别为木圆雕"倒叠罗汉"杂耍人物，以增添戏场的艺术氛围。庙宇直对四角亭，门前麻条石铺成三级台阶。庙宇面阔三间，进深四间，其后拖步间砌双层神坛，供奉仰山、财神、紫微星、肖公等十余尊神像。舞台和庙宇遥相对应，中有四角亭过渡，是古代演戏娱神之风的体现。庙中的柱子、横梁等结构均是后期重建，除庙厅门前的四方重檐厅外，庙墙、观楼、舞台等均有后期不同时间段的修整。尤其是庙墙两侧所开设的两重四方窗口，在流坑的古建筑中少有，均由民国以后才开设的砖混四方窗口。

(三)武当阁建筑群

武当阁坐落于龙湖北端，坐北朝南，占地达 500 平方米，有院、廊、虎、殿、僧舍等设置，并于殿上建文昌阁在村落以北，大宗祠西边，是一组由真武宫、文昌阁、阎王殿、土地庙和僧舍共同组合而成的建筑群。

武当阁的大门辟于西侧真武宫前，做成四柱三间式的贴壁砖牌坊。坊子上有彩画，坊柱间的牌楼上有醒目的“真武圣宫”四字。真武大帝即玄武大帝，主北方、主水，所以造在村北江边，它又是龙湖的水口庙。门联为：“法显光天天将护吉又护法，神灵开世世人求我即求神。”正殿是一座歇山顶三开间两层的建筑，有腰檐。一层前檐全部敞开，不设门窗，三面为墙。后金柱至后檐墙间是神台，供奉“北方真武镇天上帝”的神像。后堂上悬有朱底墨书浅浮雕的“玉虚显相”四字大匾，落款为清“乾隆戊戌”(1778 年)。堂中另悬施主助银匾四方，分别为清“乾隆四十二年”(1777 年)，“同治十三年”(1874 年)，“民国二十六年”(1937 年)及“共和一九八四年”等。二楼原为文昌阁，正面全部采用花根桶扇窗，檐下有“文章司命”木匾一方，文昌阁楼板现已毁坏。

阎王殿在东侧，南北两进，单层硬山式，中间为天井。前进三开间，神台之上供奉阎王和判官。阎王殿只在南墙上开一个小小的高窗洞进一点微光，十分昏暗。空间低矮，加之挂满了长长短短的幔帐，供桌上香烛明灭，烟雾缭绕，显出一片肃杀的神秘。大殿的建筑十分简陋，梁架采用串斗式草架，两山墙承重，标子直接插入墙体，素木无彩。后进单间，辟小天井，供奉护法神韦驮。后院内有配房，是当年僧尼、道士的住所，现全部倒塌。阎王殿可由武当阁门屋右侧小门进入，门上题额“祇园”二字。武当阁前有大水池一个和大樟树一株，粉墙绿盖与碧水相映，景观绝佳。

图 7-2　流坑村武当阁建筑群

(四)江北小庙和港背庙

在乌江北岸，白泥塘的谷箩山下，有一小土地庙，它是所有庙中最小的，仅9平方米，单开间硬山顶。庙内有碑，记载它重修于清道光十三年(1833年)，供石雕的土地公和土地婆神像。

图7-3　流坑江北郊外小庙图

图7-4　流坑村北郊港背庙

港背庙在乌江北岸，西华山麓往东，水沟之上。港背庙呈单间双耳厢房对称式建筑形态，前庭院有小院围墙，对应中间门开设入院门阁。左右厢房均有外侧进入的侧门和庭院内的小门。港背庙屋顶为人字形屋顶和挑檐单跨马头墙组合，形成燕翼形态层叠景观。港背身后有古老的屋基，可推断是流坑董氏早期的居住停留地。相传，董氏祖先受过港背老爷的恩惠，所以为他建庙。每年旧历三月十七为港背老爷生日，有香客前来祭拜。

三、民　居

流坑传统民居主要以因循规整的街巷和由近代血亲所形成的宅群而布局排列，大多背北朝南和背西朝东，也有的因要临巷或面江(湖)而建，而朝向不一。在流坑所存的150余幢古宅中，明代的仅有凤凰厅、麒麟厅、“理学名家”宅、“齐寿门”宅和肇修堂等几幢，而且多数经后代整修，或仅残存部分原物。清早期的宅第也不多，有敬吉堂、启泰堂、“庚星焕彩”宅、“景徽门”宅、藏恕堂和建成宅(祠)等，其余大多数为清中期以后的宅第。

(一)宅　第

高坪别墅位于龙湖西岸的高坪，坐北向南，东侧靠近龙湖，后面古树参天，环境幽雅，气息清新。此宅为董蕃昌所建，始建于明代正德年间(1506—1521年)，其后代于清道光九年(1829年)重建，平面布局仍保留明制，为前带庭院两进一天井建筑。庭院建有四柱三间三楼砖石混构的牌坊式院门，坊顶盖青灰瓦，四角檐宇起翘，坊面以特制的砖砌贴，坊间柱子以及照壁上均有浮雕图案。院门上方嵌砖刻“双寿坊”额，署款“赐进士文林郎知乐安县事吴淮，嘉靖年间为87岁冠带耆老董蕃昌妻张氏立，崇祯丙子正月重建”。坊后门楣上有砖刻“高坪别墅”四个行楷字。历经数百年风霜雨雪，门坊两端和顶部虽较残破，但重建之后未经大的维修，仍不失明代建筑风格。高坪别墅主体建筑东西两侧，封火墙高耸，前檐宇处白底墨绘，大门门楣上嵌有一块红色石匾，上刻“蕃昌公祠”四字，均为重修时所制。屋内分上、下两堂，两侧置正房，中间辟天井，室内柱、梁粗大，棚高而装修简朴。高坪别墅为董蕃昌生前建的宅第，而今其后代改建成祭祀他的家祠。

大宾第组群，又称“金沙钱”，为流坑商宦董光祥及其兄弟之宅第。位于中巷西端的南侧，清嘉庆、道光年间建筑，是一处规模庞大的建筑组群，占地近2000平方米。该宅第由多栋住宅建筑组成。从西面牌楼式的“挹庚门”入庭院，迎面为“大宾第”门坊，门坊内为多栋房子南北相对排列成东西走道，经一瓶式门，与南北走道相连。南北走道亦有数栋东西相对的房子，高耸的封火式山墙，雄伟壮观，构成了一条古朴、幽深的巷道。北端有门通中巷，庭院走道均由青条石铺成，整个结构浑然一体，构成村中村景观。

宅群之内，巷连巷，门套门，室连室，似入迷宫，有“曲径通幽”“山环水复”之感。走道两壁，可见“披云望斗”“壁联奎焕”“天马腾辉”“斗转星回”“光映珠华”“文明有象”“荡平正直”“雨露时新”等诸多墙额，字体各异。居室均为二进一天井建筑，正堂都悬匾额，如“务本堂”“务德堂”“务滋堂”“务贵堂”等，且务滋堂一堂三匾，分别是“敕命”“务滋堂”“望重端僚”，其中，“望重端僚”匾有“皇清道光甲申岁”落款。务德堂、务贵堂两宅门楣上均悬有“州司马第”金匾，务贵堂还藏有8块竖式寿匾，朱底金字，富丽堂皇。走道檐宇下的墙壁上，有许多墨绘字画，房屋的雀替、门窗、斜撑、檐廊等均有雕刻，或浮或镂，手法多样，花卉鸟禽，古代人物，均跃然于柱壁之上，令人目不暇接，整个建筑，就像融入字画、匾额、雕刻于一所的博物馆。建筑群内还有一栋“瑞挹微垣”宅，为大宾第北组建筑之一。其天井照壁有“昭明有融”砖刻，与务贵堂共墙连体，相背而立，临巷而建。主宅两侧除廊屋外，东侧还有前带庭院兼作会客厅的小书房一栋。徜徉于流坑大宾第建筑组群，都无不为她的古典风貌、建筑气势、历史遗存而惊叹不已，故村民们又将其称为流坑的“村中村”。

“克绳祖武”宅，为流坑士绅董荣善之居。董荣善，字绳祖，为董氏文肇·淳派胤旋房人。清光绪二十九年(1903 年)贡元，宣统二年(1910 年)乐安知县沙昌寿任其为乡议，并赠“望重乡闾”匾。民国元年(1912 年)任财政实业课员，次年充经征司事长，民国十九年(1930 年)，委任本村军民联合办事处主任，为当时流坑董氏执掌族事者之一。“克绳祖武”宅位于明经巷东端北侧，坐北朝南，为晚清建筑，由前厅、天井、正堂、正房、后厅、后院和侧室组成。宅第前设置门廊，牌楼式门面，为民国元年整修，上面多处书、刻官宦文人的手迹。门楣上为晚清举人、民国时乐安县劝学所所长邹令修所题书的“克绳祖武”横额，两旁有一嵌“绳祖”二字的对联：“木喜从绳正本作栋梁之器，孙期耀祖光前兴驷马之门”。入内即为前厅，悬“怡顺居”匾，辟门通正堂。西面有一侧室，门楣上有光绪二十九年(1903 年)乐安知县李庆恩题书的“明经第”横额，门旁刻有“明德有达人克昌阙后，经纶根学问先致其知”一联；室内四壁皆书有联句墨迹，这是当时主人的书斋和雅会之所，室后有门通正堂。正堂前设置天井，并制小巧别致的水池和拱桥，正堂与后厅两侧为正房，厅堂之间也设置一天井。民国十六年(1927 年)，在董氏大宗祠被焚毁的当天，此宅的正堂和后厅也被北洋军阀孙传芳残部刑玉堂兵所焚毁，除天井池、桥外，现只留下一块宽阔的残破不全的青砖地面。宅之后院种花植树，其门楣、墙壁上均刻字书联，环境幽静。

在这些宅邸中，明代宅第的用砖厚重，其长、宽、厚的尺寸都比清宅第的用砖大；清宅第的用砖较薄轻，也较细腻平整。流坑明与清早期的宅第多为侧入式大门，下堂前设置天井、照壁，前墙内壁即为照壁；而清中期后的宅第多为正入式大门(辟于前墙正中)，天井设置在厅堂之间，形成“四水归堂”的意境建造。明与清早期宅第以下堂为正堂，神龛设置在下堂宝壁两侧的甬门上，多为敞口式或台阁式，下堂宝壁上悬匾挂联。重工装修(饰)在下堂及其前面的天井部构架与照壁，而上堂装修简单，形成这时期“重下轻上”的内部厅堂装饰风格；清中期以后的宅第以上堂为正堂，神龛设在上堂宝壁的甬门上，多为双开桶扇式，上堂宝壁上悬匾挂联。重工装修(饰)在上堂和堂间天井部的构架与福扇等处，而下堂装修较简单，内部的厅堂装饰转变为“重上轻下”。因此，在流坑中的传统建筑来看，可从居内的厅堂装饰风格来看建造的粗略时间。明与清早期宅第的装饰简洁古朴，以砖雕、堆塑为主要表现手法，多以花卉、禽兽、树木等为题材；清中期后宅第的装饰多繁缛华丽，以木雕、彩画、墨绘为主要表现手法，多有人物、楼阁、花鸟等图案。

（二）“堂”称建筑群

中巷中段肇修堂建筑群，包括了肇修堂、守正堂、日新堂，位于中巷中段的北侧，为流坑董氏文肇·淳派胤旋房于不同年代所建的住宅。三座建筑均背北向南，前后相连，浑然一体，为流坑建筑组群之一。其中，肇修堂为明代晚期、前置天井、有前堂后厅的三开间建筑。前有庭院，院墙临巷，西侧辟院门，上墨书“处仁门”三字。大门正开，入门即为天井间。前堂两侧置正房，正壁上挂有朱底金字“肇修堂”匾。其梁杭、福扇、窗极等处均以风格简朴的木雕装饰。天井檐宇下高悬朱底金字“龙章宠锡”大匾，匾的正中上方，有一方“敕命之宝”满汉文金印，匾为清道光二十二年（1842 年）董氏二十九世孙董子麟敕赠营千总时所制。经前堂后厅，出后门即为守正堂的门院。守正堂，清中期建筑，前、后两厅，无天井，后厅直通日新堂。堂悬“守正堂”匾，正门上悬“眉寿齐庆”木匾，于道光二十年（1840 年）乐安知县郭友[illegible]为助修县学的董学纯夫妻双寿所题赠。日新堂，为清晚期二进一天井三开间住宅建筑，天井两侧有“鹿含灵芝”斜撑，正面有木贴“金玉满堂”四个金字，槅扇、窗梁等均以精美的雕刻装饰。堂上挂有“日新堂”匾，朱底金字，为光绪四年（1878 年）乐安知县朱奎章为登仕郎董维琳所题赠。前厅东侧木壁上裱贴有摹印曾国藩、左宗棠、李鸿章、何绍基书迹四条屏；西侧木壁上裱贴有《朱子家训》篆印四条屏，印的篆体与取势均风格各异，每印之下还附有隶书释书。面对宅第墙壁上题有“光风霁月”隶篆横额。西面侧室（俗称耳房）门上有“墨林”扇额，颇为别致。

资深居建筑群，主要包含九德堂、树德堂、资深居，位于龙湖东侧，中巷与横巷的交叉区域，是流坑保存完整体系建筑群之一。九德堂，为清道光年间身为国学的流坑董氏第二十九世孙董宗拨、董宗能兄弟所建。二进一天井，正堂悬永丰进士、赠奉直大夫张舒辇题赠的“九德堂”匾，堂柱上还挂有永丰进士、钦赐翰林、山西芮城知县、张舒辇之堂弟张舒翰所书的木刻长联：“积善自有好根苗，念先人到处留余阴固；读书能存真种子，看后裔接武步上青云”，朱底沥金，甚是堂皇。天井辟于上、下堂之间，两侧以桶扇拦出厢房，西侧厢房上端开一门，与资深居相通。上堂后墙辟门与树德堂相通。天井两侧有“鹿衔灵芝”斜撑，福扇等部位均以精美的雕刻装饰。院墙上书“天光云影”横额，使宅第显得文采风雅，富有书香气息。九德堂为清同治二年（1863 年）董廷标所建的宅第。董廷标为董宗换之子，董宗能继子，捐得监生。清咸丰五年(1855 年),董廷标响应乐安知县靳丹书号召,募军饷、办团练,并督率村民与太平军作战,因此被授予贡元。树德堂,有上、下两堂,均前辟天井。前门开于前墙东端,直通贤伯巷,门楣上刻“近光门”行体三字。下堂天井紧靠前墙照壁,照壁上有“拔云望斗”额,下堂杭上挂有“贡元”匾,于咸丰年间为董廷标所制。上堂宝壁上悬朱底描金的“树德堂”匾,天井两侧有烫金雕刻“倒叠罗汉”斜撑,其福扇、窗根、神龛均以精美的木雕装饰,显得典雅而华丽。资深居,为董廷标的书房与会客厅,也建于同治二年(1863 年)。门楣上制有“时出”扇面额,两侧为厢房,厅与房前为廊,廊前墙开漏窗,廊纺上悬有“福禄寿喜”镂空木匾,两侧柱上挂着张舒翰撰书的木刻描金联:“举目见莺飞鱼跃,濬心学井养蒙求。”内堂顶部为藻井,正面墙上挂着张舒翰题书的“资深居”木刻描金匾。整栋建筑小巧别致,给人以一种古典儒雅、幽深宁静的感觉。

(三)“厅”称建筑群

流坑许多住宅以其独特的厅堂建筑设计或内部某处建筑为文化特征来取名,其中最具有代表性的厅类住宅要数凤凰厅和麒麟厅,均是以丰富的照壁文化特色来作为住宅的建筑命名。

凤凰厅位于贤伯巷西端的北侧,又称“怀德堂”“花厅”。坐北朝南,临巷而建,为明代流坑儒商善士董国举所建。凤凰厅为二进二天井三开间建筑,正门开在前墙西侧,门楣砖刻“尚义门”三字,两边楹联为“门对九天红日,路通万里青云”。入门即为天井照壁间,西为通道,东是厢房。照壁以带浅浮雕图案的 77 块方砖,拼成三幅总长为 790 厘米的砖雕壁画群。正中一幅为“丹凤朝阳”,一对凤凰交尾立于山石之上,仰望祥云丽日,一鹿、一猴、两雀、三蜂嬉于凤凰之侧,仙鹤憩于梧桐翠竹之间;左幅为“鹊报平安”,喜鹊欢鸣在梅花、芙蓉枝头上,两对雉鸟和四只鹊立于梅树之下,一对春燕比翅齐凤凰厅入门与前墙飞于树枝之中;右幅为“莲升三级”,中部是荷花玉立水面之上,有的含苞,有的绽放,还有的花落莲成,一燕啄莲,两燕随后,四角分别饰以芙蓉、翠竹、梅花、孔雀、白头鸟及嬉戏于荷塘边的仙鹤。三幅砖雕线条流畅,工艺精湛,画面寓意吉祥,为“凤鸣岐山(凤为屋主名,岐山是其号),爵(雀)、禄(鹿)、封(蜂)、侯(猴),白头到老,梅竹双喜,连升三级,鹊报平安”等,令人回味无穷。照壁为四柱三间牌坊式结构,横额正中刻“光明正大”四字,署款“近溪”,两中柱上砖雕楹联为“百计但存阴骘好,万般唯有善根长”。

照壁对面即宅之正堂,上方高悬"怀德堂"木匾,落款是"万历元年孟冬",该匾与照壁上端的题额均为明代著名学者罗汝芳手书。取名"怀德堂",一是怀先辈之德,二是示子孙以德为荣。凤凰厅为董燧规划设计的 18 栋建筑之一,是流坑保存至今最为完好的明代住宅建筑。品字形厅堂,明间穿纺做成月梁式,上有雕花驼峰承托楼伊,前檐步为轩棚式,下有编壁,是典型的明代建筑风格,尤其是照壁上浅浮雕图案的砖雕壁画群,可谓精美绝伦,被专家誉为镇村之宝。

麒麟厅位于隆巷西段南侧,因照壁雕有"麒麟",故称"麒麟厅",麒麟厅又称"永享堂",建于明代万历年间,为董燧治村时所建,清代经过维修,但基础及平面布局仍为明代所遗,其照壁为原物,是流坑村典型的明代住宅建筑之一。该住宅为侧入式两进两天井三开间建筑。上堂是硬山式屋顶,下堂是烽火式屋顶。正门开于侧面,位于下堂西墙前部,入门即为石构天井。前墙做成照壁,由精工烧制的雕花方砖按一定的图案拼成,为四柱三间牌坊式,四柱均为八棱形,上半部刻有理珞,柱头普柏坊刻着连续式万字纹。照壁上方有"云汉为章"题额和形态各异的人物堆塑,可惜人物的头部于清咸丰七年(1857 年)被太平军石达开部所破坏。照壁中心部位镶有一局长 100 厘米、宽 80 厘米的立体堆塑麒麟,龙头、鹿身、牛尾,张口吐舌,双耳翘立,满身鳞甲,前肢腾起,后肢曲蹬,身披彩带,立于波涛之上,仰视一轮艳阳,构成"麒麟望日"图。其工艺厚实质朴,形态夸张,静姿动态,栩栩如生。"麟凤龟龙,谓之四灵",都是吉祥物,反映主人盼望在这座宅第中能培育出杰出人物,显示出主人祈求子弟登科入仕,以求光宗耀祖的心态。麒麟厅前堂两侧设置神龛,中间开门,由此通往后堂,后堂正上方挂有"永享堂"匾。

四、书　院

根据流坑谱牒记载,流坑于明万历时有书院、书屋 28 所,到清末累计达到 40 多所。现存的江都书院(文馆)是目前流坑保存最完好、最古老的书院。

江都书院,又称"桂山严祠""文馆",今人多以"文馆"称之,位于村北陌兰洲大宗祠西侧,坐北朝南,既是书院,又是祭祖祀贤和文人的聚会之所。其始建于明代晚期,后代历有修葺,现存建筑为清道光年间重修之物。文馆前有泮池庭院,后为三进二天井主体建筑。院前墙中央置双开门,庭院门楣书"儒林发藻"额,入门即为庭院,以麻石条铺地,东西两侧各建有三开间的硬山式顶房，作为两虎。庭院中央用石砌成长方形泮池，一座单拱石桥（状元桥）纵向建于池上，池周以石柱石栏砌成。过状元桥踏三级石阶即至主体建筑的门廊。

文馆主体建筑分上、中、下三堂，堂之间置前后两个天井，两厢为学子书屋，中堂是先生讲坛，上堂地面明显抬高，后檐步以福扇式装修，拦成神室，供奉西汉大儒董仲舒等祖先、名臣、乡贤的牌位。文馆装饰颇具特色，以木雕、木刻、彩绘为主。前门廊构架上有衔灵芝的回头奔鹿木雕斜撑，构思极妙；穿插杭上绘苏式彩画，图案母题为海藻，寓"儒林发藻（早）"之意。厢房棉扇以浮雕手法刻出缠枝花卉和人物故事，上堂顶棚中央设置斗六藻井。天花以冷色调海藻纹为底，用红、绿彩色勾勒出花卉、八宝，并相间做石榴形、扇面形的开光，中以写意手法绘山水、花鸟和录写名人诗句。斗六藻井的周边透雕窗花式图案，顶部分六区透雕变形的荷叶宝瓶纹，以暖色为基调，给人以鲜艳热闹的感受。梁、坊绘彩画，雀替也以镂雕装饰。

文馆西侧建有藏书楼，楼上为文昌阁，上悬"日进高明"匾，为文人阅览与雅会之所。由藏书楼东侧登木梯可通达主体建筑上堂顶上的敕书楼。藏书楼下层为一小厅堂，其前置一小花园，花园前墙两侧辟有漏窗，内中影壁刻"瞻之在前"横额，园内植有桂花树，寓"蟾宫折桂"之意，每逢秋季桂花开放，便花香四溢。

五、楼　阁

（一）状元楼

状元楼，为砖木结构的硬山式二层重楼，位于流坑村西的棋盘街旁，始建于南宋，历经维修，清咸丰十年（1860 年）大修，为纪念南宋绍兴十八年（1148 年）恩榜状元董德元而建。楼的下层前后门直通，后门右侧有转折式木梯通二楼檐廊。檐廊四周相通，中间部分装有隔断屏风，壁上绘有麒麟、灵鹿等瑞兽图。正中有神阁，内设神台，上置牌楼式灵屋，供奉状元董德元牌位。后来，董氏为显示其家族科宦之盛，又将董淳、董敦逸、董藻和董裕 4 位科名、官职显赫者的牌位也立于其中，以供祭奉。神阁柱上挂有"南宫策士文章贵，北阙传胪姓字先"的木刻楹联。阁门上悬有仿制朱熹题书的"状元楼"匾。

状元楼气派轩昂，造构精巧，又处于流坑古代聚居至高处，登楼可俯瞰流坑村景，近观龙湖风光，远望东华秀峰。状元楼作为董氏门户的象征，一直耸立在流坑村西口，显耀董氏科宦之盛，以激励历代子孙勤奋读书，为功名不懈追求。同时也昭示流坑董氏走的是以儒名家、科举兴族之路。

(二)翰林楼

翰林楼位于贤伯巷东出口处，为纪念明代国子监司业、翰林院编修董琰所建，始建于明代，清乾隆元年(1736 年)重修。此楼为二层砖木结构，上层为瞭望楼，前后均有瞭望窗，置身其间，前可观乌江之水，后可看巷道檐宇，既有纪念意义，又具防御功能。楼前面上层，嵌有砖刻“翰林”横额，两侧为明代所赠联“数封天子诏，当代帝王师”。下层门楣有“少司成第”横额，署款“明东阁大学士杨士奇为国子司业前翰林院编修董琰立”。门旁有明文渊阁大学士、礼部尚书金幼孜所赠联“国史总裁婺重一时锁闻，英才乐育名高天下宗师”。楼的后面正中上方嵌有“恩荣”砖刻竖额，下方嵌有明江西全省学政邹学柱所题的“盛世丝纶”横额，这些历史名流所题赠的匾联，使这小小的望楼成为流坑有名的建筑。

(三)里仁门

里仁门在中巷入口处，为一座砖构城堡式门楼，保存相对完整。此门平面近方形，通面阔 5.20 米，通进深 5.35 米。整座建筑以 0.27×0.13×0.065 米的青砖一斗一眠砌成，墙厚 1.34 米。各面墙体均留有 0.14×0.14 米的方孔 3 至 5 个。墙体四周均有麻石条的角柱石。底层纵向对称辟两拱门，各宽 1.58 米、高 2.90 米。门口无槛，麻石条为框，上为砖拱。门之上方有长方形凹人面，形成横额，前书“里仁门”，后书“聊以固圉”，均砖雕阴文。室内无立柱，亦无其他构件，地面卵石铺砌。门内空高 3.65 米处，纵贯圆料柁梁两棵，两端插入前后墙体之内，横搁楼栌七根，其端部亦插入两侧墙内。楼栌之上满铺楼板。

门楼北侧有宽 0.95 米的石阶 12 级，上有瓦覆的雨棚。登阶折进北侧门入二楼，门亦拱形，宽 0.72 米、高 1.85 米。楼室内满铺条砖，设神坛、供台。南面山墙前侧辟宽 0.50 米、高 0.96 米的拱形窗，东侧前檐墙辟直径 0.62米的瞭望孔，其下方两旁亦各有凹入的壁龛式小方孔。顶部硬山式凹，木檩置于山墙之上 2 米，顶高 7.10 米，前檐高 5.50 米，后檐高 4.30 米。前后均以菱角牙子砖一层出檐。檐下有白底墨绘的图案和诗文，惜均漫漶不清。流坑村在中巷口建门始于明万历年间，但从形制、用料分析，现存之门重建于清中期偏晚的可能性较大，约前后，一门兼具通道、关锁、瞭望、御敌、敬神诸功能。

六、牌　坊

牌坊大多具有人文纪念性的作用，其功能涉及表彰功名、忠义、节孝和祭神祈福、藏书及文人雅会等。流坑古时因文化教育发达、人文繁盛、经济繁荣，且聚族又大，因此，累建楼阁、牌坊。楼阁、牌坊大多位于村头、巷口和祠宅、书院的门前，不仅显示其家族的荣耀和崇文尚贤及重功名、节孝的内涵，而且使村人经常耳濡目染，备受文化的熏陶、功名的激励和贤德的感召。

流坑所存牌坊，明代的较为简朴，多以方砖贴面，镌刻匾额楹联，如双寿坊和高明广大坊；较为讲究的则有砖雕、堆塑等装饰，题材以祥禽、瑞兽、花卉、树木为主，如凤凰厅牌坊式的照壁。清代牌坊装修多以青泥膏精工粉面，刻加描出匾额楹联，如三策流馨坊等；讲究装饰的则石雕、堆塑、彩画、墨绘并用，题材多有人物、楼阁，禽兽、花鸟也兼用之，较华丽繁复，如旌表节孝坊等。据明万历十年（1582 年）《流坑董氏族谱》的记载，流坑董氏的楼阁、牌坊有 38 处（楼 3 处、阁 2 处、坊 33 处），至清道光五年（1825 年），已增至 73 处（楼 11 处、阁 12 处、坊 50 处），加上其后增建（或为改建换名）和无记载而现存的 9 处，则合计有 82 处。①

（一）“高明广大”影壁式砖坊

在“理学名家”宅的正前方，有一影壁式砖坊，为明代三间四柱式建筑。坊的檐楣上面刻有“高明广大”和“文章辉列宿，冠冕重南洲”匾联，为吉水状元罗洪先所书。董燧与罗洪先相识于青原山，后又以子侄君和、君静、君直从师于罗洪先门下，彼此交往甚密，其书端庄劲秀，尤有柳体风骨。“理学名家”宅东侧还建有一前置天井的小厅堂，为董燧故居的一部分，门楣上署“大夫第”三字，天井照壁上刻有“共徘徊”砖额，取朱熹“天光云影共徘徊”，其后人说此三字乃蓉山公书法。

① 黄更昌主编：《流坑历史文化资料集萃》，南昌：江西人民出版社，2014 年，第 123 页。

(二)旌表节孝坊

旌表节孝坊是为表彰清代流坑董氏一商宦之家两位贞节之妇(张氏和陈氏)所建,修于清光绪二十一年(1895年)。

节孝坊位于中巷东端十字路口,为四柱三间三楼的砖石建筑。歇山式顶,上覆青灰瓦。四柱立于八角石礎之上,柱以砖砌就,表层青色,饰有垂线雕花图案,似雕花石柱。上纺与中杭之中央嵌有红石竖匾,上刻"圣旨"二字,其下镂刻着"旌表节孝国学董朝杰之妻张氏偕媳儒士金鳌之妻陈氏"字样。下方书有"节孝坊"三字,坊上部有凸目飘髯、张口含珠的砖雕双龙首和泥塑披甲大力士。旌表节孝坊结构古朴大方,色彩丰富,图案多样,有山水、花草、灵禽、瑞兽、人物、博古、书卷、诗文等,其表现形式有石刻、堆塑、砖雕、彩绘、墨书等。牌坊建筑华丽典雅,气派轩昂。后来,此坊成为民宅前墙,坊门亦成为宅门。

七、墓　葬

董蕃昌夫妇合葬墓是流坑保存较为完整的墓葬,其位于高坪别墅西南方约40米处,坐北向南。墓表部分宝顶已损,墓门处遗石阶三级,墓门为四柱三间三楼牌坊门,以红砂石构筑。柱粗、斗大,中柱为八角棱形,柱上端以月梁式拦额联结,额正面雕有"双凤朝阳"图案。墓门三块,中间是墓碑,左右分别是"寿藏记"和"自立碑"。墓门两侧翼墙已毁,翼墙两旁石阶可登至宝顶。此墓为墓主董蕃昌生前自建,无后代修葺遗迹,是至今保存较为完整的明代古墓。

振卿公墓位于村南,面向朝西南,修于清康熙三十八年(1699年)。墓表部分全为花岗岩质石构。墓上宝项圆形,直径4.10米,用厚实的花岗岩石块、白灰勾缝砌成,作三层圆阶,每阶高13～16.5厘米,结顶宝葫芦形,高50厘米。宝顶四周支护栏,望柱作17×18厘米的方形,上为瓜校形、宝珠形或僧帽形柱头,通高85厘米。实心花板,长96厘米、高26.5厘米,素面。寻杖、地袱均厚18厘米、高13厘米,刻有枭线。宝顶底层石阶与护栏地袱之间,留有宽37厘米的阳沟,便于排水。墓门为四柱三间三楼庑殿顶仿牌楼式,立于石地袱之上。通面阔218厘米,明楼高220厘米,明间宽72厘米,次楼高210厘米,次间宽73厘米。抹角方形立柱,下端隐刻础形,中柱高104厘米,径21厘米,柱头枋厚16厘米。明间枋下有月梁形门楣,并在其上凸刻扇面形。柱头枋上，置重拱式柱头斗拱，形类似中文的丁头拱，拱宽 1.1 厘米，斗宽 16.5 厘米。上承平板枋式的檐枋，再覆顶。[①] 正脊、瓦垅、檐口毕备，次楼更有凸出的正脊，屋面有举折，四角皆起翘，形成反宇飘檐。明间檐下正大国青石质，明刻“宁一官”三字，枋下柱间立青石碑，有“康熙三十年(1691 年)十二月吉旦”的铭文。两次间青石碑为墓志铭，外侧续之以单勾栏，以抱鼓石作边。翼墙与勾栏之间有 9 级石阶，拾级而登，可至宝顶。墓门之前有弧形石砌罗围，围成半圆形明堂，深 4.65 米。明堂中置石供桌，高 50 厘米、宽 51 厘米、长 116 厘米。墓室砖构，青条砖 24×9 厘米。此墓所用石材粗壮、硕大，装饰手法洗练大方，雕刻线条流畅。虽为清初建筑，明代遗风甚为浓厚。

八、其他建筑

(一)桥　梁

流坑也存在多种不同形式的桥梁建筑。流坑村东侧乌江，20 世纪六七十年代，修建一座跨江的水平桥，由石墩、桥面、护栏等组成，护栏上均使用仿古雕塑桥头。2018 年拆除旧桥，在原址上修建带有廊楼的混凝拱桥。流坑龙湖中间有一道观澜桥梁，属于近代建筑物，横跨龙湖中间，连接横巷中段和西山别院。此外，流坑村东侧河沟有两座石拱桥，跨沟而设。其中一座在 2000 年重新修建，另一座桥长 6 米，桥面铺设弧形的夹层卵石。

(二)路　亭

流坑的路亭现存分布在流坑村的四周，以主要交通要道和田园地分布为主。流坑古村的东北方向山谷中，有近溪亭、无名亭，在乌江南面的田野中，有新式路亭一栋，东华山脚下的河谷中，有“安□亭”一栋，新村过去有新式路亭，但已拆除。流坑村现共存路亭 7 栋，均是硬山屋顶，砖混结构。清代路亭是石砖结构，中空侧向门入式的小型建筑，内部侧墙均设置有座椅蹲位，可供休息。

---

① 周銮书主编:《千古一村:流坑历史文化的考察》，南昌:江西人民出版社，1997 年，第 143～144 页。

(三)码　头

流坑乌江，上集乐安南部及中部(金竹、坪溪、招携、望仙、南村等地)的山溪之水，越本镇牛田所在地而西下，下通吉安市永丰、吉水入赣江。古时，虽有旱路，但不够通达，乌江便成为流坑与外界联系交往的重要纽带，尤其是经商贸易的主要通道。至今，流坑村的南、东、北江岸，仍保留着大小和完整残损不一的码头 11 处。这些码头，古时是停船泊排、装卸货物和商客来往的重要地方，尤其是明清乃至民国时期木竹交易的集散之地，现在则成为村民洗衣洗菜的好场所。流坑的码头凹入江岸，主要码头多用条石砌铺成一排排平行江岸的台阶，石台阶下入江水，上与村巷头路持平相通。

(四)古　井

流坑自古至今，村民的生活用水主要为井水。据村中老人回忆，村中原有 20 多口古井散布于各巷，后来因采用压水井，一些古井便荒毁。村中还存古井 7 口，多为清代所建。井身多以青砖砌成方或圆形；井深 6～10 米不等，井口直径 1 米左右，其水清澈甘醇；井口多用石制成圈，形制多样，高出地面，以便于打水和防止脏物落入井内。至今，有的古井之水仍为村民所享用，井身和井口石圈被水桶和绳索磨成的各处弧凹形，记录着久经岁月的沧桑；各种形状的井圈反映着设计与制作者的智慧与技巧。

流坑古建筑既体现不同的时代特征，也体现了时代的特殊性与普遍性。流坑村的主体建筑多以封火墙、人字形、拱背的屋顶形式为主，其中又以水平高墙和封火墙顶为外观主体风貌，高耸劲挺、昂扬气派；楼、阁、坊则多为歇山式顶，飞檐翘角，极为壮观，其他顶式的建筑很少见到。外装则多以青砖砌外墙，视观清爽素雅。传统建筑类型上多为一层半楼式，内部木质构架，为二进三开间，中间为厅堂，两侧置房室。多于堂前与大厅之间设置天井，以排水、采光、通风。中堂上枋处，多设置楹联挂钩。流坑村传统建筑呈现家家有楹联、处处有题书的浓厚的大儒之气，反映了当时社会的时尚和人们的理想情怀，显示房主的荣耀及其与文人士大夫的关系，为建筑增添了浓郁的文化气氛。

第二节　传统建筑的特色

一、平面空间有机组合

流坑村近年来新式建筑扩展较大，从不同的时间段建筑类型来看，流坑村现有的建筑区域是在一个不断增加的空间格局中形成。以“七纵一横”巷弄为基础，是一个由核心区域向四周、再向卫星村居点发展的变化模式。尤其是从新流坑村发展规划书来看，流坑新村将作为一个卫星村居住点。这些民居建筑区域呈现四个层次的建筑分布空间。

内层核心传统古建筑圈，主要是以“七纵一横”巷弄组成的建筑群，包括文馆、大宗祠遗址、朝朝街、龙湖西侧的部分沿湖重点古建筑。中层建筑圈主要是民国到20世纪七八十年代建设的建筑群，主要分布在核心区域的四周，以及沿湖、沿道、沿河建设所形成的中层空间建筑群区域。外层是在中层的空间之外更加密集的现代新式建筑，主要是2000年以后的建筑民房，这些民房不再使用木材料作为建筑的重要构件，多是没有传统屋顶的钢筋混凝土框架结构和砖混形成的多层建筑风格。这些建筑分在中层的外围，以及沿河道、白陌洲樟树林周边，进村的两边沿线，最为集中的是流坑小学（老校区）到三官殿一片三角区域地带最为密集分布，现代的新式建筑还在不断地进行扩建，风格变化多样。

图7-5　流坑古村新景

图7-6　流坑村村落空间建筑分布模型图

二、立体空间结构多样

流坑建筑呈现多层次的空间扩展,在流坑建筑形态上,也是由低层向高层的变迁发展。流坑建筑空间形态呈现在层数不同、屋檐不同、屋顶不同、平面布局不同等多种不同层次的建筑空间。区间功能是建筑发展的目标,为适应各种生活功能的需求,必须扩展建筑的不同空间建设。建筑空间是人为建造的区域,是为了满足生活生产需求的建造选择。流坑建筑的不同形态特征,尤其是在建筑平面空间维度文化特征上,突出对平面有限空间在立面上的开发与利用。

单层民居建筑是流坑村传统建筑的主要形态特征。此类建筑外形为一层楼柱和屋顶,内设楼阁。在 20 世纪五六十年代,流坑的单层民居建筑兼具祠堂功能,一层房间作生活起居之用,楼阁则作为物资储藏。建筑外壁之上一般开小窗,嵌装砖雕纹饰。小窗口内部则倾斜扩大,以确保吸收充分光亮。

图 7-7　流坑村近现代单层住宅房屋

双层建筑是外观具有两层墙柱和屋顶的单栋建筑住宅。流坑村双层建筑类型包含传统古建筑和近代新式建筑类型,包含大量民国时期到七八十年代的独栋民居楼。双层建筑则多使用大开窗,并且前后墙壁均有窗口,上下楼层也开窗。双层住宅建筑增加了纵向空间的扩展和利用,部分双层住宅建筑则是在原来的基础上建设,或沿道路、河道修建。房屋走向也灵活多变,是流坑村现存最普遍、数量最多的建筑类型。这类建筑结构多是砖木结构，外砖墙、内柱梁的建筑结构。双层住宅建筑的第二楼层有木板作为楼面，楼梯设置在一楼的后左右厢房间里，存有木步梯和木爬梯两种形式上下楼，这类住宅建筑在生活空间上实现在立面上的扩展。

图 7-8　流坑村具有民国单栋建筑风格的两层阁楼式住宅房屋

图 7-9　流坑村仿古多层住宅建筑

图 7-10　流坑村当代混凝土结构多层住宅房屋

同时，在当代建筑中，存有大量的砖混多层结构房屋建筑，其主要分布在流坑村核心区的外围，以及沿龙湖末端的两侧，多是以砖混式结构、砖木结构结合的新式建筑民居楼。砖混结构是混凝土梁柱和砖砌墙形成的框架结构建筑，多是平面屋顶，房屋前庭增加庭院空间，生活空间维度更为丰富多样。砖木结构的三层建筑则是仿古建筑的外形，外墙进行仿木建筑装饰，屋顶保留马头墙屋顶和瓦檐屋面。开窗空间更大，门面空间也更大，二、三楼增设混凝土楼板和木质楼廊，增加古建筑气息，使得整栋建筑看起来更具有轻盈美感。

三、传统九宫阳宅布局的祠堂建造思想

祠堂是流坑村最突出的传统建筑，至今仍保存有大小祠堂（包括家祠）50余座，加上遗址共有62座（处）之多，大小不同规格的祠堂遍布流坑村的巷弄里。流坑祠堂讲究中国传统的"风水"布局规制，许多祠堂的开间排列、纵深立架等均有中国传统"九宫周堂"图、阴阳调和、五行生克的运用，岐山公祠属于众多祠堂中简易体现的一例。

岐山公祠位于贤伯巷中段，是典型的居祠一体民居建筑，既有祠堂"前中后堂"的纵深布局，又有民居"九宫格"厢间的居所特点，是典型的利用中国传统《易经》"九宫周堂"与"河图洛书"平面布局的祠堂。坐南朝北，以中堂作为"中宫"之位，南向取数"五"隔间数为阳，增设左右两耳房。北面前取庭院不隔间，以象征数"一"。形成最合适的"洛书配八卦南火北水局"的周堂图式。同时，南面两个侧厢房背本来处于最为隐蔽处所，最合适用于卧室，但却作为厨房使用，以对应"南火"。前厅大天井放置有水坛，天井下长置集水之地，以对应"北水"。岐山公祠高度为9米高，前后两天井，两纵排布，三开间，呈现前后庭院，后小四合院。平面宽10米，进深21米，后有左右两个耳房，左厢房为12平方米，右厢房为23.46平方米。前榀共横向三排柱；后榀共横向三排柱。平面空间分为前天井左右空庭，大厅为中央，左右侧分前后两个厢间。后天井左右侧有侧边厢房，后厅小于前厅，后厅左右侧各有一厢房，左右侧有1米宽通道，进入左右侧的耳房，耳房是过去专用的厨房。前厅的堂壁上设置左中右三个书壁空间，左边上的木框多为上一代祖先牌位，右侧的木框多是供奉泥塑菩萨或者其他神。

中堂处于"中宫"位置，一般设香案，上面挂有牌匾或楹联，多是祖先的画像或者道仙图像。岐山公祠放置在八卦分向中的"离"位，正处"名望、地位"之向，岐山公的牌位就放在后厅正面的最里面墙壁，单独设置有一长厢宽1米的暗格空间。祠堂祖先牌位所在位置是房子的中线轴，而且讲究严格的祖先辈分秩序排列。住宅的前厅主要供奉近辈的牌位和家神，后厅的暗格中供奉的是远辈的牌位。辈分越高，供奉位置越往里面。

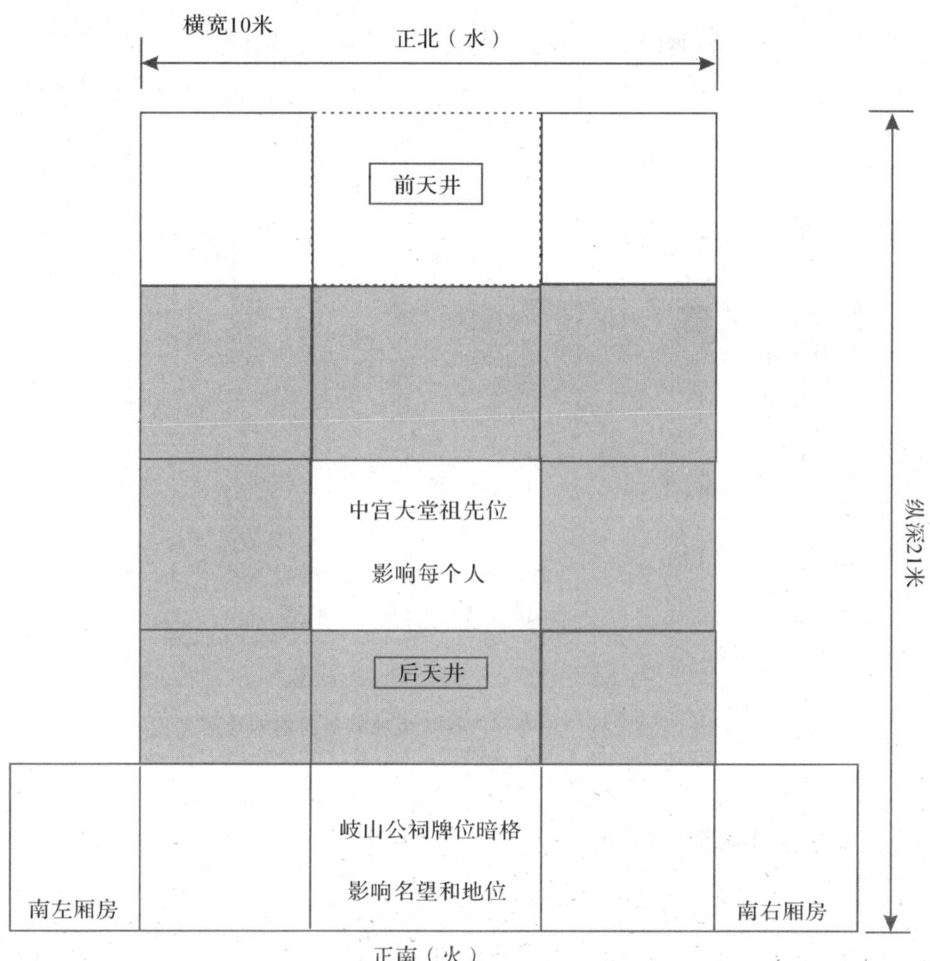

图 7-11　岐山公祠平面空间布局示意图

建筑的前后天井布局也一样讲究房族秩序的原则，其关联是在于所在厅堂祖先香案透过天井的采光角度来谈。从祠堂的前厅香案、后厅暗格屏障等出，均可以人的身高为单位，可透过天井，直视到天空。祠堂的香案或牌位暗格，必须保证一定的能见天空的角度和距离，从建筑结构上融入了严格的祖先崇拜文化和太阳崇拜文化。同样，在祠堂的功能活动上来说，祠堂是家族各类大型活动的场所，在不同时期充当了各种家族群体同参与的团体性活动。如过寿、节庆、修谱、丧葬、春节等时节活动时，祠堂是一个家族的重要活动场所。

东南 巽	正南 离 五行为“火”位 主名望、地位 岐山公祠牌位向	西南 坤
正东 震	中宫 主家庭一切	正西 兑
东北 艮	正北 坎 五行为“水”位 主出行、工作 岐山公祠正门出向	西北 乾

图 7-12　岐山公祠向位布局与传统九宫八卦分布对比示意图

四、相生相克的环境美学

流坑从村址到独栋的住宅，都体现出江南徽派建筑的特色，尤其是流坑的庙宇建筑讲究风水和五行相生相克的布局，体现在流坑外围环境和庙宇住宅在“点”上的选址特征，多“以庙镇煞”“以神护关”的环境住宅布局，同时又在建筑个体上讲究对“金、木、水、火、土”的应用，并融入佛教“莲花”精意、道教“阴阳”调和的建筑理念。

从东华山俯瞰全村，其地平坦开阔。远处，群山拥翠，雾绕晴岚，有“天马南驰，雪峰北耸，玉屏东列，金峰西峙”之美誉；近处，乌江之水自村东南至村东北，再转西绕村而流，并与村西龙湖之水相通，形成山环水绕之美；村中纵街横巷，井然有序，高楼低宅，鳞次栉比。流坑古村有融于自然的优美山水乡村环境，村落选址符合“枕山、环水、面屏”的空间模式。村落以规整有序、功能完善的街巷式布局和以近血缘聚居所形成的多处建筑组群为其环境和布局的主要特征，是我国古代乡村规划建设与环境保护完美统一的典范。

流坑外围的环境布局是传统阳宅基地信仰的地方典范。尤其是流坑多种宗教的融合特征，例如道观内供奉有佛祖像，又或者佛教庙里供奉有地方神的神像。因此在建筑特征上也表现除了一种信仰特征，最为普存的是重檐的四周边沿屋檐形态，以模仿“莲花座”和“塔型”的双层屋顶庙宇，具有神所在于“宇”的建筑观点特征。因此，在流坑的建筑中，有许多望楼的二楼层上供奉各类神，同样如三官殿、武当阁、龙王庙等都是双层建筑，二层收缩为尖顶屋顶，分左右侧屋檐收缩或四周收缩，均是体现出一种“塔宇”的神所观念讲究。

流坑古村的建筑空间，具有相互并齐又相互对立的互动关系，其间纵横交错的乡道和流沟，形如血脉般将古村聚落建筑群紧紧扭在一起。存在其中点状分布的古井、水塘、阁楼、壁坊、挡壁等建筑景观构造，使得人与自然和谐统一，万事万物平衡共存，处处体现出“天人合一”的思想状态。同时，阴阳理论也在建筑的形制中得到了体现，从建筑的空间格局来看，天井空间与之相互影响的厅堂空间，互为阴阳，而厅堂与两旁的厢房的设定，同样也是互为阴阳关系，统一与对立的思想理念在流坑古村的建筑中得到了充分的体现。五行理论的体现更加多种多样，五行的相生相克运用于建筑的形制当中，对于灾情的预防，对于子孙未来美好的期盼皆可有迹可循。例如，作为防火功能而存在的建筑外墙，采用了五种形制的规格，其中“水”形山墙的意义在于，借助形的“势”来产生相应的能量，来抑制火灾的发生；又或者，在建筑墙体上的“金”形山墙，其意义在于多财富，因为金为财富的象征；还有更加深入的“土”形山墙，运用了五行相生的方式，“土生金”更加加强了这样的含义内容。其变化多端，在古代建筑中都是极其少有的。

在流坑古村的建筑中，根据身份的不同，居住空间也会有所体现。在中国的传统文化的理念中，“左”为尊贵之意，所以，长者的住房常常是在左边，而右边，则为幼子进行居住。房间的空间前后左右顺序都是有讲究的，这正是传统文化在建筑中的体现形式。通过建筑的样式、装饰以及空间形态来对于身份进行诠释与象征，是建筑本身文化的一个部分。其建筑装饰中所雕刻的故事、图案同样体现着居民的精神追求与理想，其建筑的可读性与叙事能力比一些语言文字的记录教化来得更加久远与深刻。

五、中国江南民居的典型技艺

流坑古建筑融汇了中国江南传统民居建筑的多种技艺，汇集书法、楹联讲究、宅府题字、雕刻艺术、建筑格局等建筑艺术，具有江南民居建造的典型技艺。如存仁堂由上、下堂组成的两进式建筑。平面纵向长方形，通面阔11.72米，通进深24.65米。前有小院，北侧有面阔近5米、进深21米余的廊屋。入口位于主体建筑的前墙中央，有三开间的凹入式门廊，两侧为耳房。上部房屋构架单挑出檐，即抱头梁伸出承托檐檩，下支雕花斜撑，横向则以阑额联结。阑额、廊柱均用料较粗。抱头梁上铺天花板。门宽1.60米、高3.42米，槛高0.38米，两侧有方形门枕石，浮雕成供桌状，石上置木狮一对。双开板门，上有彩绘门神。前堂入门后，即为落地罩式隔断，在相距3.40米的两柱间，填以木装修，中辟双开门，过此即为下堂。

下堂为前，由前天井、厢房和前厅、下正房组成。天井长方形，石构，内空4.85×1.45米，深0.45米，麻石台沿宽0.40米。两侧厢房甚窄，各与耳房连为一体。面临天井的内檐装修为五抹桥扇五扇，雕刻颇工。下堂面阔三间、进深五间。两次间为下正房，明间为前厅，宽4.50米。穿斗式构架，横向以用材较硕大的关口梁和随梁枋联结，加强了构架的整体性。前檐步作成圆料覆斗状轩棚。脊柱下的金机向前伸出形成硬挑，承托檐檩，奔鹿造型的斜撑作丁头拱式，下层穿插枋下还有挂落状的镂雕装饰。轩棚望砧式的天花板上，绘有彩画。明间后金柱之间立两棵宝壁树，中为木板装修，两侧辟门。后檐柱间亦置装修，中辟双开门。

上堂为后，由后天井、厢房和后厅、上正房组成。后天井面积较小，内空仅3.18×1.01米，深度及结构与前天井同。上堂进深仅三进，明、次间宽与下堂等，木构架亦穿斗式。紧贴后壁还层木壁式装修，明间中部为五抹橘扇四扇，两侧下半部填以木板，上半部辟为祖龛。

建筑四面墙壁，均以青砖单丁斗子式砌成，墙厚0.32米。前后水平高墙，以菱角牙子砖迭涩出檐，檐高4.80米。两侧，上、下堂均为五花山墙，下堂脊高8.10米。屋面略有举折，覆青灰瓦。室内青条砖铺地。上、下堂的前檐步在两侧山墙辟道门，通向外。

存仁堂虽在前墙中央辟门，不似明代或清初的建筑采取侧入式，但大门之后即为隔断，虽亦有门，由于紧傍没有过桥的天井，运动路线仍为折进式。下堂后部又复设两道隔断，错开辟门，行人无法自前至后直穿而入。加之院门辟于一侧，很好地体现了民宅折进、隐蔽、安全的特点。左、右、后三面内墙均以木板装修遮蔽，在一般民宅中不多见。不仅可以防潮，更加强了安全性。整个建筑用料较大，前檐柱直径达 0.43 米，下堂中柱还裹麻、髹漆，惜大部分已经剥落。柱础均石质，主要有圆鼓状瓜棱形和高台状八角形两种，雕刻图案朴实大方。

图 7-13　墙基砖雕纹饰图样

图 7-14　照壁基础石雕仿具柱脚纹饰图样

此宅主要装饰手段为木雕和彩画。木雕用于檐步构架和槅扇装修。檐部常用立体雕、镂雕和高浮雕技法，无论是奔鹿、鳌鱼造型的斜撑，还是花卉、禽鸟图案的雀替，均具有高超的工艺水平。槅扇上的槅心及漏窗均镂空，多作拼合锦式，亦有少量实心和内外连锁式。绦环板图案丰富多彩，或博古，或花鸟，或人物故事，不一而足。技法分高浮雕和立体透雕两种。所有桶扇均以来红为底色，愿色措给梧心和涤环板的周边，不仅显得古香古色，也使大难部分更为突出醒目。彩画除前桥下的基线绘和门神外，余均在下堂精部的望站式天花之上。在黑色的村地上，以对比分明的圆形、如意形、长方形开光，内作工笔彩绘。图案内容有云龙、花鸟、城郭、山水、博古等，共十余幅。

图 7-15　柱斜撑木雕建筑工艺

图 7-16　藻　井

第三节　传统建筑的保护与利用

流坑传统建筑的保护与利用工作始于20世纪末。1998年初，清华大学建筑学院专家组进驻流坑作深入考察、调查，并作《流坑古村落保护规划》一报告。嗣后，该调研成果通过省级和国家级专家论证，从此开启流坑传统建筑的规划保护。2001年6月25日，流坑村古建筑群被国务院列为全国重点文物保护单位，传统建筑的保护工作任重道远。2012年12月，流坑再次被国家住房建设部、文化部、财政部公布为(首批)中国传统村落，并持续推动相关的古村落规划保护项目，流坑村古村落的保护与利用进入到新的发展阶段。同时，为结合城乡规划、小城镇建设、城镇化建设、美丽乡村建设等规划目标要求，流坑村也进入最新的乡村规划建设阶段中，各类基础设施也在不断地得到推进。

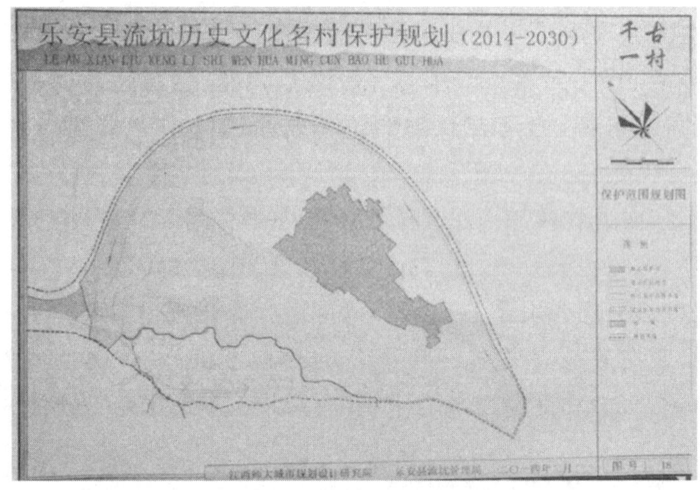

图7-17　流坑村乡村规划中红线保护范围标示图

一、推行强有力的保护政策

从流坑村被纳入古村落开始，各级对于流坑建筑的保护工作一直在持续加强。按照国家对文物保护的条例等规定，流坑村联合各级管理部门、专业机构以不同等级的形式对流坑的传统建筑进行实质化的保护措施。依据GA27-2002《文物系统博物馆风险等级和安全防护级别的规定》，流坑村古建筑群列入全国重点文物保护单位，为一级风险单位，风险单位下划分不同等级的风险次级单位(见表 7-1)。

表 7-1　流坑村不同等级风险建筑保护名录

保护等级	传统建筑名称	备　　注
一级风险保护建筑	秘阁校书祠	现为流坑民俗博物馆
	明斋绳武先生宅	现为流坑文物陈列馆
二级风险保护建筑	文馆	
	大宗祠遗址	
	麒麟厅	主要范围是“砖雕照壁”
	振卿公祠	
	肇修堂建筑组群	
	武当阁建筑群	
	三官殿建筑群	
	“高明广大”照壁	遗迹性风险保护
	大宾第建筑组群	
	董国珍宅	
	怀德堂	
	“敬吉堂”宅	
	“齐寿门”宅	住宅残架保护
	益宇公祠	
	“藏恕堂”宅	
	“应宿第”宅	
	翰林楼	
	状元楼(五皇庙)	
	屯田郎祠	
	“庆见南云”宅	
	双桂先生祠	
	双寿坊建筑群	包含董蕃昌公祠、董蕃昌夫妇合葬墓
	古戏台楼宅	前厅四角楼残亭、舞台建筑及其文化附属物

续表

保护等级	传统建筑名称	备　　注
二级风险保护建筑	董其校宅	
	存仁堂	
	蓉山亦山两先生祠	
	绍南公祠	
	资深居(九德堂、树德堂)建筑组群	
	慎余堂	
三级及以下风险等级保护	流坑村已经标识"传统民居"建筑	流坑二十世纪八九十年代建设的建筑均纳入风险保护范围

同时依据《入侵报警系统工程设计规范》中的相关规范来对流坑建筑进行保护措施的设计和落实。如纵深防护性:"入侵报警系统的设计应采用纵深防护体制。根据被防护对象所处的风险等级和防护级别,对整个防范区域实施分区、分层次的设防。一个完整的防区,应包括周界、监视区、防护区和禁区 4 种不同类型的防区,对它们应采取不同的防护措施。"展厅展览的一级文物放置于密封的展柜内,为一级防范目标。对特殊的个体文物,需加强实体防护,安装防砸防弹玻璃。

流坑村古建筑群各点较分散,均设置有周界报警设施,周界防护是纵深防护体系的最前沿的防护。另外在流坑村古建筑群周边各设置 28 台高清全方位一体化球形摄像机、24 个离线电子巡查点,加强巡视、巡逻工作,并将电子巡查信息及时输入到中心控制室服务器上。从而构成一道严密的周界设备防线和人为防线,使其发挥触角作用,一旦有人非法强行入侵,便触发周界报警。该报警信号不仅告知当地监控室值班人员有入侵者出现,可自动启动与周界相适应的监视区内的图像复核与电视监控系统,是有效地进行寻察跟踪犯罪分子的重要技术手段,并起到预警和取证的作用。

二、建立古建筑数据库

在龙湖的上部西侧,已利用祠堂建成村级文化展览馆和数字化的浏览系统。从开发的技术内容来看,流坑建筑作为重要部分被收录到了建筑保护的范围内。一是按照不同物型分类对流坑传统建筑进行识别，现除了现代钢筋混凝土的新式建筑外，20 世纪七八十年代以前的建筑都已经纳入保护的范围。二是按文物等级，对国家重点文物、省级、市级到县级多个级别进行建筑数据的挂牌保护措施，覆盖面包含了重点文物和非重点文物。

在建筑群上，目前流坑已经完成对重点文物的保护措施，并正在逐步修缮和清理部分弄巷，以保证历史最真实的建筑面貌。因此，流坑村将生活区搬离核心建筑区域，拆除嵌入的现代建筑，转移重点生活影响区，重点把流坑古村落核心区域作为系统的传统文物建筑来开发和利用。这些传统建筑群分别挂有“江西传统建筑：××民居”“国家重点文物保护工程项目：流坑村古建筑群：××(宅邸名)”“农村安全房屋登记：×级”“江西省文物保护单位：××(宅邸名)”等名牌，相关数据已完成入库登记，并被纳入文物系统网。

图 7-18　流坑村县级入库保护建筑标识牌

图 7-19　流坑村升级入库保护建筑标识牌

三、采取保护性利用的策略

流坑新村是基于对传统老村核心建筑生活区提出的一个卫星村落，也是通过生活区转移来减少对传统村落建筑的负荷能力，减少古建筑的老化程度。流坑村平衡保护与开发，实现了对老村的保护、新村的振兴。目前，老村的保护与利用已经取得了一定的成果，逐步形成以古建筑作为主体、民风民俗文化作为附体等一系列的旅游发展资源设计路线。

从流坑村乡村规划设计来看，流坑村整体性的发展结合了古村落旅游发展、田园旅游发展、产业经济建设、文化体验、农业休闲等多渠道的发展模式，并集成了中国建筑艺术的精品。在整个村庄的平面布置图上，依旧保持着唐宋以来的里坊制村庄规划模型，经历多个朝代的更替，她依旧以其独特的建筑造诣和文化魅力散发出历史文化的光芒。外部的青山环绕，内部的绿水亭湖，俨然是中国村落历史、建筑历史、园林历史的文化造诣成果。以儒道浑然为一体的"天人合一"建筑意境，传承着中国的乡村历史文化，在众多的中国传统古村落中，流坑可谓是以其浑厚的历史文化气息独树一帜。

第八章
流坑村的匾联文化

流坑村共有古代建筑约270余处，其中牌坊楼阁26座、祠堂50多座，几乎每个古建筑上都有匾额楹联。据第六修董氏合公族谱记载，全村仍保存有大量匾联，包括木匾193块、墙额367块、楹联73对，共计633处，[①]篆、隶、楷、行、草五体俱全，神形各异，内涵丰富，形制多样，既有名流之作，又有书法精品。许多联匾出自名家之手，有宋代大理学家朱熹，明代宰辅杨士奇、大学士金幼孜、吏部尚书曾同亨、状元罗洪先、著名学者罗汝芳，清代内阁学士李绂、礼部尚书龚光亨、礼部尚书汪守和、状元刘绎、学政陈象枢等名流所题书(赠)的匾联，还有众地方官吏和名儒所题书的匾联，反映了当时社会的风尚和人们的理想情怀，显现房主的荣耀及其与文人士大夫的关系，为建筑增添了浓郁的文化气氛。特别是"敕命""状元楼""宋少师长清开国男董梦授先生祠""翰林楼""理学名家""龙章世锡"这一类题匾，或历史悠久，或名声显赫，或金碧辉煌，折射出流坑昔日的尊荣。

第一节　匾联的分类

匾联是匾额与楹联的统称，是集书法、雕刻为一体的传统艺术。其中匾额又称扁额、匾牍、牌额，简称为扁、匾或额，是中国古代传统建筑的一种装饰构件。匾联反映建筑物名称和性质，表达人们的审美、义理和情感，构成中国古代建筑独特的人文景观。

广义上来说，匾额的类型分为牌、匾、额三种。方形木板下加一长方形的柄称为"牌"，过去主要用于官员出行开道、科举高中学子的游行或官府举

① 六修流坑董氏合公族谱编委会：《流坑董氏合公族谱》卷一，2014年，第306～313页。

办的“乡饮酒礼”等活动。匾的形制为横长方形，在明清时期最为流行，也是用途最广、存世最多的一种。匾额的形式有横式和竖式两种，早期多为竖式居多，晚期则横式为主，主要是由于古代建筑的结构变化所致。额的形制为竖长方形，早期用于宫殿寺庙等大型建筑的斗拱和门额之上，明清时还用于官府表彰或旌表具有功名、节、孝之类的人。

相对而言，楹联的分类简单许多。按创作方法分，楹联可分为正对、反对与流水对，其中上下联内容相关，从不同角度说明相同道理的创作手法称为正对。相反，上下联内容相反，在对比中突出表达意思的创作手法称为反对。上下联含有递进、因果关系的创作手法称为流水对；按字数分可分为四字联、五字联、六字联甚至更多。根据流坑村匾联现存状况，可按照匾联的艺术形制及匾联的材质不同来分类。

一、按艺术形制分类

流坑村匾额与楹联数量众多、形式多样，矩形匾联是村中最常见、也是现存数量最多的。异形匾虽不多，但也造型精美，具有极高的审美与观赏价值。

（一）矩形匾联

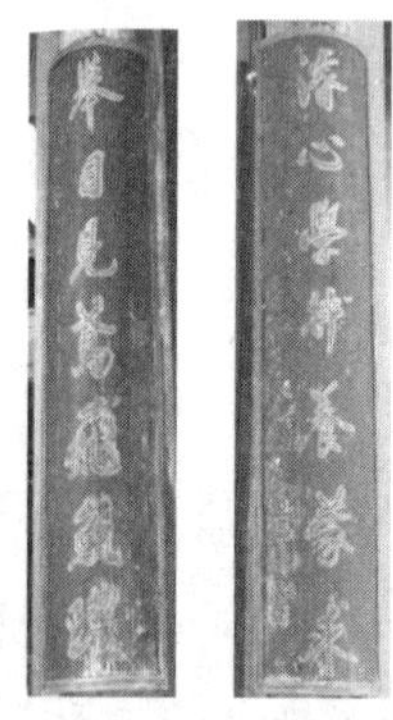

图 8-1　抱柱联(1)

图 8-2　抱柱联(2)

在流坑村现存的匾联中，矩形匾联的数量占绝对优势。木质匾联都是矩形，石质和砖质匾联以矩形为主也包括少部分异形匾联。木质匾联分有框和无框两种类型，从装饰看有彩色和原色两种，彩色是在匾联表面用彩色油漆着色，原色就是保持材料本来的颜色。虽然匾词以各种字体雕刻或书写成不同样式，但这并不影响匾联的外形。木质较其他材质来说更容易制作成多种形制，但从流坑村现存的木质匾联来看，却未见其他形制。

流坑现存楹联匾额73对。楹联在形式上虽有字数多少之分，但在形制上却较为单一，都以矩形为主。很多楹联悬挂于门两侧的柱子之上，所以产生了与柱子形状相契合的弯曲状楹联，俗称“抱柱联”，但其基本形制依然为矩形。例如现悬挂于流坑村史馆的两副楹联都为张舒翰所书。张舒翰（生卒年不详），字鹏九，号云卿、瀛仙，江西永丰人，清道光二十一年辛丑恩科三甲四十一名进士，散馆改山西五台知县，又任芮城等处知县。① 他的书法洒脱，笔锋遒劲有力，两副楹联皆是木质黑底红边框，阴刻贴金，两副对联上款立匾人处有钤印两方，为立匾人的名章和字章，除此再无其他装饰。匾词为“积善自有好根苗，念先人到处留余阴骘；读书能存真种子，看后裔接武步上青云”，上联劝诫人们要积德行善，下联是对学问知识的渴求，希望子孙后代既可以心存善念又可以达官显贵。

（二）异形匾

随着社会的发展以及人们对匾联与建筑、景物相搭配的要求提高，匾额的形式也越来越多样。清代李渔《闲情偶寄》一书中记载了数种异形匾，如册页匾、秋叶匾、石光匾及手卷匾等。流坑村中多见手卷匾，是指其形状如书卷匾，即“与寻常匾式无异，止增圆木二条，缀于额之两旁，若轴心然”②。流坑村中手卷匾多是石质，背景底多为白色，两侧卷轴用彩色装饰，但卷轴无纹饰，如“荡平正直”匾，匾词为勾线阴刻，整体较为简单；也有在卷轴上雕刻几何或祥云图案的，如“光风霁月”匾，其匾词为阳刻黑色，透出一种古朴典雅的气质，且书卷气息浓厚；“天马腾辉”匾不仅卷轴上刻有花鸟图案，且匾的上下边皆用几何纹装饰，右上角有题匾人印章，但现已看不清，此匾的装饰与匾词相互呼应，相得益彰。除此之外还有一块扇形匾，名为“餐秀”，匾四周亦有图案装饰，与手卷额不同的是，这块扇形匾是内嵌与墙壁，不像手卷额是凸出墙壁。总体来看，异形匾在流坑村匾联中占少数，所以显得格外珍贵，让人眼前一亮。

---

① 张省会：《中华百家姓氏源谭·张氏源谭》，长春：吉林文史出版社，2006年，第309页。

② 李渔：《李渔全集》卷三，《闲情偶寄》，杭州：浙江古籍出版社，1992年，第192页。

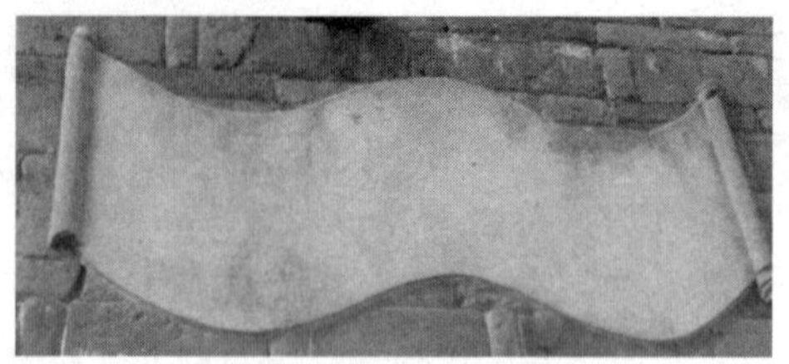

图 8-3 “荡平正直”匾

图 8-4 “光风霁月”匾

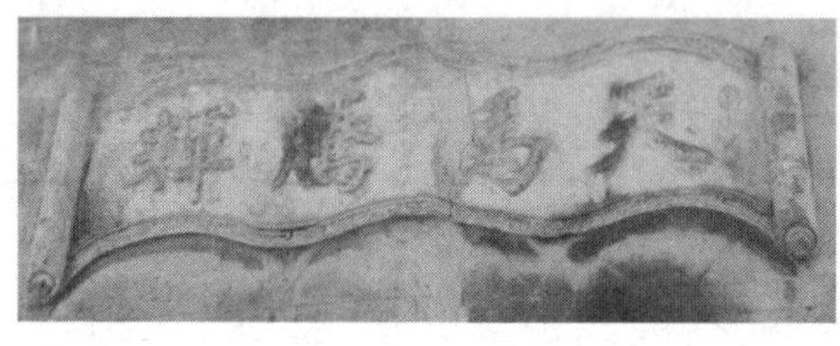

图 8-5 “天马腾辉”匾

图 8-6 “餐秀”匾

二、按材质分类

匾联材质主要有三种：一是用于木构建筑外檐和内檐的悬挂式木质匾联；二是用于砖石建筑物的墙体和墩台上的镶嵌式石质和砖质匾额；三是后来随着冶炼技术的发展，逐渐出现了金属质地的匾额。虽然匾额的质地多样，但大多数匾额以木质为主，其因有二：一是我国古代传统建筑主要是以木质结构为主，因此匾联也与建材相呼应；二是木质较软，雕刻或题写都较石质容易得多，也更能展现匾联的艺术特色。但由于木质匾额不易保存，村内多见后来修复或仿制的木质匾联。木质匾联还容易受到岁月的腐蚀与侵害，会出现受潮、发霉、虫蛀等问题，增加识读的困难。加之前些年村民保护意识和村里的防盗设施都较为薄弱，木质匾联作为可移动文物更容易被盗，有些匾联再也无缘与世人相见。流坑村现存的诸多匾额中，也是清代的石质匾额留存居多。

（一）木质匾

1.“龙章世锡”匾

龙章世锡匾为木制横式，长 3.12 米，宽 1.21 米，整体为红底，右端竖着写有“龙章世锡”四个金色楷书大字，字体遒劲有力，旁边的小楷排列工整，为清代同治年间所制，现存于流坑村史馆（秘阁校书祠）。该匾主要记载董文肇房的名流贤士，向后人彰显家族的荣耀。董文肇，北宋初人，流坑董氏开基祖董合之孙，二世祖董桢次子。文肇有四子，即董滋、董湘、董渊、董淳，兄弟四人在北宋大中祥符七年(1014 年)全部中举，人称“四子登科”。此匾是文肇房的一个“光荣榜”，记录了自北宋至清道光年间文肇派受朝廷赐封者的名单(主要为科宦，还有乡贤、孝子、商宦)，共 52 人，其中宋代 26 人、明代 15 人、清代 11 人。在这之中，可以看到太子太保董淳、董倚，状元、参知政事董德元，名儒乡贤董德修，国子司业董琰，监察御史董时望，刑部侍郎董燧，刑部尚书董裕等。

图 8-7 “龙章世锡”匾

2.“状元楼”匾

“状元楼”匾悬挂在流坑村状元楼二层的神阁门楣上，长 2.06 米，宽 0.60 米，木质横式，边缘有框，匾词为楷书，凝重端庄，雄浑遒劲，匾额无款识，也无装饰，此匾为朱熹(与董德元为同科进士)所题，赠予董德元。但目前楼上所挂为清代仿制。董德元，宋代人，字体仁，小名丙哥，小字长寿，流坑董氏第八世，属于文肇・渊派，董文肇五世孙，是永丰县(当时乐安尚未建县，流坑村隶属吉州永丰县的云盖乡)建县后考中的第一位状元。永丰县令吴南老为了表彰他，彰显地方荣耀，在永丰县城的恩江河畔兴建了状元楼。而流坑村的状元楼是在董德元中状元后第二年，董氏宗族为了彰显家族荣耀，激励子孙后代，便仿照永丰县城的状元楼在村里也兴建了一座。

图 8-8 “状元楼”匾

3.“理学名家”匾、“蓉山亦山两先生祠”匾、“高明广大”匾

在宋明理学盛行的时期，流坑董氏也深受理学思想熏陶，尤其是董燧，被誉为“理学名家”。现悬挂于董燧故居上的“理学名家”匾额及“理学长存德义门，名家自有儿孙福”对联，皆为明代吏部尚书曾同亨题，赠予董燧。可惜的是原对联在“文革”期间散失，现在门口所挂的为村中中学教师董元和[①]所制的仿制品。“理学名家”匾为木质横式，匾词为楷书阳文，端庄大气，质朴有力，匾词两侧书有“吏部尚书太子少保见台曾同亨为诏进中宪大夫刑部正郎蓉山董燧书”。

董燧醉心于理学是承继先祖之志，他的先祖董德修师从陆九渊而远离官场，潜心研究心学，创办了心斋书院，传授心学。[②] 董燧家族，从先祖董德修、祖父董时望，到董燧弟弟董焕，不仅都是郡邑乡贤，还都致力于心学的研究，所以董燧家族被曾氏誉为“理学家”。因此，曾同亨在联中巧妙地把“理学名家”四字嵌入其中，是对董燧及其家族的高度赞扬以及崇敬之情。

“高明广大”匾位于“理学名家”宅正对面，罗洪先为董燧所书，匾为砖质横式，匾词为阳刻黑色，匾词正中央竖着书有“念庵罗洪先书”六个楷书小字，匾词字体刚毅稳健、大气端庄。匾两侧亦有罗洪先所书对联，“文章辉列宿，冠冕重南洲”，对联极尽对董燧学术造诣的高度赞美。

蓉山亦山祠现位于中巷中段、“理学名家”宅西侧，为祭祀流坑董氏第二十二世董燧和董焕两兄弟而建。祠堂大门上方悬挂“蓉山亦山两先生祠”木匾，祠名取自两人的号（董燧号蓉山，董焕号亦山）。匾词为黑色楷书，阴刻

---

① 董元和，在乐安县中学任教师，应流坑管理局要求，对破损严重或丢失的匾联进行仿制，村史馆挂有多副他所仿制的匾联。

② 李小兰：《村中古韵联中奇葩——流坑古楹联探析》，《华东理工学院学报》2005 年第 3 期。

勾线法显字，笔锋遒劲有力，字体结构紧凑，匾的主体部分用两块较宽的木板拼接而成，四周则以较窄的木条两两一组拼接成边框。因年代久远而颜色呈木质原色，显得端庄而凝重。

图 8-9　“理学名家”匾联

图 8-10　“高明广大”匾

图 8-11　“蓉山亦山两先生祠”匾

4.“宋少师长清开国男董梦授先生祠”匾与“进士”匾

宋少师长清开国男董梦授先生祠原址在村内上巷，祠已倒塌，现为一片荒地，此匾现藏于村史馆。“宋少师长清开国男董梦授先生祠”匾是为纪念董敦逸而制，横式木质，匾词为楷书，字体为黑色，跳跃灵活，体态俊逸，清隽奇肆，边缘有框，无装饰，保存不是很完好，个别字迹已模糊不清。董敦逸，字梦授，流坑董氏第六世，属于文晃房淇派，官至监察御史（掌管监察百官、巡视郡县、纠正刑狱、肃整朝仪等事务，宋代为从七品）。“宋”指宋朝，“少师”是加封的官爵，“长清开国男”是他的爵位。董敦逸小时正逢流坑董氏科举文化最繁盛的时期，“五桂齐芳”“四子登科”等层出不穷，董敦逸的叔伯四人也皆中举，这对敦逸起到了极大的鼓舞，严格的家教让他从小便志存高远，发愤图强。宋嘉祐八年（1063 年）与其族兄董乾粹同中进士，这也就是“进士”匾的来由。此匾悬挂于村史馆门额右上方，匾为横式木质，有黑色边框，匾词为楷书，浑厚有力，是为受匾人“宋少师长清开国男董梦授先生”而立，现存的匾是由村里一中学老师董元和根据原匾仿制而成。

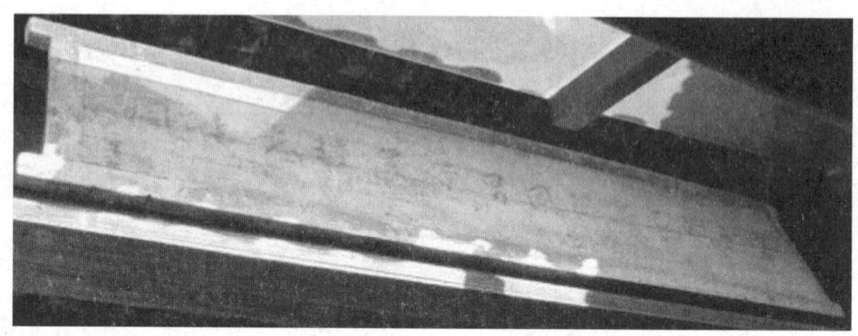

图 8-12 “宋少师长清开国男董梦授先生祠”匾

图 8-13 “进士”匾

5.“明斋绳武先生祠”匾

图 8-14 “明斋绳武先生祠”匾

此匾现存于流坑村史馆，也就是明斋绳武先生祠内。可惜的是，匾的木板虽在，但字迹已部分脱落，因损坏严重而放在库房内。匾为横式木质，淄黑底子，匾词为楷书，阴刻勾线，字体丰腴雄浑、端厚朴实，边缘有框。此祠是为祭祀第十五世董明善、董闻善而建立的。

6.“秘阁校书祠”匾及祠内长联

秘阁校书祠祀奉的是流坑董氏第三世董文晃，匾词源于文晃封号。据文晃房谱记载，“宋皇祐壬辰以子洙赠秘书省校书郎”，因此名为“秘阁校书祠”。此匾悬挂于祠堂门额上方，为横式木质，原为红底，现因年代久远而褪色，匾词为楷书，阴刻勾线，字体丰腴雄浑、柔刚稳健，边缘有框，无装饰。

图 8-15 “秘阁校书祠”匾

秘阁校书祠仁让堂内悬挂一副长联，上联为“仁静知流钟地脉卜世卜年至今乔木蟠根吉壤千秋传古迹”，右下方署“同治六年丁卯孟夏月”；下联为“让水廉泉近邻居征文征献重与阯榆话旧恩江一道共来源”，左下方书有“永丰刘绎书”以及刘绎的两方印。刘绎，字瞻岩，号岳云居士，永丰县人。清代文学家、史学家，道光十五年(1835 年)中状元，例授翰林院编修，这副长联为他辞官后所书。此联为多字长联，书体为明清流行的馆阁体(因流行于馆阁和科举考场而得名，是一种官方使用的书体，它讲究黑、密、方、紧，有些拘谨刻板，不够潇洒飘逸)。全联意在表达流坑村是人杰地灵之地，且民风淳朴、文教兴盛、人才辈出。

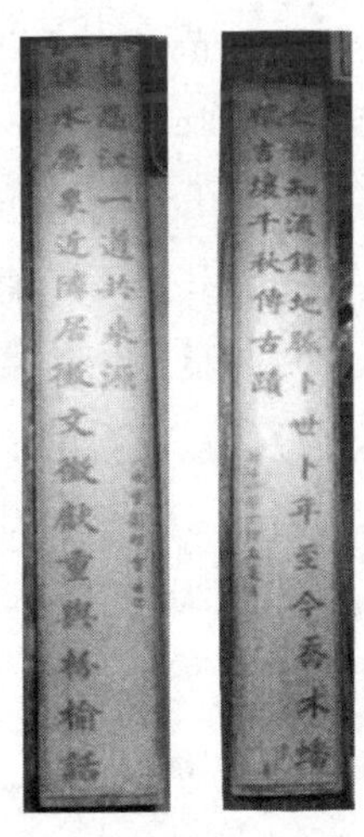

图 8-16 秘阁校书祠内长联图

图 8-17 “清赠儒林郎董爵先公祠”匾

(二)石质匾(包括砖质匾)

1."清赠儒林郎董爵先公祠"匾

清赠儒林郎董爵先公祠一般简称"爵先祠",是祭祀董学文祖父董禄之处。董禄,字爵先,为流坑董氏第二十六代,属文肇公房淳派。清乾隆四十年(1775 年)董学文由太学生加捐州同知衔,其祖父爵先"多阴善隐德"、父必华"尤慷慨有大志",因此同赠儒林郎。两年后,"特建(爵先)公祠于四牌楼右,以修时祀"。爵先祠现存基本完好,祠匾嵌于大门正上方,匾为横式砖质,匾词为阳刻楷书,字体端庄工整,整体颜色为砖红色,显得古典气派、肃穆大方。在此匾正上方嵌有竖制暗红底"圣旨"二字竖匾,周围饰以雕花,以显尊贵地位。

2."翰林"匾、"少司成第"匾、"盛世丝纶"匾

这三块匾同刻于翰林楼的前后两面,皆为流坑董氏第十六世董琰所立。正面上半部分刻有"翰林"匾,此匾为横式砖质,匾词为楷书,阳刻,字体浑融圆润、举止祥和,边缘有框无装饰。匾两旁是砖质阴刻对联"数封天子诏,当代帝王师",上联有款词"永乐十年诏傅东宫",下联缺字,只能看见"□□奇赠"。下半部分门楣上方刻有"少司成第"匾,横式砖质,匾词为楷书,阴刻,书写用笔洒脱,结构严谨,字体雍容华美,上款款词为"乾隆元年季冬月榖旦,明东阁大学士杨士奇为",下款款词为"国子司业前翰林编修董琰立",两旁阴刻有"国史总裁望重一时锁闼,英才乐育名高天下宗师"砖联,字体风神洒脱,下联有款词"金幼孜赠",这两副对联和匾都是对董琰的赞誉。"国史总裁"即指董琰曾为《永乐大典》之编修,"锁闼"意为京师、京城,英才乐育:一是指董琰在踏入仕途之前曾以经术教授于乡,历十余年;二是指董琰任赵王府长史,勤勉恭谨,尽心辅导赵王,使曾多行不法的赵王经其辅导匡正亦多有开悟。此联对偶工整、内涵丰富、概括性强,极力缅怀和彰显了董琰一生中的主要功绩。原明代修建的少司成坊不存,此为清乾隆元年由材伯房主持重修之物。后面上半部分刻有砖质"恩荣"竖匾,下半部分门额刻有明代江西学政邹学柱题的砖质"盛世丝纶"横匾,字体端庄大方。

图 8-18　"翰林"匾与"少司成第"匾

图 8-19　"盛世丝纶"匾

3."尚义门"匾、"正大光明"匾

这两块匾都属于凤凰厅，是流坑董氏第二十二代孙——董国举所建，他名凤，号岐山，是明代晚期人，除凤凰厅外，岐山公祠也是为纪念他所建。他师从罗汝芳等人，虽为商人，但爱好文学，对理学也颇有想法，并有著述。"尚义门"匾镶嵌在入门的门楣上，为砖质横式。"尚义"二字出于宋人邵雍《义利吟》，"君子崇尚道义，小人崇尚私利"①，意为：崇尚私利，国家就会动乱；崇尚道义，国家就会安定。门旁还有砖刻的楹联"门对九天红日，路通万里青云"。青云比喻地位高，有成语"青云万里"一词，出自元代高明《琵琶记·高堂称寿》第二出，"论做人要光前耀后。劝我儿青云万里，早当驰骤"②，比喻前程远大，走升官的道路。

进了尚义门右转就是前堂，前堂大厅正上方挂着"怀德堂"匾，与之相对的照壁上有砖雕阳刻"正大光明"匾。"百计但存阴骘好，万般唯有善根长"，这幅砖雕联嵌在怀德堂内两中柱上。联、匾均为明代著名哲学家罗汝芳所撰书。此联书写显得笔力坚刚凝重，结体峭劲匀稳，有唐楷之法度。"阴骘"，原指默默地使安定，转指阴德。阴德，指暗中做的好事，迷信的人指在人间所做的而在阴间可以记功的好事。"善根"，佛教指人所以能为善的根性。"正大光明"是个吉祥用语，意为要人们行为正、言语正、心胸豁达。此联将"正大光明"的寓意进一步充实和升华，言近意远、寓意深刻，告诫人们

① (宋)邵雍著，郭彧、于天宝点校：《邵雍全集》四，上海：上海古籍出版社，2016 年，第 283 页。

② 北京师联教育科学研究所编：《古典戏剧基本解读⑤：中国古代十大悲剧(五)——琵琶记·清忠谱》，北京：人民武警出版社，2002 年，第 9 页。

要多做好事,积善行德。同时,此联也是对宅第主人善行的赞扬。

图 8-20 “尚义门”匾

图 8-21 “正大光明”匾

第二节 匾联文化的特点

一、普遍性

清代是中国匾联发展的第二个高峰。在清代,无论作为官方以及皇室的一种表彰方式,还是民间庆贺祝福的场合都离不开匾。赠匾还作为一种表彰方式列入大清的律例,规定凡是达到高寿之人、孝子节妇和对朝廷做出贡献的人,各级政府都可以匾额的形式对其进行表彰。[①] 流坑村也是如此,留存至今的匾联也以清代居多,当时的匾联在社会上相当盛行,形制也有进一步的发展,有方形匾、册页匾、书卷匾、画卷匾、虎头匾、横幅匾、秋叶匾、碑文匾、虚白匾、华带匾等。许多匾额四周的边框(即《营造法式》上称的牌首、牌带和牌舌部)之上还雕刻着各种各样的吉祥图案。

自宋代以来,流坑人就崇文重教,逐渐走上科举取士之路,也是在这样的背景下匾联开始逐渐兴起。随着流坑教育的发展,董氏家族越来越多的人考取了功名,曾经的流坑村有文武状元各 1 名、34 名进士、78 位举人,通过科举入仕的有 100 多人,出现过“六子联科”“七子联科”的盛况,至今还流传着宋代“一门五进士,两朝四尚书,文武两状元,秀才若繁星”的佳话。科

① 杨芳:《古匾集粹》,福州:福建美术出版社,2012 年,第 11 页。

举上的成功伴随着人文交往的兴盛，官方的赐匾以及名人赠匾比较普遍，例如“状元楼”匾为朱熹所书，赠董德元；“理学名家”匾及联都为曾同亨所书赠董燧；“高明广大”匾和“文章辉列宿，冠冕重南洲”联皆为罗洪先为董燧所题赠；“少司成第”是杨士奇为董琰所题赠。这些匾联都是分散在每家每户，“家家有匾”这句话一点也不夸张，流坑村现存的633块匾联连接起来像一张隐形的网，不仅联结起董氏家族的发展史，也见证了流坑村的变迁史。流坑董氏家族从最开始的四大房演变成了后来的八大房，每个房派皆有数量不等的匾联，并不是集中在某一房。虽然八大房随着个别房派的迁移或衰微，其匾联也会相应较少，但总体看，流坑村的匾联几乎覆盖了绝大部分房派和建筑，在村中非常普遍。

二、艺术性

匾联的艺术性体现在两方面，一是它自身的书法性，二是它与整体建筑布局的协调性。

匾联自身就是书法艺术与雕刻工艺的集合体。一般来说，堂室书斋匾，相对私密一些，书法风格相对也会更多样化、个性化，书体可真草隶篆皆备，有时会刻意使用金文大篆等不为一般民众所熟知的字体，甚至可以使用生僻、高古的字形、字体，以彰显主人特殊的文化品位。流坑村的匾额楹联，时代特征明显。明代所制匾联多质朴无华，而清代匾联则做工考究，不仅颜色多样，且边框饰以相应纹饰，如变形万字纹、卷草纹、龙凤等图案，不同时代的匾联制作反映出了明清时期人们审美情趣的变化。在书风上，均受帖学影响，清代多有苏、米风韵，尤其是董士标上窥汉晋，开当地之书风。

董士标是流坑董氏第二十七世，属文肇・淳派，作为流坑村的隐逸书法家，一生不求功名，远离科举官场，潜心书法研究。他的书法四体兼善，尤精篆隶。“鲲化南飞”“广居”匾为隶书体，“太和元气”匾为楷书，“文明有象”匾为篆书体，肆恣自如、雄逸气劲，有帖学之和穆、碑学之雄放，穷极变化而动合矩度。村中现存的匾联中有不少出自他手。董士标不仅擅长书法，且精于篆刻，如“文明有象”，在布白上吸收了篆刻中空缺留刀等手法，形成各种不同形态的大空小空。除了利用空白造成虚灵的美感外，在笔画中亦用了不少干笔、飞白等虚笔，笔画多毛而不光，如“太和元气”中的撇、捺、勾画，大气美观。[1] 在董士标所题刻的绝大部分匾额中,都钤有他的印章,足见他的篆刻书法之深。

图 8-22 “鲲化南飞”(隶书)

图 8-23 “广居”(隶书)

图 8-24 “太和元气”(楷书)

图 8-25 “文明有象”(篆书)

从建筑布局上来看,有些建筑只悬挂匾额,有时匾额与楹联成套形式出现。无论是单独的匾额或是成套的匾联,都是为了锦上添花,在增添文化气息的同时,又体现建筑布局的一种整体性与和谐感。董氏注重和谐美、书法中形式美的因素很突出。如“太和元气”为楷书,属内容与形式和谐;“鲲化南飞”属隶书,结体上收下放等则属结体上形式与形式之间的和谐。从匾联内容来看,匾文一般少则一二字,多则四五字,楹联则是五字以上,皆词语精炼、辞藻华美、言简意赅、含义深刻,寓至理于简言之中。匾联书写题材多样、内容纷繁,体现了人们的生活态度和处世哲学,以雅俗共赏、寓意深刻的风貌召唤着真善美,晓喻着是与非。不同类别的匾联在遣词用字上,往往有着不同的需求。如园林建筑匾,其文词多轻松雅致、意味隽永,既可直接描绘风景,彰显环境特色,亦可间接表达心声,抒发独特之情怀。这些匾联与园林建筑、湖光山色交相辉映、相辅相成,成为景色中不可或缺的点睛之笔。

匾额书法的正文以最简练的方式,反映了人们特定的文化心理结构,揭示出一种特定的文化现象。词句之间无不蕴藏着极其深厚的文化内涵,表现出人们的思想观念、价值需求和情感追求等。而作为体现正文最充分的书法,往往传递了正文难以传递的特殊的审美内涵。

---

① 福建长汀董氏族谱编纂委员会:《董氏族谱·闽汀新桥叶屋坊始祖念一郎公谱籍》,1999 年,第 575 页。

三、符号性

匾联本身就作为建筑物的标志性符号而存在，它作为建筑的画龙点睛之笔，不可谓不重要，尤其是匾额，常常起着“名片”的作用，让人一眼就知道建筑的名称。不仅如此，通过匾联，还可以知道国家与地方的关系以及当地的人文交往情况；个人通过悬挂匾联表明自身的兴趣爱好及志向，蕴含着主人的精神境界。

如今，匾联作为流坑村的旅游符号，代表着流坑村的科举文化与人文思想，流坑董氏几百年的文化兴衰，皆由一个个匾联串联起来，了解每块匾和每副对联的历史，就等于了解流坑董氏的发展史。当下流坑村作为旅游景点逐渐发展起来，被越来越多的人所了解。当每位游客进入这个历史古村，无论是自行浏览或是跟随导游，都是通过一块块匾和一副副联背后的历史或人物事件来认识流坑董氏的家族文化，从授匾人到立匾或赠匾人，都有许多不同而或有趣、或发人深省的故事。简短而含义深刻的匾联就是流坑的旅游符号，它不仅在视觉上能抓住游览者的眼睛，更能从心理给人们留下流坑好印象。

第三节 匾联的社会功能

匾额多用以歌颂、称赞、旌表、庆贺之途，比如祝寿匾、荣升匾、功名匾、德行匾等。这些匾通过赠送、恩赐的方式给予授匾者，起到了协调人际关系，维护封建伦理道德、政治规范的作用。

一、宣扬优良家风

(一)“五世一堂”匾

董学华，字辉贞，号宜斋，流坑董氏第二十八代，因经商有道而发家致富，热心公益，善举众多，清道光四年(1824 年)，由国学捐授州司马，次年乐安知县赠“好义足风”匾。道光九年(1829 年)，董学华六十大寿时，安徽学政、中宪大夫为其书“达尊望重”匾，但此二匾均未保留下来。[①] 除此之外，

① 黄更昌：《探古览胜话流坑》，南昌：江西人民出版社，2005 年，第 47 页。

在清光绪二十六年(1900年),钦命兵部侍郎为84岁的董朝魁之妻李氏书赠“五世一堂”匾,匾为横式木质,底子为暗红色,匾词为楷书,阳刻,字体浑融圆润、端正大方,边缘有框,无装饰图案,匾两侧刻有立匾人与受匾人,此匾现存村史馆内。

图8-26 “五世一堂”匾

清统治者标榜以孝治天下,提倡在宗法制基础上维持累世同居的大家庭,对于社会上的此类家庭极力褒奖。其意义在于宣扬盛世,更重要的是发扬舍己为公的良好家风、加强民间团结。

(二)旌表节孝坊

“旌表”一词最早出于《尚书·毕命》:“旌别淑慝,表厥宅里。”[①]旌表具有淳风化、敦人伦的社会功能,是种导人向善的道德激励制度。旌表牌坊一般由官府申报朝廷,再奉朝廷旨意,为表彰之人立牌坊或赐匾额。节孝,即贞节和孝顺。古代对妇女的贞节与孝顺极其重视,为表彰这样的妇女,会为其刻匾额立牌坊。

流坑村也有少量的旌表节孝坊,其一在横巷,原匾已损坏严重。另一个保存较为完好的旌表节孝坊在中巷东段,是为表彰董学华的儿媳妇张氏和孙媳妇陈氏所立。张氏的丈夫——董学华第四子董朝杰与陈氏的丈夫——董朝杰继子董金鳌均英年早逝,出于名门体面,两人矢志守节数十年,最终艰难凄苦而终。因感于她们的操守,经族中士绅推举,乐安县奏请朝廷,在清光绪二十一年(1895年)建造此坊,旌表二人。此匾为横式石质,匾词为楷书阴刻勾线显字,三字匀横瘦硬、骨力遒劲、气概凌然,匾额有框,四角有

① 李学勤主编:《十三经注疏·尚书正义》,北京:北京大学出版社,1999年,第523页。

装饰图案，匾额上方书“旌表节孝国学董朝杰之妻张氏偕媳儒士金鳌之妻陈氏”一排红底楷书阴刻小字。匾额正中嵌有竖式石质匾，匾词为阴刻楷书“圣旨”二字。匾额下面饰有回字纹，整体为砖红色，显得庄严肃穆。

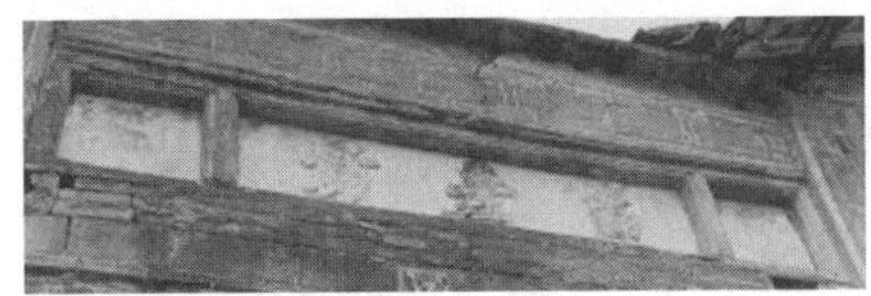

图 8-27　节孝坊

图 8-28　“节孝坊”匾

二、劝诫教化

(一)青花瓷字联

青花瓷字联是流坑村独一无二的、极具艺术性的对联，它联板长 135 厘米、宽 24 厘米，边框稍凸起，以红色为底，虽稍有褪色，但与蓝白相间的青花瓷字相配，仍显得颜色明目又不失质感。“立德立言家事法，为忠为孝古人心”14 个行书青花瓷字很有古典韵味。对联嵌有“汪守和”落款，落款下有两枚方形瓷印章，但字迹已然模糊不清。汪守和，江西乐平人，清嘉庆元年(1796 年)榜眼，官至工部尚书，他为人谨慎，为官谦恭，擅长书法，风格秀拔卓绝，自成一家。[①] 这副联原在九德堂内，现在这 14 字对联被仿写后挂在文馆。这副对联旨在以儒家学说所倡导的“内圣外王”主张为立意，告诫世人“立德立言”“为忠为孝”，建功立业。

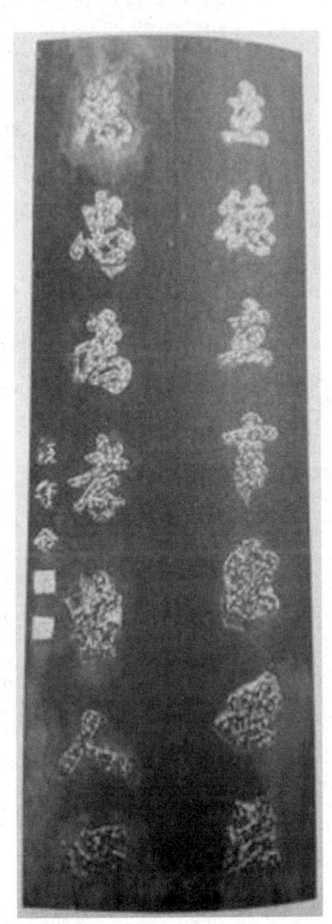

图 8-29　青花瓷字联

① 王鸿鹏等编著:《中国历代榜眼:榜眼名录》，北京:解放军出版社，2004 年，第 377 页。

（二）“升腾”匾

“升腾”书屋为董时望幼时的居所，此匾镶嵌在门檐上方。从外观看，该匾为灰质横式，匾词为楷书，匾底色为白色，匾词为阴刻黑色，字体体态俊逸、清隽奇肆。边框装饰有几何形花纹，整体典雅古朴。匾文虽只有二字“升腾”，但寓意非凡，它意为“升官、发迹”的意思，《后汉书·左雄传》载：“踊跃升腾，超等逾匹。”①

图 8-30 “升腾”匾

此匾虽有些残损，但它背后蕴藏的董时望小时刻苦读书的故事却激励着后人。董时望为流坑董氏第二十世孙，文肇·淳派胤昂房人，是明代流坑村唯一的进士，“授御史”时望为“十月遗孤”，靠母亲抚养长大。时望从小就极为刻苦努力，每到夜间，母子俩总是同在一盏油灯下，母亲纺麻织布，时望读书写字。时至更半，母亲令其就寝，时望遵意却藏灯而出，等母亲就枕入睡后，他再燃灯，静夜苦读。董时望于明成化十九年（1483 年）中举，次年登进士第，时年 34 岁。福建长汀董氏族谱载：“自咸淳七年（1271 年）董定得中进士，实为宋代流坑董氏进士之终。在以后的二百多年中，流坑的董氏未有大的起色。到明代成化二十年（1484 年）董时望中进士，才重续其脉，激励着子弟们跃上龙门，光宗耀祖。”②时望中进士对董氏家族求学之士来说是莫大的鼓舞，也是董氏家族名扬官场的又一开端。

---

① （南朝宋）范晔、（西晋）司马彪：《后汉书（下）》卷六十一《左周黄列传第五十一》，长沙：岳麓书社，2009 年，第 669 页。

② 福建长汀董氏族谱编纂委员会：《董氏族谱·闽汀新桥叶屋坊始祖念一郎公谱籍》，1999 年，第 599 页。

三、言心明志

“保世滋大”匾现存于流坑村桥西一个废弃的门额上，一面写着“应宿第”，另一面写着“保世滋大”，此匾为横式灰质，白底黑字，匾词为楷书，有框，匾边缘有黑色描边，四角饰有卷草，匾上方书有红底黑字的“福”字。

图 8-31　“保世滋大”匾

“保世滋大”出自《史记·祭公谏征犬戎》。穆王将征犬戎，祭公谋父谏曰：“不可。先王耀德不观兵。夫兵戢而时动，动则威；观则玩，玩则无震。是故周文公之《颂》曰：‘载戢干戈，载櫜弓矢。我求懿德，肆于时夏，允王保之。’先王之于民也，茂正其德，而厚其性；阜其财求，而利其器用；明利害之乡，以文修之，使务利而避害，怀德而畏威，故能保世以滋大”。[①] 这里的“保世”谓保持爵位或王朝的世代相传，“滋大”意为增益，加多。在《资治通鉴》中也有记载，“凡家世茂盛者，多以仁厚谦恭立教。故能保世滋大，不为造物之忌”[②]，意为大凡发达兴盛的世家，大多以仁厚和谦恭教化子孙，所以才能

---

① (清)吴楚材、吴调侯编选：《古文观止》，长沙：岳麓书社，2012年，第66页。

② 徐颂陶主编：《资政通鉴》第一册，北京：中国社会出版社，2003年，第259页。

保全世代，越来越兴旺。总之就是对自己家族繁盛兴旺的美好期待，匾额正上方的"福"字也是这种心理的体现。

四、歌功颂德

流坑董氏先辈董廷琨与董高年均被赐"廷试进士"匾。董廷琨"廷试进士"匾现存于村史馆内，为横式木质，底子为红色，匾词为楷书，阴刻贴金，字体浑厚质朴、端庄遒劲，边缘有框，无装饰。上款款词为"钦命翰林院侍读学士提督江西学政加三级记录五次梁为"，下款为"丙戌科正贡董廷琨立，皇清光绪十二年六月穀旦"，说明这是在清光绪十二年(1886 年)，受朝廷之托，由翰林院侍读学士梁某为董廷琨所授的"廷试进士"匾。董高年"廷试进士"匾为木质横式，匾词为楷书，字体端庄大气、遒劲有力，无边框，是清咸丰八年(1858 年)内阁学士兼礼部尚书、南书房行走、提督江西学政单懋谦为董爵先的五代孙董高年所立。

图 8-32　董廷琨"廷试进士"匾

图 8-33　董高年"廷试进士"匾

事实上，二人都为"正贡"，一个为"丙戌科正贡"，一个为"丙辰科正贡"。二人通过礼部的会试，成为贡士，均参加过廷试。为表彰二人在为官之时的功绩赐"廷试进士"匾，以激励后世子孙。

另外，清后期捐官现象严重，流坑因商贸发达，许多人通过经商成为当地有名的商贾。他们虽富甲一方，但还是会以"捐官取仕"的方式取得功名来显示自己的身份地位。因为有了这个"虚名"，他们的祖先也会相应得到加封，以此来使家族地位得到提升。比如董文晃一支，清代共有捐监者 41 人、捐散佚者 29 人，累计有 70 人，但考取秀才者仅为 22 人。在村中各民居建筑上也多能看到"大夫第""大宾第""儒林郎第""登仕郎第""州司马第"等匾额，这些都是通过捐官所得。

过去，匾联是流坑董氏彰显宗族荣耀、颂扬儒家思想的标识，今时，他们被赋予新的时代意义，成为流坑独特的旅游名片。这些故事通过导游的讲述，静态的匾联"活"了起来，丰富多彩的故事不仅道出了流坑的人文历史，还成为传播社会主义核心价值观的媒介。

第九章

流坑村的文化教育

流坑村有着古老的历史，这与其重视人才培养和文化教育密不可分。流坑村曾办私塾、设书院培育人才，宗族教育之风盛行，鼓励族人以书兴族。随着社会发展，流坑村开始兴建学校，开办幼儿教育和小学教育，并逐步走向普及化、规范化，办学条件等逐年改善，与此同时，家庭教育的观念和方式也在进步和提高。

第一节　宗族教育

流坑董氏是典型的宗族社会，早期的教育也以宗族教育为主。宗族内的私塾教育、文馆和书院学习是早期族人汲取知识的主要渠道。浓厚的儒家教育思想与严格的宗族教育实践，为流坑董氏科举文化的繁盛奠定了坚实基础。

一、私塾与蒙养

《易经》曰，“蒙以养正，圣功也”[①]，意思是说，从儿童时期起，就要对他们进行良好的教养，这是成才的必经之路。流坑董氏重视教育，尤重蒙养，素有“善贻谋”“端蒙养”“宗正学”之教育思想。[②] 董氏先辈们认识到，欲使家族兴旺发达，仅靠血统的维系和凝聚是远远不够的，还须用儒家的“修身、齐家、治国、平天下”、“存理去欲”、“以德性为本”及“致良知”的理论教育族人。因流坑董氏重蒙养，私塾之风一度盛行。

---

① 王辉编著：《易经》，昆明：云南人民出版社，2011 年，第 11 页。

② 六修流坑董氏合公族谱编委会：《流坑董氏合公族谱》卷一，2014 年，第 260～264 页。

私塾分为蒙馆与经馆。儿童入读蒙馆，名曰“启蒙”，须择吉日，另备香烛祭祀孔夫子。初入蒙读《三字经》《千字文》《百家姓》之类的经典。一年后，始读《幼学琼林》。另一种私塾称为“经馆”，入此塾读书者，开始求解，学作“八股文”(破题、承题、起讲、入手、起股、中股、后股、束股)。课本是“四书”“五经”“诗易经”之类。经馆内的教学师傅知识渊博，大都为庠贡、举人等饱学之士，学年无定，其俸禄由学生家长凑资或祠堂公产付给，有的由教书先生自己开鸿单招收，所交学费视其子弟程度而定，不是一律而定。蒙馆的教学师傅俸禄来源是由学生家长凑资，一般为当地颇有威望的才学之人，学生及家长对其都十分敬重。宗规“端蒙养”条曰：“本祠外为楼，题曰‘育贤’。横列五楹，左设东塾，右设西塾，各号房四楹，无非端蒙养之地也。每岁延文义优长者为举业之师，行谊端方者为童蒙之师。择族中子弟之聪俊者，群而教之。”其中又明确规定：对于族中“未成材”者，由“蒙养之师……教之歌诗习礼，以养其性情”；而对于“已成材”者，方由“举业之师……每季仲朔候考三场，以验其进修”。[①] 可见，流坑董氏明清的蒙养教育已和儿童心智发展的水平紧密结合起来，儿童有什么样的接受能力，就应该施行什么样的教育，可谓因材施教，而且在对孩子进行知识教育的同时，宗族同样重视孩童的品德教育。

宗族重视早期教育的举措，培养了一批科举应试的童子军。如董燧，自幼好学，在私塾读书时，常常跟在先生身侧，勤学多问。董裕，少时过目成诵，因私塾里老师常讲文天祥的故事，便以“立文公志，振大明纲”八字明其志。又如，董极六七岁能为章句，是同辈人的楷模，这些文化名人之所以后来能成就伟业，与其良好的早期教育和个人的勤勉好学是密不可分的。

二、书院与科举

流坑董氏在肇基不久的北宋早期就大兴教育，不惜巨资，建书院、立文馆、请名师，教育子弟，促成子弟走“学优而仕”之路，创造了家族科宦业的辉煌，并且逐渐形成科宦与文化、经济等事业相互促进的良好发展局面。明清时期，流坑村中大小书院林立，遍布闾阎里巷，心斋书院、雪峰书院、蓉山书院和西山书院等曾名重一时，不仅培养了一批批优秀学子，而且造就了不少名师。这不仅为我们了解古代流坑的文化教育提供了较好的物证，同时还

① 六修流坑董氏合公族谱编委会：《流坑董氏合公族谱》卷一，2014 年，第 264 页。

可从中窥见流坑的重教兴学之风。

书院的设立，是古代宗族教育的重要补充。明清时期，随着科举制度的不断强化，城乡开办书院日益兴盛。据明万历十年(1582年)所修族谱载，至明万历年间，流坑董氏所建书院共28所，包括子男书院、心斋书院、天芳书院、镜山书院、雪峰精舍、南庄书屋、习静书屋、困斋书屋、古南精舍、蓉山书院、龟川书屋、亦山书屋、直庵书屋、古松书屋、朴轩书屋、白石书屋、梅冈书屋、筠阴书屋、址泉书屋、西溪书屋、明英书屋、前峰书屋、月洲书屋、梅冈精舍、唯轩精舍、诏举书屋、大宾书屋、怀默书屋。至清同治年间增至40多所，加上曾氏等姓所建的书院就更多。由于时事变迁或兵火战乱，这些书院、书屋大都已毁于一旦，难寻踪迹，其建筑结构、布局规模等已不能细究，现存得比较完整的是文馆和升腾书屋。

江都书院，俗称文馆，始建于明代中晚期，清代前期曾大修，之后也有修葺，平面布局及主要构件仍保持了清初的格局和原物。在明清时期，文馆最主要的功能就是作为文人雅客交流品鉴学问的场所。当时流坑中人有识之士众多，大部分都远离家中，外出述职或求学，而每到清明、除夕等重大节日来临之时，身在异乡的游子便都会赶往家乡，在家中小住一段时间，而这段时间大家就会聚在文馆之中，品读诗书，探讨交流，与本村中人一同谈论在外经历和收获。偶尔还会有人将家中的子女一同带去，目的是使孩子能够尽早地接受文化的熏陶，并且能够像文馆中有才学的人一样，博览群书，学识渊博，也可向其中有名望的人请教学问，相互沟通答疑。民国时期，文馆则主要作为私塾，不同房派的几个大户人家会共同集资请私塾先生在文馆中开班授课。房中适龄子弟便会在规定的时间到文馆上课，所学课业由先生自行决定，课程时长与内容都没有严格的规定。到1949年，流坑小学搬至董氏大宗祠，东面是办公区与教室，文馆则作为学校的食堂和宿舍。有些居住较远的教师和学校部分工作人员就住在文馆，文馆西侧有偏厅和小花园，园前墙两侧辟有漏窗，中有“瞻之在前”四个草书字，此处作为学校的食堂和厨房，环境幽雅，地域开阔。直到培侨流坑小学建成，文馆便不再用作教育场所。目前，文馆已成为流坑景区中一处著名景点。[1]

升腾书屋，又称雪峰书院，位于流坑中巷中段的南侧，是一幢砖木结构

---

① 六修流坑董氏合公族谱编委会：《流坑董氏合公族谱》卷一，2014年，第349～350页。

的二层小楼，门楣上书有“升腾”二字，是明朝进士董时望少年时读书的地方。董时望，字民翘，号雪峰，流坑开基祖董合第二十世孙。勤奋好学，刻苦读书，最终考取进士，官授湖广道监察御史。族人为纪念这一盛事，将小楼称为“升腾书屋”“灯笼馆”，后又引申为“登云馆”，旨在勉励族中人勤于读书。

心斋书院，位于中巷口江边，为流坑开基祖董合第十世孙南宋名儒德修所建。兵部郎中王为之作《心斋书院记》，兵部尚书谭纶题书“潜心堂”匾。董德修，字仲修，号心斋，故其所建书院名为心斋书院。董德修一生布衣，潜心理学，培养了一批有名望的理学人才，后人对其评价很高。

西山书院，又名樽斋书院，位于流坑板桥村（今桥西）西山麓，为南宋知名理学家曾丰所建。南宋名臣、官至参知政事的真德秀曾就读此院，南宋民族英雄文天祥亦曾寓居于此，并有歌咏：“金鼓峰前草木萋，流坑原是古流溪。”①现仅有遗址，院舍全毁。

据清同治年间编修的《乐安县志》记载，乐安县计有城乡书院 64 所，列名为流坑董氏设立的书院仅为 11 所，所占比例并不高。除了江都书院、雪峰书院、心斋书院外，还列有如下 8 所书院。可能由于时有兴废，其中 3 所未见董氏族谱载录。

子男书院，在五王庙右，为长清开国男董敦逸、庐陵开国子董德元建立。

圆通书院，在流坑村中，中有缉熙堂，为董燧、董极建立。董燧讲学于此。

镜山书院，在墟上，董定得建，有祭田百亩。

中冈书院，在流坑村中，董良弼建，有祭田。

亦简书院，在流坑村中，董学文建，并有祭田。

蓉山书院，在桂林祠左，为董燧建。

焕文书院，在流坑，董其章建。

培风书院，在流坑，董慊轩建。

流坑董氏科举昌盛，震耀赣中。宋代，流坑董氏通过科举考试取得科名者 251 人，其中有如文武状元各 1 人，进士 27 人，特奏名进士 22 人，解试（相当于明清举人）161 人，因此流传着许许多多的科举盛事，有魁元武举第一、省试第一、廷对第一、发解国学第一、发解本州第一等数举，有父子叔侄

---

① 董流芳：《古韵流坑》，内部资料，2017 年，第 11 页。

兄弟一门五桂进士，有三子、四子、五子联科，有一门累世进士，等等。元代，举人 1 人，荐举 3 人。明代，进士 6 人，举人 14 人。清代，进士 1 人，举人 4 人。

根据 2014 年流坑村六修族谱《人物志 · 名位表》统计，自宋祥符七年(1014 年)至清光绪十七年(1891 年)，通过科举、荐举、封赠和功赏等途径(捐授除外)取得功名者 401 人(次)，其中宋代 279 人(次)，元代 6 人(次)，明代 99 人(次)，清代 17 人(次)。据不完全统计，上至参知政事、尚书，下至知县以下的官员 186 人。除仕宦外，教育学术、文学艺术、医学武术和经商贸易等方面也英才辈出，共有乡贤 13 人，著述 50 多部，有的著述还被宋代崇文四部、明代《永乐大典》和清代《四库全书》收录。

第二节　学校教育

唐末五代时期，董氏迁居于流坑，繁衍生息，提倡“重宗法”和“崇儒重教”，此后人才辈出、科举昌盛，得益于流坑中兴旺的宗族教育。中华人民共和国成立后，流坑村宗族教育的地位有所下降，被更为规范、系统的学校教育取代。

一、小学教育

新中国成立后，流坑人民的生活水平得到一定程度的提高，开始筹备建设规范化小学。流坑的小学先后经历 4 次校址变迁、易名 4 次，整体办学情况不断规范、完善。

(一)办学条件

1949 年下半年，原流坑私立瑶石小学，改为流坑村小学，校址设在文德公祠，只有一名负责人及一名教师，在校学生很少。1951 年后，因流坑村一直是牛田乡政府所在地，便将完全小学设于此，称“南田完全小学”。此时，社会渐趋安定，入学率有所提升，在校生有 67 人。1954 年，学校迁至秘阁校书祠与明斋绳武两先生祠，面积 800 平方米左右，教师食宿也在两所祠堂内。当时，学生已近 300 人。设有一到六年级，其中一、二年级各两个班，其他各一个班。“文革”期间，族人筹集大量的砖石、木材欲重建大宗祠，由于政府阻止而停建，遂将准备的材料在大宗祠遗址上兴建了流坑小学。1968

年，流坑小学搬至董氏大宗祠，文馆作为学校的食堂和宿舍。至2001年之前，流坑小学一直在此处办学。

2001年，国务院公布流坑村古建筑群为全国重点文物保护单位后，按照保护规划的要求，流坑小学须实施搬迁。同年6月，全国人大代表、香港培侨中学校董事会主席吴康民先生，率领香港爱国学校校监江西访问团到流坑村参观考察，其间在江西省人大常委会副主任全文甫同志倡导下与时任校长董福华先生的推动下，吴康民先生欣然答应以校方的名义，为搬迁、重建流坑小学捐资30万港币。当时清华大学建筑学院陈志华教授根据流坑村保护利用的总体规划，将校址选在流坑村的西侧，与状元楼毗邻。学校从2002年开始动工修建，2004年8月竣工，9月投入使用，2005年8月划归为县教育局直属单位，政府与校方为纪念吴康民先生的善举，感谢香港爱国学校的捐赠，将学校命名为“培侨流坑小学”。

图9-1　培侨流坑小学

图9-2　流坑中心小学

培侨流坑小学校园环境优美，教学设施齐全，校园总建筑面积2322平方米，有教学楼2栋，教室20间，均为仿古式两层砖混结构。两栋教学楼之间有一天桥，南北相连，前后相通，形成一体，方便阴雨天老师和学生从办公室到教室能够不淋雨。流坑村及附近村庄的人们纷纷将孩子送来读书，入学人数大大增加，至2004年入学时，学生人数达到800人左右，教育氛围良好。

近年来，流坑村大力发展旅游文化，当地政府经过统筹安排后决定在新村修建小学，将古村的培侨流坑小学作为研学基地。小学新址选在距新村村委会500米处，2020年上半年建成，10月正式投入使用。新落成的教学楼与原小学建筑风格一致，校园宽阔整洁，教室宽敞明亮，每间教室黑板上均配有电子显示屏，方便进行多媒体教学，在教学楼后方是食堂与教师宿舍楼。除此之外，学校还配有专门的体育器材室、音乐教室、健身器械等。

（二）教育理念

2004年，学校整体搬迁至培侨流坑小学后，在教学楼最醒目处的宣传展板张贴有能够体现学校教育理念的校训、校风等。如校训“爱众遵礼、协和创新”，校风“守纪明理、和谐向上”，教风“爱生务本、博学世范”，学风“乐学慎思、切问笃行”。“爱众”“博学”“慎思”“笃行”都是传统儒家思想所倡行的核心理念。流坑小学将它们作为办学理念，反映了广大师生的价值追求，增强了学校文化的感染力和凝聚力。

教育部在《关于指导推进家庭教育的五年规划（2016—2020年）》以及《全国家庭教育指导大纲（修订）》等文件中强调，要“规范推进全国家庭教育指导服务，强化家长家庭教育主体责任”，“指导各地各校加强家长学校建设”。具体到流坑，学校在每学期期末都会召开一次全校规模的以班级为单位的家长会，并且每个班级都会建立家长与教师的微信群，方便家长与老师针对学生心理健康状况、作业完成情况及时沟通。校长会为每位教师布置家长会的各项工作，并安排各班子成员监督实行；班主任和各任课教师分别就孩子的安全、在校表现、学习成绩等几方面情况进行介绍；家长们在会上和会后发表自己的想法，和老师们交换自己的培养心得；教师同时会帮助家长树立科学的育人理念，掌握一定心理疏导知识，学会疏导孩子不良情绪，及时发现心理问题并进行干预，帮助孩子树立正确的人生观、价值观，构建良好的亲子关系。学校十分注重人性化的管理，增强班集体的凝聚力，尊重学生，关爱学生；加强民主化管理，为学生提供良好的成长氛围，并且倡导自主化管理，发展学生的个性和闪光点。

（三）乡土教育

2014年，教育部印发了《完善中华优秀传统文化教育指导纲要》，明确提出“小学低年级，以培育学生对中华优秀传统文化的亲切感为重点，开展启蒙教育，培养学生热爱中华优秀传统文化的感情”，“培育热爱家乡、热爱生活、亲近自然的情感”；“小学高年级，以提高学生对中华优秀传统文化的感受力为重点，开展认知教育，了解中华优秀传统文化的丰富多彩”，“热爱祖国河山、悠久历史和宝贵文化”。流坑村历史悠久，人杰地灵，民俗文化灿烂，培养青少年热爱自己的家乡、积极投身家乡建设十分重要，各级政府和部门密切关注流坑教育的发展并给予大量支持和帮助。

乐安县委、县政府在2015年委托培侨流坑小学工会委员会成员董流芳编写《古韵流坑》一书作为地方性教材，编者立足流坑历史文化、人文景观、建筑艺术、风俗民情等，共编排了“人杰地灵毓流坑”“崇文重教兴流坑”“爵位显赫耀流坑”等12课，介绍流坑历史、教育、名人、名胜、艺术、民俗、物产，该教材经三次易稿，对流坑的人、事、景、物进行了详细分类，逐步细化，凸显古韵。[①] 时至今日，流坑中心小学的学生每周仍设置一节地方课，专门用来了解自己的家乡，学习家乡的文化。如在流坑风俗民情中介绍的傩舞，这是一种形式活泼、气氛热烈的传统舞蹈，村民又称为“玩喜”，表演分“文场”和“武场”。“文场”有二胡、笛子、大小唢呐等乐器演奏，“武场”则为全套打击乐器。学校曾请当地的流坑傩舞团成员进入学校，亲身教授学生跳傩舞，之后挑选学生进行集中训练，排练节目，代表流坑去往抚州市参加比赛，并获得了市级三等奖。

图 9-3　流坑小学校本教材

除了在课堂上教学辅导，学校还在校园中进行乡土文化的传播。流坑小学有自己的校歌，由游国安、董祈昌作词，周建明作曲，名字叫《流坑是我好家乡》，歌中唱道“流坑是我好家乡，千古一村四海扬。古村民居甲天下，人杰地灵谱华章。匾额字画皆美景，点点滴滴不可伤”。歌词朗朗上口，旋律简单易学，高度概括颂扬了流坑文化。在培侨流坑小学教学楼的回廊中和教室边，挂有十张关于流坑古村的名胜古迹、文化遗址的宣传展板，上有图片和简介，并附有对仗工整的醒目标语，如“敕书楼中书万卷、供以子弟笃学行”“坎坷难磨青云志、状元郎名天下荣”“五桂齐芳题金榜、董氏功名四海扬”，分别介绍的是敕书楼、状元楼、五桂坊；还有对董氏杰出先祖事迹的赞

① 董流芳编著：《古韵流坑》，内部资料，2017年，第1页。

颂，共八张展板整齐排列，如“辗转立志研书法、留与后人楷模形”“矢志不移战科场、白须老翁翰林郎”分别描写了董士标和董光乾的事迹，通过缅怀先祖励志修业，激励年轻学子后辈发奋刻苦，立身做人、拼搏向上，热爱祖国、热爱家乡，增强民族自豪感和建设美好家园的使命感，帮助青少年树立正确的世界观和人生观。

（四）素质培养

自改革开放以来，党和国家始终把提高全民族的素质作为关系社会主义现代化建设全局的一项根本任务，而素质教育更是重中之重。2017 年，教育部先后印发了《关于深化教育教学改革全面提高义务教育质量的意见》以及《中小学德育工作指南》，指导各地各校深入贯彻党的十九大精神和全国教育大会部署，落实立德树人根本任务，遵循教育规律，着力坚定理想信念，厚植爱国主义情怀，加强品德修养，增强综合素质，坚持“五育”并举，突出德育实效，提升智育水平，强化体育锻炼，增强美育熏陶，加强劳动教育。流坑小学在对学生进行素质教育培养时，主要开展了以下几方面的工作。

首先是设立少年宫。培侨流坑小学主教学楼的 5 间教室除了在平时作为学生的课堂外，每周二至周四下午 16：00—16：50 便作为少年宫的活动中心。5 间教室分别为经典诵读室、棋类室、美术室、音乐室、小制作室。学校为每一项活动购置了必需的物品，如书籍、象棋、围棋、画册等，每个活动中心都配有一位专门的辅导老师，负责教授、辅导学生们进行活动。

其次是在每年冬季举办运动会。至今为止，流坑小学的冬运会已举办十一届，时间大多是每年的 12 月。比赛共有 7 个项目，分别为以班级为单位的七彩阳光操、以个人为单位的立定跳远比赛、跳绳比赛、50 米短跑、80 米短跑、仰卧起坐比赛、乒乓球比赛，最后进行拔河比赛，在学生们的项目结束后，教师也会举行一场友谊拔河赛，为冬运会竞赛画上句号。此外，流坑小学还开设了乒乓球教学课程，一、二年级的学生在每周的体育课上都会进行乒乓球练习，体育老师会对学生进行一对一的指导。学生升至三年级后，便不会在体育课上继续学习，而是进行课间操、跳绳、跑步等项目的训练，对乒乓球有兴趣的学生可找老师进行单独辅导，然后在学校自行练习，由学校提供场地和器材。这样既避免了对所有学生单一枯燥的训练，又能照顾到热爱国球的学生的特长发挥。

(五)教育扶持

根据《江西省人民政府办公厅关于进一步加强控辍保学提高义务教育巩固水平的通知》(赣府厅字〔2018〕52号)规定:义务教育"双线控辍保学责任制",即以县级人民政府为主体,县、乡镇(街道)、村(社区)一条线,县级教育行政职能部门、学校、班主任(教师)一条线,分线层层签订控辍保学目标责任书,将控辍保学目标细化到乡、到村、到校、到班,落实到人,切实做到"精准控辍"。

流坑当地村委和村小组全面掌握本村义务教育阶段适龄儿童、少年入学情况,一方面做到底数清、入学清、失学辍学情况清,特别是所有的建档立卡贫困家庭子女入学情况,掌握他们的就读信息和享受资助的情况,建立了控辍工作台账。另一方面,全面落实家庭经济困难学生资助政策,实现"应助尽助",确保建档立卡贫困家庭学生享受资助全覆盖,对失学辍学学生制定"一户一案,一生一案",实行"人盯人,一对一"管理,逐一落实劝返复学责任。在当地建档立卡的贫苦家庭学生,学前教育按每人每年1500元标准发放资助金;义务教育寄宿生按每人每年小学1000元、初中1250元标准发放资助金(非寄宿生减半);普通高中(公办)免学费,按照每生每年2500元标准发放国家助学金;考取高校的当年发放高考入学政府资助金5000元;中等职业教育(公办)免学费,一、二年级学生按照每生每年2000元标准发放国家助学金。同时抚州市对义务教育建档立卡学生免费提供教辅材料、校服、学生意外伤害保险,对中考报考师范定向类建档立卡应届考生降20分录取。

此外,近几年开始在流坑村考取二本及二本院校以上的学生(户口需在本地),可获得由村委会奖励的升学资金,奖金为专项教育资金,由村委会以及扶贫单位两方集款。2020年所用款项由抚州市城市投资建设有限公司捐赠,考取二本奖励400元,一本奖励600元,研究生奖励1000元。2020年,流坑村考取二本及以上学历的学生共有18人,其中有研究生2人、一本3人、二本13人,来源家庭为贫困户的有4人(详见表9-1)。

表 9-1 流坑村 2020 年取得本科及以上学历的学生统计表

编号	学生姓名	录取院校	住址	是否贫困户	学历
1	董 HF	河北医科大学神经病学专业	墟上巷	否	研究生
2	董 LP	江西师范大学学科教学(数学)专业	墟上巷	是	研究生
3	董 JJ	浙江大学	中巷	否	本科
4	董 JC	南昌航空大学	龙岗西	否	本科
5	董 HX	广东海洋大学	庆公祠	否	本科
6	董 WP	江西科技学院	闯家巷	否	本科
7	董 YS	常州大学怀德学院	中巷	否	本科
8	董 MM	南昌大学	民居巷	是	本科
9	董 YY	九江学院	中巷	否	本科
10	董 FQ	江西理工大学	沙上	是	本科
11	董 WL	江西服装学院	沿河路	否	本科
12	董 SS	嘉兴南湖学院	隆巷	否	本科
13	董 MW	江西工程学院	西屋下	否	本科
14	董 XH	天津仁爱学院	沿河路	是	本科
15	董 SQ	大连民族大学	中巷	否	本科
16	董 Q	南昌师范学院	闯家巷	否	本科
17	董 JL	闽南师范大学	西屋下	否	本科
18	董 L	长春建筑学院	街上路	否	本科

资料来源:根据村委会材料编制。

除了对学生的资助外,当地还对教师有部分优待政策,如在抚州市全市二级以上医院及有条件的银行和行政服务窗口设立教师优先窗口、全市政府经营性景区对教师免门票、教师在政府性体育场馆运动享受半价优惠、每年为教师免费安排一次常规性体检、鼓励支持教师参加学历提升和培训等等。凡在流坑小学、幼儿园具有教师资格证、从事教育教学工作的在岗教师,均可享受以上教师优待政策。如此,流坑村教师队伍建设得以不断加强,为当地教育事业发展营造良好环境。

二、幼儿教育

(一)幼儿教育的普及化

中华人民共和国成立后的很长一段时间，流坑幼儿教育衰微，只有少部分儿童会跟着小学一年级的学生旁听。直至2000年左右，牛田镇上开始兴办幼儿园，此时流坑村民才陆续将孩子送到幼儿园读书。幼儿园会有校车早晚至村口接送，但因路程较远，在路上花费的时间很多，对于家长和儿童来说都是一种负担。2004年9月，培侨流坑小学建成，并开设幼儿班，面向流坑村以及附近村庄招收幼儿园儿童，招生范围为三周岁到五周岁的幼儿，可谓流坑村第一所现代幼儿教育机构。

培侨流坑小学附属幼儿园配备活动室，以及独立的幼儿活动区，购置了滑梯、中小型玩具、幼儿课外图画册。为了更加规范地管理，培侨幼儿园制定了一套比较严格的安全管理制度，即晨午检制度、疾病预防传染制度、教师值班制度、卫生安全制度、门房管理制度、幼儿午睡管理制度、教师上下班管理制度。同时在课程设置方面逐步完善，有体育课、美术课、音乐课、语言课、数学课、礼仪课以及娱乐活动时间。培侨流坑幼儿园的招生情况在初始几年还算乐观，入园儿童有数十人之多，但随着村中人口不断外流，年轻人外出务工，入园人数逐年降低。至2020年，小学附属的幼儿学前班已不再单独分班，而是与一年级的小学生共同上课，旁听半学期后再与下一届的一年级学生一起入学，目前每个一年级的班级中均有两到三名学龄前儿童。

2010年《国家中长期教育改革和发展规划纲要(2010—2020年)》确定了“优先发展、育人为本、改革创新、促进公平、提高质量”的方针，要求到2020年实现基本普及学前教育的目标，并要求明确政府发展学前教育的职责，进一步明确了非义务教育实行以政府投入为主、受教育者合理分担培养成本的投入机制，提出了农村学前教育推进工程。同年《国务院关于当前发展学前教育的若干意见》明确指出学前教育必须坚持公益性和普惠性，在投入上要以政府投入为主，同时对农村学前教育给予了足够的关注和重视，要求地方政府切实解决“入园难”的问题。流坑村相应政府政策，经历近十年的发展，幼儿教育已基本得到普及，如今几乎每户人家中年满三岁的孩子都会送到幼儿园中接受教育。

(二)幼儿教育的规范化

流坑村的幼儿教育真正开始走向规范化应肇始于当地第一所独立幼儿园——龙岗西幼儿园建成。2017 年 3 月，龙岗幼儿园经过房管局、安全局、交管局、民政局等单位批准获得办校资格。2018 年 9 月 1 号，校园开始动工，同年 7 月份完工，2019 年开始招生。因所在地为龙岗西，幼儿园定名为“龙岗西幼儿园”。园内配套娱乐设施相对完善，配有蹦床、滑梯，均为耐用环保材料，花费 1 万到 3 万元不等。园内全部墙壁由绿色无污染的颜料涂鸦，颜色艳丽，充满童真。幼儿园整体共有 4 层，一楼为教室及活动区，另有一间厨房用来准备儿童的餐食，二楼为午睡区，三楼为存放杂物区，四楼是幼儿园老师的宿舍及园长办公室。所有学生经过的地段都做了一定程度的特别处理，如教室里与教室门前的走廊均铺设防滑地砖，活动区的平台铺有防滑地毯，一楼到二楼的楼梯均用软的橡胶垫处理，防止儿童上下楼时的磕碰。

图 9-4　流坑龙岗西幼儿园

目前龙岗西幼儿园共有学生 103 人，年龄在 3～7 周岁，分为大中小三个班，每班有 30 人左右，每个班级配有两名老师，一位负责生活，一位负责教学。生活老师主要负责幼儿的饮食、午睡、穿衣，以及平时的上下学照顾，教学老师负责教学，教小朋友拼音、识字、简单算术、英语、画图等，两位老师共同协作孩子们的娱乐活动。70%的生源来自流坑村，其余则来自附近村落。幼儿园配有两辆校车，专门用来每天早晚接送孩子上下学，从周一至周五，每天早上 6∶30 出发，一共需要接三个来回。学校有严格的作息时间表，9 点之前需完成洗漱、早间操。9 点开始上课，一节课 45 分钟，课程大致有文字、数学、图画等，之后是午饭与午睡时间。下午两点半是用点心的时间，然后有一节学习课程。到下午 4 点，一天的课程就结束了，一般会安排校车送回，有些住得较近的会有家长来接。幼儿园的老师或家住在镇上或是附近村中，他们周一至周五住在园里，周末回去两天，每隔半年会去县城里或省里培训一次。教学教师大都是专门从事幼教专业的，具有较长的幼儿教育经验。生活老师则从牛田镇或本村聘请，要求具有一定的幼教经验，具备耐心以及责任感。

第三节　家庭教育

一、教育方式与观念

流坑村家庭教育方式是多元的，也是随着社会经济环境在变动的。随着城市化进程的发展，流坑村与大多数农村地区一样，陷入了人口老龄化、青壮年人口外流的状况中，于是在对于儿童的家庭教育方面，教育主体自然而然地就由父母变成了祖父母，形成了所谓的隔代教育。在隔代教育中，往往对其采取放任状态，祖父母与孩子的沟通很少，因年龄差距比较大，本身就存在代沟，没有太多的共同话题可以互相交流，再加上长辈对孩子的溺爱比较严重，忽视了对孩子正确的价值观的引导。而且由于自身文化水平不高，祖父母无法承担起辅导学业的重任。总的来说，隔代监护下的家庭教育在一定程度上依赖学校教育，但最近几年状况有所改善，有一部分年轻人为了子女的教育回到流坑，对子女的教育问题愈加重视，在教育方式上有所改进。

选择回到家中教育孩子的以女性居多，往往是父亲在外打工，母亲回家育儿，住在朝朝街街口的游女士在谈到对子女的教育问题时这样说：

> 我有四个孩子，最大的在上小学，最小的明年上幼儿园，我平时就偶尔在村中带旅游团，剩下的时间都用来照顾孩子，我对他们都是一视

同仁，不会有什么重男轻女的想法，谁做错了就是错了，很少打骂，除了涉及原则问题的时候，因为这个时候我不好好管教就是害了他。我之前上过学，我家的兄弟姐妹都上学了，所以我教育孩子还是比较方便的，课后作业基本都是靠他们自己，我就是看一下平时考试的情况，剩下的不会过多要求，考得好了就给买些新玩具，或者给点零花钱，如果退步很大就要平时管得严一些了。我还是觉得让他们有一个快乐的童年非常重要，而且父母的陪伴也很重要，这段成长的时间错过了就不再有了，不想让孩子有这种感情的缺失。①

游女士的教育方式其实是村中很多年轻父母家庭教育的缩影，放弃在外务工回到家中照顾孩子是他们眼中更重要的任务，教育投资有所增加，无论是金钱还是时间；子女受到的关注度更高，叛逆、内向的孩子相对来说比例更小。同时也不会再像传统封建的父母对孩子进行打骂，而是采取沟通交流的方式进行教育，延长陪伴时间，使家长与孩子共同成长。

在传统观念中，一个家庭里只有男孩能上学，且对成绩不太在意。随着社会的进步和发展，流坑人的教育观念也在不断发生变化。尤其是在我国普及义务教育后，家中子女无论男女都鼓励上学，家庭生活重心逐渐向子女教育上倾斜，人们越来越重视子女教育。家长对孩子的学习关注度上升，许多家长十分坚信知识可以改变命运，成绩优异、考上名校无论对孩子还是家庭都非常重要。一部分有条件的家长会从村中搬出，在县城中租房甚至买房，或者在学校附近租赁学区房方便陪读，一切以孩子的学习问题为重，同时也会为孩子的学业做好未来规划。家住贤伯巷的陈女士在访谈时谈道：

县城里建了一所新的私立中学，只招收各个地区成绩最好的学生，学费也更高一些，每门成绩都要在95分左右才能去上，从初一开始就封闭式管理，说是任课的老师都是从外地请的教学经验非常丰富的，孩子提高成绩特别快，基本上从那毕业的学生就不愁以后高考了，都能考上不错的大学。我现在就希望我孙子啊能考上那个学校，他现在上六年级，在班上成绩一直都很好，平时也没看他怎么学习，但是就是比较聪明，有些题一看就会，明年六月份就要考试了，按照目前的成绩来看是有希望上的，要是真考上了以后就不愁了。②

---

① 访谈对象：游某，女；访谈时间：2020年11月22日；访谈地点：访谈对象家中。

② 访谈对象：陈某，女；访谈时间：2020年11月23日；访谈地点：访谈对象家中。

为了学生能够有优异的成绩，家长会付出很大的努力，并且对子女有很高的期望值，基本上在接受义务教育阶段，孩子能考到哪所好的学校，家长就会无条件地支持，甚至为此创造最好的条件。

家长的教育观念也在日益科学化、合理化。比如有些家长在面对孩子的考试成绩时，不会只看分数的高低和排名的先后，会去分析孩子的进步或退步，不以班级排名以偏概全，而是会看孩子的成绩在全年级的排名有没有进步。另外很多家长对孩子的成绩不是特别看重，而是着重培养他的兴趣爱好和身心健康，帮助孩子树立良好的品德和友善的性格，不将自己的意愿强加给孩子，将孩子的快乐看得更为重要。家庭教育观念的提升也能够有力促进孩子的学习进步，以及良好心态的养成。

被誉为“千古第一村”的流坑，钟灵毓秀、文化灿烂、人才辈出，得益于这里深厚悠久的教育历史。走过唐宋明清的宗族教育，延续着崇文重教的文化传统，更是培养了许多仁人志士与显赫人才。而学校教育使这里的人民更能广泛受到教育的惠泽，幼儿教育逐年规范化，小学教育在办学条件、教育理念、素质培养等方面均有提高，与之匹配的家庭教育也在逐渐向好，教育方式得到改善，教育观念得到提升，流坑村的教育将始终在前人的勉励下不断向前、科学发展。

二、家风教育

传承优良家风是今流坑家庭教育的主要内容之一。流坑董氏族人认为家风有教化风气、涵养人心的作用，故重视优良家风的传承，尤其是先辈对族人教育的重视、对节气的培养。

流坑董氏重教育、重进取，历史上的科举文化深深影响董事后人，关于先辈耕读传家的故事更是耳熟能详。董淳，流坑开基祖大司徒合之曾孙。在董淳少年时期，正值北宋政权统一、社会稳定之际，朝廷采用偃武崇文、重用儒生之策，大开科举之门，董淳的父亲和大伯认识到读书的重要性，便致力家中子弟学业，走读书—科举—仕官之路，并积极参与创办书院，逐渐令族中形成崇文重教之风。在族人的支持和激励下，董淳成为流坑第一名进士，其四子也先后中举。在此之后，流坑科举文化繁盛一时，至今仍可看到矗立的状元楼、悬于祠堂的“父子进士”“兄弟联科”匾额，先辈中举的故事世代流传，为后人树立了榜样，影响深远。

董氏族人还重节气，其中最为著名的典故出自凤凰厅。凤凰厅为明代后期流坑儒商善士董国举之宅。宅中照壁形象反映董国举之家风，如左侧的四季图以简朴的手法绘制出梅花，梅有傲世之风骨，代表了一种不向恶势力低头之气节，同时绘有出淤泥不染的荷花，教育后代要有绝不逢迎权贵、顽强不屈的傲岸品格。右侧图绘制了芙蓉与牡丹，为荣华富贵图，另有突出的桂花树，是希望后代蟾宫折桂，金榜题名。中幅为丹凤朝阳图，又称爵禄封侯图，图中间最显眼的为两只凤凰，代表主人的名号，有“凤鸣岐山”之意，凤凰望着太阳，即为丹凤朝阳；山坡上有喜鹊，下面是奔跑的梅花鹿，一猴子伸手去抓三只飞舞的小蜜蜂，此为雀鹿蜂猴，引申为爵禄封侯（爵位、俸禄、封官、诸侯），代表了主人对后代寄予的厚望。此三幅又称连升三级图，构思巧妙、意义深远、栩栩如生、寓意深远、催人奋进，影响着一代又一代的流坑董氏族人。村中许多年轻的父母带着孩子来到凤凰厅，给孩子讲述照壁上的故事。

先辈重教育、重进取、重节气的董氏家风的故事就这样口耳相传地保留至今。今日，走进流坑村，关于凤凰厅的故事、关于先辈科举考试的事迹，人人都能讲出一二。家长更是将这些作为激励、教育后辈的家风故事。

第十章

流坑村的旅游开发

流坑村历史文化丰富，村落古建筑保存完好，旅游资源丰富。自20世纪80年代始，流坑的旅游事业便受到了各级政府、各界人士的关注，并逐渐步入正轨。当然，在旅游开放的过程中，旅游资源的保护同样引起流坑当地相关部门的重视。

第一节　旅游开发历程

流坑古村被世人所知源于20世纪80年代。1989年8月，江西省著名历史学家周銮书到流坑实地考察，发现流坑古村文物种类繁多，古貌依旧，且有309栋明清古建保存完好，遂写下了《初访流坑村》《千古一村：流坑历史文化的考察》等著作。这些书不仅书写了流坑源远流长的历史，而且探究了流坑古建筑的文化内核。自此，流坑的历史文化渐为外人所知晓，并逐步得到重视，成为地方旅游开发的重要资源。

一、旅游开发的缘起

1996年3月，中共江西省委宣传部副部长周銮书在庐山召开的全国文物会议上结识了罗哲文教授，并邀请罗哲文教授及其他国家文物局专家来流坑考察。因此，1996年11月国家文物局古建专家罗哲文教授、文物专家郑孝燮等专家对流坑村进行了考察，认为“流坑古村保存完好、文物丰富，村落建筑都有自己的特色，须对许多文物、古建进行抢救、登记、鉴定，充分对这座古村进行保护、宣传、研究和利用”。国家文物局专家对流坑的考察，立即引起新闻单位的高度重视。同年11月19日，《光明日报》发表了《江西千年古村流坑，中国古代文明缩影》一文，全国引起轰动。时任中共中央政治局委员、国务委员李铁映同志做出重要批示，于11月19日批示给国家文物局局长张文彬说："此事如实，应责江西文物局尽快制定条例，保护起来，并搞规划，给予支持保护。"这一批示使流坑村的保护工作得到了国家文物局、江西省人民政府和省文物局的高度重视与支持。1997 年 8 月初，国家文物局局长张文彬专程考察流坑村，对流坑古村给予了高度评价，认为流坑村具有极高的历史价值、学术价值、艺术价值及文物价值，特别推崇其精美而完整的建筑艺术，挥笔为流坑题词："千古第一村"。1997 年 8 月 22 日，江西省人民政府特批流坑村为江西省历史文化保护区，其中 21 处古建筑及遗址公布为省文物保护单位。同年 11 月，在国家文物局政策指导下，江西省文化厅、文物局、博物馆、文物考古研究所及抚州文化局、乐安县文化局对流坑古村文物保护、文物鉴定做了众多工作调查后，江西省文物局正式批准流坑村为江西省重点文物保护单位，并制定了针对流坑村的文保政策、法规和条例，并向国家文物局申报"国家重点文物保护单位"。

由于流坑古村丰富的历史底蕴及古建文化，新闻记者们争相报道，使得流坑古村受到更广泛的关注。一些游客开始慕名而来，江西省乐安县委、县政府致力于流坑古村保护的同时开始发展旅游业。当时流坑古村位置偏远，进村公路尚未修葺，进村十分不易。为完善流坑古村的基础设施，促进流坑的旅游开发，江西省乐安县委、县政府拨款出资修建了一条由乐安县城至流坑古村的公路，解决了进村难的问题。自 1996 年以来，乐安县委、县政府就将流坑古村落的保护、开发利用工作列入日程，于 1997 年先后成立了由县文化部门管理的流坑文物管理局及乐安县流坑古文化保护利用工作委员会，全面负责流坑的保护、开发利用和管理工作，具体负责流坑文物保护、修缮及各项申报工作，同时还指导流坑旅游开发经营，规划开发旅游景点、旅游商品，培训旅游从业人员，管理导游及出售门票等工作。这一期间流坑古村的旅游开发工作悄然起步，在搞好古村文物保护的基础上，对流坑旅游资源进行了初步开发。

二、旅游开发的经过

作为旅游开发地与文物保护单位，流坑在旅游开发过程中始终贯彻旅游与文物保护齐头并进的模式。为了科学地保护古建筑和传统民居聚落，在村落发展中既发扬优势，又避免对古建筑的破坏，乐安县政府委托清华大学建筑学院建筑历史与文物保护研究所针对流坑古村旅游、保护两手抓的情况，做出具体保护规划。1998 年 5 月，《江西省乐安县流坑村古村落保护规划》完成，这个规划奠定了流坑旅游业长期发展的根本。

按《江西省乐安县流坑村古村落保护规划》的要求，流坑古村实行分区（重点保护区、一般保护区、建筑控制地带）分级（省、县文物保护单位，精品建筑，一般保护建筑）保护，并着手文馆、秘阁校书祠、明斋绳武先生祠等重要古建筑的维修工作。做好古建维护的同时，为凸显古建筑的文化展示功能，挑选出国保级的古建作为文化专题展览馆，以确保流坑古建筑、古文物的可持续利用。如将文馆作为流坑村历史博物馆，陈列流坑重要文物、历代名人著作以及展示流坑村史；蓉山亦山两先生祠作为流坑科举成就和历史人物资料陈列室；宋赠屯田董公祠作为流坑董氏宗族历史展览馆，集中展示流坑宗族制度及董氏宗族发展的历史；秘阁校书祠作为流坑民俗文化展览馆，展示富有特色的民俗文化的实物展品、手工艺品和日常器物等；仰山庙大戏台作为傩戏展示馆，展示流坑傩戏用具和资料，并定期进行表演。

与此同时，流坑文物管理局及乐安县流坑古文化保护利用工作委员会耗时 4 年，对流坑古村的古建筑进行鉴定、登记及申报。2001 年 6 月 25 日，流坑村古建筑群被列为第五批全国重点文物保护单位，2003 年 11 月又被国家住建部、国家文物局命名为中国首批历史文化名村。为理顺流坑村的管理体制，更好地对流坑文物进行保护及旅游进行开发，2004 年 5 月撤销流坑文物管理局，成立流坑管理局。2008 年 1 月，乐安县委、县政府为进一步完善流坑管理体制，明确规定流坑管理局专事文物保护和旅游开发工作。2012 年 8 月 3 日，乐安县人民政府办公室下发《关于理顺流坑古村管理体制的通知》（乐府办字〔2012〕67 号），规定流坑村的文物保护、旅游开发、环境卫生、教育、安全与消防、社会稳定、扶贫移民、建设规划等八个方面工作归县流坑管理局管理。

自流坑管理局成立以来，流坑文物保护工作成果显著。首先是争取各级资金修缮流坑古建筑。2010 年，乐安县政府投入 160 万元对文馆、武当阁和状元楼等进行维修，抢救修缮古建筑面积达 5300 平方米。同时流坑管理局利用村民捐资对环中公祠、乐善公祠、高明广大坊等 13 处宗祠、庙宇古建筑进行修缮。为保护好流坑古建筑群，2012 年开始，乐安县积极争取国家重点文物保护单位专项补助资金，由省、市文物保护部门聘请拥有甲级资质的文物保护公司有序对流坑古村国保点进行修缮，并联合流坑管理局一起负责流坑古村的文物保护工作。目前已修复 262 处古建筑中的 108 栋，其余的还在陆续修复中。其次，管理局还负责拆除乱搭乱建及村庄环境的治理。通过整治巷道卫生,改善了村容村貌。对龙湖的整治既达到了绿化、亮化、美化的效果,也营造了最优、最美的旅游环境。最后,管理局合理规划新村,积极解决村民住房需求,将村民迁至新村,缓解了古村落的人口压力①。

流坑自开展文物保护工作以来,旅游开发也在同时进行。2012 年 7 月,为了更好地保护利用古村落及缓解古村人口压力,流坑管理局委托深圳市国际物业国际建筑设计有限公司、江西师范大学城市规划设计研究院分别编制了《流坑旅游新村规划设计方案》与《乐安县流坑历史文化名村保护规划(2014—2030 年)》。2013 年 4 月 3 日,被江西省人民政府列为省级风景名胜区。2013 年 12 月,深圳市艾肯弘扬咨询有限公司针对古樟林及流坑古村的发展保护分别作了《流坑——古樟林文化生态旅游区总体规划》和《流坑文化生态旅游区总体规划》。

2014 年,随着流坑管理局工作重心的转移,流坑的旅游开发也迎来了春天,实现了从无序开发到有序发展的转变。2014 年 1 月,经江西省旅游景区质量等级评定委员会评定,乐安县流坑古村景区达到国家 3A 级旅游景区标准,被批准为国家 3A 级旅游景区。2014 年 5 月 1 日,流坑管理局正式对外运营,之前规划设计的景区游客服务中心、停车场也正式投入使用。与此同时,还设置了景区出入口检查岗,在游客服务中心设置售票口。为规范化管理,营造安全有序的旅游环境,游客一律乘坐观光车进入景区,减少在流坑景区内车流量。流坑管理局为更好提升流坑知名度,利用各种方式来宣传流坑古村旅游,如在流坑公路沿线设置巨型广告牌,在江西电视台天气预报节目增加流坑景区广告,新建了流坑景区官方旅游网站、微信公众号及微博等,以达到提升流坑景区知名度的目的。同年,乐安县编制了《流坑文化生态旅游区总体规划》,对流坑景区进行了初步品牌定位,正式提出以"千古第一村"的流坑景区为核心,把乐安县建成集古村文化观光、生态休闲度假为一体的人文山水旅游胜地的战略目标。

继申报为国家 3A 级旅游景区后,流坑景区一直积极为申报国家 4A 级旅游景区努力,并成功于 2016 年 2 月 18 日被评为国家 4A 级旅游景区。2016 年 10 月,流坑景区被江西广播电视台和江西省旅游发展委员会评为

① 访谈对象:董绍平,男,流坑管理局副局长;访谈时间:2020 年 11 月 12 日;访谈地点:流坑管理局会议室。

精品景区。次年 5 月，被中共抚州市委宣传部抚州市旅游发展委员会评为“抚州新十景”。为将流坑古村从省级风景名胜区列为国家级风景名胜区，2017 年省城乡规划设计院完成了申报国家级风景名胜区的《资源调查评估报告(2016—2030 年)》、《总体规划大纲(2016—2030 年)》，为申报国家级风景名胜区做好了准备工作。

图 10-1　流坑景区游客服务中心

三、旅游开发的未来规划

流坑景区的旅游开发一直以政府为主导，但流坑管理局自成立以来职责体制经过多次不断修改，许多具体工作仍存在部门分割不清的状况，且乐安县旅游局与流坑管理局属于平级单位，曾存在各自为政、管理上无序与冲突等现象，旅游资源无法统一协调，使得流坑旅游很难快速发展。流坑管理局成立前几年工作重心主要用于流坑古建修复及环境整治，对于旅游资源的开发甚少，导致流坑景区的旅游发展一直不温不火。为改变这一现状，流坑管理局计划将于 2021 年 3 月正式组建旅游公司，以此专门负责流坑的旅游开发。

目前，流坑管理局已和北京合润鼎泰旅游公司接洽并签订合同，该公司计划投资约 60 亿元人民币用来打造流坑文化生态旅游开发项目，以推动流坑景区的高质量发展，计划在 5 年内将流坑打造成集生态旅游、文化体验、田园休闲、康体养生等功能于一体的综合性文化生态旅游目的地。同时，为保护流坑古建筑，缓解村中容纳人口压力及减少人为造成的安全隐患，管理局还根据《流坑旅游新村规划设计方案》的要求，征迁了古村中居民。当前，流坑古村的搬迁计划正有序进行中，一期工程搬迁 150 户，二期工程 126 户也已搬迁至流坑旅游新村，流坑新小学也已投入使用，新建农贸市场工程 2020 年 9 月投入使用。

同时，流坑管理局为更好地促进流坑旅游的开发，大打特色商铺牌，对景区内原有商铺进行统一风格仿古改造，鼓励贫困户销售流坑特色纪念品，丰富旅游内涵，以特色纪念品提升流坑知名度。流坑管理局还将完善下一步旅游发展规划，融入“全域旅游”发展理念，以流坑景区作为核心龙头，以乌江为纽带，辐射带动麻坑、水南、金竹三地旅游开发，与周边景点连接起来，形成规模效应，将全县特色旅游和生态旅游、乡村旅游结合起来，打造建设好“乐安一日游”和“乐安二日游”等精品旅游线路，提升乐安县旅游发展。①

此外，流坑管理局还将加快景区基础设施建设，完善景区的旅游设施，突出古建筑的文化展示功能，计划打造吸引游客游览观光的旅游景点。如当前正规划于大宗祠遗址旁建设科举文化展示馆，把流坑的状元文化展示、宣扬出来，让游客在游览的同时能更加了解状元文化，参与古代科举考试，让游客拥有更多的参与感。同时在明经巷口旁正在建设的县衙广场，可让游览的游客体验古时当官的乐趣。流坑管理局当前正规划建设的景点，将使得游客在流坑游览时除参观各种古建外，还能增加一些娱乐体验，丰富游客的观赏感受，提升流坑景区的吸引力。

第二节　旅游资源的利用与线路规划

流坑古村旅游资源丰富，不仅有类型多样、规模宏大的人文景观，还有秀丽的自然景观。在旅游开发过程中，流坑充分挖掘村内旅游资源，并与村周边资源一同形成连片旅游景观，使其合理化、规范化，开发设计出规划最优的观赏线路。

---

① 访谈对象：董绍平，男，流坑管理局副局长；访谈时间：2020 年 11 月 20 日；访谈地点：流坑管理局会议室。

表 10-1 流坑村景观资源一览表

名称	序号	邸宅	祠堂	戏庙	楼坊	书院
人文景系	1	“安仁门”宅	董公中岗先生祠	五桂坊	状元楼	文馆
	2	“庆见南云”宅	汉储行祠	仰山庙戏台	镇江门望楼	
	3	“秀挹长庚”宅	明斋绳武两先生祠	玉皇阁	翰林楼	
	4	解元第	秘阁校书祠	五王灵庙	四牌楼遗址	
	5	“庚星焕彩”宅	汉帝行祠	武英王庙	旌表节孝坊	
	6	“花萼联辉”宅	光禄观察两先生祠	武当阁		
	7	“西南集庆”宅	宋赠屯田董公祠	三官殿		
	8	应宿第	绍愚公祠			
	9	资深居建筑组群	蓉山亦山两先生祠			
	10	怀德堂	景禧公祠			
	11	乐善堂	守斋公祠			
	12	“璧合珠联”宅	绍南公祠			
	13	肃臣公书屋	万茂公祠			
	14	“秀挹南山”宅	乐善公祠			
	15	大宾第建筑组群	大宗祠			
	16	“理学名家”宅	环中公祠			
	17	肇修堂建筑组群	振卿公祠			
	18	“珠璧联辉”宅	益宇公祠			
	19	大夫第	双桂先生祠			
	20	“爽气西来”宅				
	21	“晖吉”宅				
	22	“庚星流彩”宅				
	23	永享堂				
	24	敬吉堂				
	25	世德堂				
	26	存仁堂				
	27	居仁堂				
	28	高坪别墅				

名称	景点	
自然景系	1	明清一线天
	2	龙湖
服务景系	1	龙湖休闲码头
	2	旅游集散中心
	3	集散休闲广场

一、流坑景区资源

流坑景区共分为三大区域，分别为流坑古村、古樟林和乌江，其中流坑古村为主要核心区域。按照中国旅游资源分类系统划分，我国的旅游资源被划分为人文、自然和服务三大景系，而又被细化为 10 种景类和 98 种景型。[①] 在流坑，人文景系占比重较大，67 个景点中有 62 个景点属于人文景系，2 个景点属于自然景系，3 个景点属于服务景系。周边的古樟林的樟树都是自然生长而成的，属于自然景系（见表 10-1）。

（一）古村景观资源

流坑古村景观资源丰富，且相对比较成熟，共有 67 处景点。由于流坑古村拥有极具风格的村落布局和规模庞大的明清古建筑，因此观赏古建文化是流坑旅游的主要目的之一。流坑管理局将流坑古村中景观资源分为人文景系、自然景系及服务景系，其中人文景系 62 处分为祠堂、宅邸、戏庙、楼坊及书院等五大类。流坑古村中的自然景系为明清一线天、龙湖，3 处服务景系则为旅游集散中心、龙湖休闲码头及集散休闲广场。

（二）古樟林

古樟林是位于乌江两岸的香樟古树，自流坑古村绵延而下十余里，共一千一百多亩，古樟一万多棵（其中 500 年以上的有 3000 多棵）。流坑村有意将古樟树林与村内古建筑群一起打造成连片景区。古樟林有“马鞍樟”“三仙樟”“阎王樟”等名木，沿河畔有约 600 余米长的黄金沙滩，是天然的浴场

① 郭来喜、吴必虎：《中国旅游资源分类系统与类型评价》，《地理学报》2000 年第 3 期。

和理想的休闲度假区。樟树常青长寿、木质芳香，不仅有岁月久长、兴旺发达、福运广开等象征意义，而且还有清新、净化空气和祛风湿、驱蚊蝇、舒身等养生功效。2015 年 12 月，牛田古樟林成功列入上海大世界基尼斯之最，被评为全中国最大的古樟林。

(三)周边森林资源

流坑当地气候宜人，雨量丰沛，年均气温 17℃左右，年降水约 1690 毫米且无霜期长，适于林木生长。流坑景区周边山林资源五万八千余亩，森林资源丰富。经多年造林绿化，人工造林形成规模。自流坑景区开发以来，相关部门对乌江两岸古树逐棵编号、挂牌进行保护，并严禁破坏沿村、沿江的植被，有效地保护了流坑山林资源，使之成为今流坑发展旅游业依托的景观之一。

二、旅游线路规划

流坑管理局根据流坑古村的景观资源，打造出了 67 处景点，流坑景区巷道布局为“七纵一横”，67 处景点分别位于流坑古村中的 8 条巷道中，且巷道之间相互连通。隆巷、中巷、贤伯巷、横巷及墟上巷这几条巷道中的可观赏的景点分布较为密集，明经巷、闯家巷及上巷景点分布较少。因为流坑景点众多，全部游览完需花费大量时间与精力，所以出于人性化考虑，流坑管理局在开发规划旅游线路时，根据不同游客的需要，规划了花费不同时长的观光线路。流坑管理局为给游客营造更佳的游览观赏效果，根据分布在不同巷道的景点合理布局规划了大众游览线路及经典游览线路两条线路。

大众游览线路依次路经高坪别墅、龙湖、老村委会、董公中冈先生祠、五桂坊遗址、五王庙、状元楼、资深居建筑组群、怀德堂、益宇公祠、翰林楼、仰山庙戏台、存仁堂、四牌楼遗址、旌表节孝坊、慎余堂、理学名家、古樟、文馆、大宗祠等 20 个景点，预计花费 2～3 个小时。在这条路线上，共经过 3 个祠堂、6 个宅邸、4 个楼坊、3 个戏庙，将流坑较为典型景点串联起来。经典游览线路同样起于高坪别墅，先后经过龙湖、老村委会、董公中冈先生祠、五桂坊遗址、王庙、状元楼、明斋绳武两先生祠(村史馆)、秘阁校书祠、应宿第、益宇公祠、翰林楼、仰山庙戏台、存仁堂、四牌楼遗址、旌表节孝坊、慎余堂、理学名家、永享堂、一线天、古樟林、文馆及大宗祠等 23 个景点。与大众路线相比，经典游览线路这一路线花费时间相对较长。

图 10-2　流坑旅游景点平面分布图

除大众游览线路与经典游览线路外，还有流坑导游们根据游客实际游览情况自发形成的两条不同的讲解路线。导游们会根据游客是否有观看傩舞表演的需要，将线路分为有观看傩舞表演的线路及无观看傩舞表演的线路。观看傩舞表演的话需经过仰山庙戏台观看傩舞表演，观看完毕后经存仁堂、慎余堂最后到达大宗祠。不观看傩舞表演则经资深居建筑组群、怀德堂，最后达到大宗祠。无观看傩舞需求的线路预计花费的时间为 1.5 小时，是导游普遍会带领游客游览观赏的线路。

第三节　旅游服务体系的建设

旅游服务体系的建设是推动旅游开发顺利开展的重要保障。流坑在旅游开发中，一是着手规范景区管理制度的制定，二是加强景区的基础设施建设及配套服务设施的完备。近年也开始注重导游团队的培养。

一、景区管理制度建设

流坑管理局为规范景区管理、保障景区服务质量、维护景区和游客的利益、促进景区的发展，结合流坑景区的实际情况，以创建文明、和谐景区，强化以人为本、诚信服务为宗旨，制定了相应的规章制度，明确规定了门票站、村史馆管理人员，保洁人员及景区员工等各自的职责。

流坑管理局为使景区员工忠于职守，促进旅游区的繁荣与发展，要求全体员工必须遵守各类制度，自觉维护流坑景区的利益。如《流坑景区员工管理制度》写明了员工录用条件、考勤制度及福利制度等；为确保游客乘坐观光车时的安全，管理局制定了《流坑景区观光车安全管理制度》，切实保障游客人身安全；《流坑景区门票站售票人员管理办法》则要求售票人员必须遵守景区管理制度，注意仪容仪表，保持良好形象，以便为游客提供优质的服务。同时，为更好地服务于有轮椅、婴儿车、拐杖、雨伞需求的游客，还制定了《流坑景区特殊人群设施租借制度》。

此外，管理局还针对流坑古村中的村史馆及文馆等这些开放场馆制定了一系列的规章制度。《陈列馆守馆人员制度》《文馆守馆人员制度》等制度要求当地守馆人员保护馆内文物安全、出现文物损坏被盗需及时上报并及时保持馆内卫生等等。据村史馆管理人员董荣福说："我在流坑村史馆工作已有20年，现在村史馆守馆人员有两名，都为流坑村村民，上班时间为一人两天，两人轮流，守馆时都必须严格遵守《陈列馆守馆人员制度》。"[①]《流坑傩舞团管理办法》则明确规定了傩舞团日常上下班时间、管理人员职责、签到要求、请假安排及薪酬和考核奖惩办法等。管理局试图通过这些管理办法来提升傩舞团的接待水平及服务游客的能力，让游客了解流坑傩文化，扩大流坑传统文化的影响力。

二、景区基础设施建设

为了让游客享受到一流、优质的旅游环境，流坑管理局积极改造、完善流坑古村的基础设施。

首先，管理局加强了以龙湖为中心的景区环境整治。因龙湖贯穿整个古村，对于龙湖的改造至关重要，管理局从三个方面整治了龙湖景观：一是启动了龙湖截污治污工程，对古村流入龙湖的生活污水用管道截住，通过净化设施净化后流入乌江；二是实施龙湖湖水净化工程，将龙湖湖水彻底抽干，将湖底淤泥彻底清走，引入干净水源，同时对湖水日常净化处理，另外，

① 访谈对象：董荣福，男，77岁；访谈时间：2020年11月11日；访谈地点：流坑村史馆。

还专门组织人员对龙湖水面上的杂物进行日常清理；三是改造龙湖周边景观，如加固堤岸、修建绿化带、新建石椅石凳供游客休息等。

图 10-3 清洁龙湖

图 10-4 流坑的景观路灯

其次，管理局对古村内的道路、水沟等一些基础性设施进行了简易维修，并针对各种电线网线暴露在外的问题，推行了三线入地的项目建设。

最后，流坑管理局多途径打造了舒适、整洁的景区形象。一是沿着游客游览线路，征租闲置空地，打造仿古小景观，并沿途安置石椅，供游客休息；二是在西屋下巷口、思齐公祠前、藏恕堂前、老村委会旁、高坪别墅前利用空地建设小广场，古村入口处进行小景观建设；三是在每个景点处都设置有基本的景点介绍，让游客对流坑景点有更深刻的印象；四是于每个巷道口都设有明显的景点指示牌，优化游客观景体验；五是对各个景点及游览线路上的环境卫生进行及时整治及维护，在每一条巷道内设立 15～20 个仿古垃圾桶，为保障巷道整洁提供条件；六是根据景区用地，选择在巷尾修建公厕，以保证游客在穿过巷道时就能找到，同时，每个公共厕所都有专门的公厕保洁人员，时刻保持公厕卫生，给游客更好的使用体验；七是为亮化景区及方便游客夜间参观，管理局还在古村所有巷道内架设了仿古路灯；八是为保证游客的需要，购置了 5 辆 23 座的观光车，进入景区由观光车统一送入，还建设了景区云讲解系统，让游客更好地了解流坑古村文化。

三、导游培训团队建设

加强旅游人才队伍的建设，尤其是导游人才队伍的建设，能促进旅游业的整体实力的提高。导游是旅游业的灵魂，是旅游服务中的重要环节。流坑景区早在1997年刚开始发展旅游业时，就有当地村民自发做导游，为游客进行讲解。近年来，随着流坑旅游业的快速发展，为更好地服务游客，组建导游团队迫在眉睫。当前，流坑景区有导游讲解员12名，多为流坑当地具有一定学历培训上岗的村民。流坑管理局招募导游需进行导游等级考试，主要分为笔试和面试两项内容。笔试内容主要是导游相关专业知识和流坑历史、各景点概况，面试内容主要是各景点介绍等。据导游游艳红讲述："以前有规定45岁以下才准报名，现在导游考核没有年龄限制，有兴趣学的就去学习，然后报名考试。目前大部分导游为外嫁进来的董氏媳妇，因在家照看孩子，不能外出务工，所以在当地找一份工作赚钱。导游收费为一个团50块，管理局收10块，每个月工资基本有一千多，'五一''十一'黄金周人多的话，可以达到两千多。考试合格后会颁发讲解员证，隔几年会重新考核并颁发讲解员证。当前有12个人固定上班，采取轮班制，平常会在游客服务中心值班。"①

图10-5 流坑景区星级导游公示牌

据了解，以前流坑管理局为激发导游工作积极性、强化导游队伍管理、提升导游的讲解水平，在游客服务中心设立流坑景区星级导游公示牌，并将导游人员按古时科举方式分为"状元"1名、"榜眼"1名、"探花"1名、"进士"4名、"举人"8名。同时还采取奖励办法，"状元"比"榜眼"多100元工资，"榜眼"比"探花"多，以此类推，激励导游不断提升自身的业务服务能力。同

① 访谈对象：游艳红，女，33岁；访谈时间：2020年11月15日；访谈地点：访谈对象家中。

时，为整体提高导游素质和能力水平，管理局每年还组织导游参加抚州市的导游培训，每年年末还会对优秀导游进行嘉奖，以此激励导游更好地工作，提升服务态度及自身能力。

四、配套服务建设

为了给游客提供人性化服务，流坑管理局在景区建起了相对较为完备的配套服务设施。流坑景区设有游客服务中心，提供观光车租用、导游讲解等服务。游客服务中心内还提供流坑景区宣传手册，上附有古村简介、古村游览地图、流坑景区微信二维码、救援电话及投诉电话等等。此外，游客服务中心大厅内还有流坑古村周边俯瞰图、手机充电站，ATM 取款机、童车和轮椅租用等便民服务项目。

图 10-6　流坑景区游客服务中心

图 10-7　流坑景区的商铺

流坑景区的配套服务还体现在餐饮设施、住宿接待设施、旅游购物设施及文化娱乐设施等方面。餐饮是满足游客需求的基础性项目，是景区旅游业的重要组成部分，它不仅要满足游客对餐饮产品和服务的需求，还反映了旅游景区的饮食文化特色，影响着旅游景区的形象。流坑景区内现有餐馆11 家，包括古村入口广场处的花园酒楼、原汁原味土菜馆、古村农家餐馆、龙湖农家小炒、农家小炒及非遗一条街内的状元餐馆——印象流坑等。这些饭馆的经营者多为当地村民，菜品以当地特色小炒为主，如宸肉、状元红鱼(霉鱼)、乌江小鱼、剁辣椒、腐乳饼及蛋皮等等。流坑景区内现有的住宿为新村的状元山庄、莲花山庄及流坑山庄，古村入口广场前的海平民宿、农家乐大酒店、古村民宿、三省堂客栈、桥西旅馆及大宗祠前彩焕宾馆等 9 家，可容纳一定量的游客，但接待能力有待提高，民宿相对较少。

古村中的购物地主要分布在非遗一条街、横巷及大宗祠前。非遗一条街利用经修复后的流坑古村清代古建筑，在当中注入了书吧、茶吧、中医中药体验等新业态。非遗一条街主要以售卖雕刻手工艺品、土特产品、日用品及旅游零食等为主，如竹编工艺品、字画拓片、霉豆腐、霉鱼、米酒、状元鱼及状元饼等等，现有大食代特产、农家土产、状元饼店、流坑酿酒坊、莲花南货超市等等共计 20 家商店。横巷有 9 家商铺，售卖的物品大多为满足村民日常生活需要的物品，也有售卖土特产的店铺，如“状元红”店铺售卖霉豆腐、霉鱼等，“流坑特产纯糯米酒”店售卖米酒、东酿酒等；其余店铺大多为食杂店、生活用品店。大宗祠前主要有流坑艺术照相馆、古村纪念品、董氏古玩店、艺品轩 4 家店铺，供游客购买纪念品及合影留念等。

第十一章

流坑村的社会治理

古代社会，在“皇权不下县”的国家治理格局下，流坑形成了以宗族组织为核心的乡村自治传统，宗族组织依靠血缘和地缘因素发挥道德教化、维护乡村社会秩序的积极作用。新中国成立后，乡村社会急剧变革，国家权力逐步深入乡村，流坑村社会治理的基本模式由宗族主导转为政府主导。改革开放后，流坑形成以村民委员会等公共权力为基础的自治新格局。如今，在国家治理现代化背景下，流坑村两委、流坑管理局、派出所和人民法庭等一同构成了流坑乡村治理的正式组织与机构，它们将与流坑百姓一道，根植于地方文化沃土，致力打造共建共治共享的乡村治理新格局，努力实现乡村善治。

第一节　宗族组织与传统社会治理

流坑村始建于南唐时期，历经一千多年，董氏在此繁衍生息，不曾溃散，究其原因，除传统小农经济安土重迁外，就是源于血缘纽带维系着宗族社会长盛不衰。传统时期，流坑董氏亦主要依靠宗族力量进行社会治理。为了巩固宗族，自宋以降，董氏通过建宗祠、修族谱、定族规等手段凝聚族人向心力。尤其是在明代，董氏乡绅、精英致力于地方宗族组织建设，使得董氏宗族得到极大地强化，并迅速占据地方社会权力结构的主导地位，流坑也进而发展成为以董氏为主的宗族聚居村落。[①] 明朝中后期，社会阶级矛盾日益尖锐，江西百姓深受盗贼流寇滋扰。明正德年间，王守仁巡抚南赣，推行“十家牌法”，行乡约，教化于民，以期重建社会秩序。受其乡治思想影响，流坑

① 周銮书主编：《千古一村：流坑历史文化的考察》，南昌：江西人民出版社，1997 年，第 46 页。

董氏宗亲强化宗族建设，重视教化。以明嘉靖刑部郎中董燧为代表的流坑董氏乡绅与精英，精修宗祠、完善宗族组织结构、强化宗规族约、兴办文馆和书院，并定期举行伦理教化之会。明代董氏宗族管理的具体措施主要有设宗子、族长、六班管事、族正和约长等职，各职分工合作，以实现地方社会的自我管理。宗子主管大宗祠祠祭，是一族的首领和象征，其严格按照宗法制规定，由嫡长房的子孙承继。明嘉靖三年（1524 年），族人将已迁居他乡的开基祖董合的长孙董文广的十九世嫡孙董承请回流坑村，立为宗子，“作堂以居之，割田百亩以赡之，将使世继而不迁焉”[①]。族长由族人推选贤能者担任，不分辈分与年龄，总管一族之事务。族长之外，各房又有房长。在明万历年间，董氏宗族已分衍为文晃、仲吉、双桂、良辅、良弼和良驭等六大房，人丁逾 3000 口。[②] 六班管事，具体分管族内事项，如宗族公产、供赋役等。祠规规定，“举族彦一百二十余人，分为六班，照条按月轮流管事。……有不尊者，管事族彦查照议罚”[③]。六班管事与董氏宗族之六房相对应，由各房长统领。族正主要充当仲裁人，负责公断是非曲直，解决族内争端，所谓“正家族之不正者也”。同时，还分管大宗祠宗原、道原二堂之祭祀。“两堂祀事，专委族正掌理。分作三班，每班掌管一年”。[④] 族正之外，又有族副，凡若干人，由族中精英公议推举。约长，为一约之长。效仿王守仁的“南赣乡约”，设约长、副约、约正、约吏和知约、约赞等，其分工与人数族谱无具体记载。董氏宗族以“贤”“义”“能”“公”等作为选任管理者的标准，使族内精英充分参与地方社会治理。

随着宗族组织的自治程度提高，宗族管理者进一步制定各种准法律性质的规约，并公之于族众，使之成为维持地方社会秩序的强制性规范。[⑤] 明万历十年（1582 年）的流坑董氏族谱，详细记载了董氏宗规族约，规约内容丰富，涉及社会治理的各方面，其具体内容如下：

遵圣训：每季仲月朔、望日，悬高皇帝圣谕与孔子圣像于祠。合族

---

① 《流坑董氏重修族谱·董氏立宗子记》，明万历十年本。

② 董建辉、周慧慧：《宗规族约与地方社会秩序维持——以流坑村董氏族谱资料为中心》，《三峡大学学报（人文社会科学版）》2019 年第 1 期。

③ 《流坑董氏重修族谱·董氏大宗祠祠规》，明万历十年本。

④ 《流坑董氏重修族谱·宗原道原两堂簿引》，明万历十年本。

⑤ 董建辉、周慧慧：《宗规族约与地方社会秩序维持——以流坑村董氏族谱资料为中心》，《三峡大学学报（人文社会科学版）》2019 年第 1 期。

老幼及六班管事，咸集祠下。赞礼者先唱，排班行五拜三叩头礼，复行四拜礼。毕唱，分班团揖宣“孝顺父母，尊敬长上，和睦乡里，教训子孙，各安生理，毋作非为”六句。毕，又诵《大学》首章。毕，供茶。当班斯文，举经书一二条发明，次陈古人孝顺事实，为善阴骘一二段。又次陈各人身家日用修行何如，孝友何如，义利何如，伦理何如。虚心商订，务以德业相劝，过失相规为事，庶圣训彰而圣修密矣。

供赋役：有田出租，有丁往役，为下奉上之分也。董氏丁粮，俱有定册，照册承纳粮差，彼此响应，不劳而赋易举矣。近来不知图甲之置所以代己之劳，既无以恤之，反从而负之。我既负人，人亦负我。贻赔之祸，已有明征。夫以一人而纳一人之粮差，虽贫贱之家，取之而可给；以一人而赔十甲之粮差，虽富贵之家，承之而不足。人何从输纳之轻便，而非赡赔之重祸乎？自今以后，各图十甲约限俱完，共守画一之规，以图久安之治。如有诡粮躲差，延捱拖负者，事闻值月班上，群力合攻。轻则究以宗法，重则惩以官法，以警将来。

崇礼教：先世以礼立教，冠婚祭葬，皆有旧章。行之虽不能尽者，然吾家传人习，颇有条理。惟婚礼一节，宗法独严。不肖子孙，贪利忍耻，将男女约婚小姓，辱身以辱祖宗多矣！除已往不究外，自今以后，合照本祠所开乡中世姓，与凡清白守礼之家，贫富各自为婚。敢于开列之外，乖乱成法，照旧规罚银拾两，仍追谱黜族。其行聘之时，有只受金环书纸，不较聘仪者为上。其次捌两、拾两，又次拾伍陆两，多至二十两而止，段疋茶果随宜。及成亲时，资装丰约，折俎厚薄，亦只随宜，乃为中道。吾董既不责备于人，谅四方亲戚亦不责于我，庶几乎尚义之风兴也。倘有行聘而索礼太多，毕姻而责望太过，稍不如意，二家成隙，迁怒礼夫，情疏义绝，诚为恶俗，班上议拟定罚。又祭礼一节，近尚繁盛。虽是从厚，不免过中。自大宗祠时祭以至小宗各祭，杀牲大多浪费无益。合酌量多寡，享神散胙之外，稍有赢余，积为义仓，以时给散。庶神人并受其福，而贫富各适其用。祭仪等物，各照旧规。祭时序立，不许参差。宗子与分献官立内堂中。有一命之贵者，立分献官左右。监生、生员皆然。敦睦堂上，以昭穆为序，有混立越次者共斥罚之。又葬礼一节，丘墓远近不一，合各竖碑，以垂永久。间有远祖附葬者，公议出田附之。敢有私自盗葬，如律迁改议罚。间有恃强谋占，弱宗风水，合力举迁重罚，以正薄俗。暴露不葬者，以不孝呈治。

敦俭朴：先世以俭朴起家，吉凶行礼，不致大费。初丧斋戒葬祭，称家有无。宾至探访，片纸通名。凡设席，一席五果五肴三汤，不加插，三人共之。宫室无雕绘，衣服无罗绮，饮食无异品，皆有古意。近来丧家设酒酣饮，宾至张宴，或数十汤数十插。请帖用大红，或一人一红帖。以是奉官府大宾可也，以是待乡里亲族朋友，侈矣！至居室，则金碧雕绘，衣服则绮罗，饮食则异品，皆侈也！且为僭、逾。自今以后，合加节缩。丧礼禁散帛，奉宾饼果蔬菜外，不用花饼煎果等。虚居室衣服，一还于朴。共敦俭约，以复古道。江右本瘠土之民，吾宗尤人稠地窄，饶益甚难。苟不加节，何以为生？念之！念之！

广储蓄：本祠原有新旧祭田，仅供俎豆，合加充拓。原有三百八十四岭山地，皆久荒废，合加口蓑，取资以供祀费。先世有出祭田、祠基等项至十两者，皆入祀彰义堂。近来有乐助丁粮、基屋、田园、石狮者，寝门、神龛、铜香炉、花瓶、锡爵等物者，合亦议报。出仕者有分俸助祭，祭日合给胙存问。有冠带生日不作酒浪费，愿出银助祠者，男婚女聘出银三五分告庙者，班上仍照旧查收。原有银谷科罚，俱要登簿入匣，明其出纳之数。《周礼》会计不嫌于繁，《大学》生财不厌于备，掌祠事者合各留心，毋视为末务乃可也。

息争竞：本族人繁，田土户婚不无争竞。若能虚心观理，持以谨让，则何事不息？迩来乃有倚恃富强，生事暴害。或一言激忿，亡身及亲。致以酒食相雄者有之，诋骂尊属者有之，动辄持凶互相殴拒者有之。一家起事，一房群起帮扶者有之。事因甲起，舍甲扯乙，概事凌害者有之。甚则小故厚诬，或捏造谤书，明投暗揭，以图中伤者有之。此皆蔑理贼义，终或杀身丧家，是国法所不容，祖宗之阴殛者也。可不惧哉！可不戒哉！今后族中有争竞者，许投逐月班上公处。是者直之，非者照条抽罚，不许紊烦官府。有凭势负气，不听中处，及捏词诬告者，族正、文会从公呈究，鸣其是非之实。但近时中劝者，容有不量二家之贫富强弱，只以酒食之丰约为敬慢，遂令是非乒不白，徒尔弥费其间，殊为可鄙！自今各班，只令二家合银公费，计本班人数，一人一日，约费一二分。如十人，只一二钱为止，毋得浪费。即有作中不成，亦不许徇私唆帮，自同悔恶，违者重罚。

积阴德：夫阴德者，阴行善道而不使人知也。如日用行持，存好心，干好事。见人有善，若已出之，惟恐取之有不尽。虽取之不尽，亦称道之，不敢掩其善也。见人有恶，若己累之，惟恐改之有不尽。虽改之不尽，亦姑容之，不敢嫉其恶也。己之不欲，不敢施之于人；人之所欲，不敢夺之于己。救苦怜贫，厚施薄取。或人有水火盗贼之灾，因其危而救之，不利其有而取之。或贷借乡邻，不重其息而困之。即是患难相恤，疾病相扶持，皆阴德也。毋以此为小善而不为，苟积之又积，便是至善。故曰：不积善不足成名。近有一种反复险诈，变乱是非。大则使人成讼斗，小则使人费酒食，以至伤财破家，冥不知省者。又有一种私使口银，哄骗客商。诱引愚蒙，吞谋产业。或大秤小斗，或多取寡放，或飞洒诡寄，皆非阴德也。毋以此为小恶而不改，苟积之又积，便成大恶。故曰：不积恶不足以灭身。义利之间，舜跖之分，实在于此。从古圣贤，只在此处用功。尝稽吾先世，有能体此者，子孙皆昌；不能体此者，子孙皆亡。存亡之迹，历历有征；施报之验，昭昭不爽。可不戒哉！可不勉哉！

善贻谋：孟子曰：君子创业垂统为可继者，以其能积功累仁也。后世之习，则异于是。以买田筑室为创业之功，以扬威立势为垂统之仁。殊不知买田筑室者，或深磊算局骗之计，世俗以为功，君子以为大无功；扬威立势者，或成欺孤弱寡之风，世俗以为仁，君子以为甚不仁。上戕祖宗之脉络，下养子孙之祸胎。虽欲贻一时之谋且不可，况后世乎？顾吾党以古之君子为法，以今之恶俗为戒。不然，何万里长城仅传二世之业，一夫力穑乃启八百之祚？良由其贻谋之善不善耳。欲为子孙计者，盍亦以是为劝惩。

修武备：吾族自司徒公迁居流坑，世称乐土，而未尝有警。自藻公武试大魁，世有武烈，至今渐废，或亦作养之未尽欤？自今以始，合择子弟中有才智勇力者，教之习射。使步箭、马箭、论策三场闲熟，应期进取，以继先世之业。其次于每岁收成后，各房择子弟义勇者，公出力请教师，修戎器，习武艺，以为地方之防。迩者承平日久，闽广流寇长驱深入，如底无人之境，坐不知兵耳。今若使子弟知兵，大则卫国保民，小则宜家保族，又何患大盗之为害哉？中间或有小盗事发，班上随宜责罚，务令改过自新。又有子弟经年出外生理不归，或肆恶为非者，各房照十家牌法严查，峻其出入之防。若本房知而不举，事发与犯者同科。

勤职业：人生天地之间，未有不自食其力。故士民之业，各有所托以自给。舍是，则为蠹食游民，王法所必禁也。士以道德相先，故耕稼版筑鱼盐未尝废业，而亦未尝废作圣之功。故士为善士，民为良民，上下安而民志定。吾宗士民生而聪俊者，以读书业举为事；生而质鲁者，以稼穑版筑鱼盐为事。各求生理，不许游手坐食。其为胥、为隶、为牙绘、为娼优，有玷前人者，顽梗不悛，定行黜族。读书为生员者，或帮讼出入公门，有玷行止；游宦者或贪酷赃败，贻笑乡邦者，终身耻辱，不许人祠。

端蒙养：本祠外为楼，题曰“育贤”。横列五楹，左设东塾，右设西塾，各号房四楹，无非端养蒙之地也。每岁延文义优长者为举业之师，行谊端方者为童蒙之师。择族中子弟之聪俊者，群而教之。未成材，教之歌诗习礼，以养其性情；已成材，每季仲朔候考校三场，以验其进修。庶成人有德，小子有造矣。

宗正学：学以孔子为宗。孔子晚年，以《大学》传曾子曰：明德亲民止至善知止是入门，定静安虑事物先后是实地，致知格物是实功。修身立本，是致知格物实下手处也。明此而正心诚意，本立而德明矣。明此，齐家、治国、平天下，末治而民亲矣。明此而知本知至，明德亲民止至善矣。自天子以至庶人，一以是为宗，本末一贯，正学无余蕴矣。燧以此学讲员通、大成之问久矣，复申之于敦睦、道原、宗原三堂之上，期与宗彦共勖诸此。学明则十三规始着，董氏大宗祠尤大光矣。

禁邪巫：楚俗尚鬼，自古为然。妇女识见庸下，犹喜媚神徼福，不知人家之败，未有不由于此。盖鬼道胜，人道衰，理则然也。又况禁止师巫邪术，律有明条，敢故违耶？今后族中除禳火祈年、祷疾拔丧、费不甚重者，姑顺人情行之。此外如修炼超荐，诵经忏罪，咒咀等事，一切禁戒。僧道异流，无故不许至门。

禁仆佃：主仆良贱，分义昭然，岂容僭越！迩来风会潜移，为主者，或倚之为牙爪，任其凌轹亲族；为仆佃者，或听奸人鼓煽，敢于负租抗主，将为尾大不掉。终致首足倒持，非礼义之族所宜有也。吾宗仆佃颇多，各宜以礼禁谕，令其安分乐业为当。倘有越理生事，无礼于本宗，得罪于亲戚，及私相鼓煽，诬上罔下，如近日小约所为者，务须惩治。使之省改，毋得党护，以长乱阶，违者重罚。其有强奴悍仆，恣为跋扈，其主所不能制者，许首呈到祠，公同处治。①

董氏宗规族约涉及赋役、教育、婚俗、道德、经济等，规范了族人的日常

① 《流坑董氏重修族谱·董氏大宗祠祠规》，明万历十年本。

行为，是地方社会稳定有序发展的保障。为宗规族约的落实，流坑董氏议推贤能者专司族务和监督之责，施行赏罚。“奉顺规约者，嘉其善；违者照例议罚，期归于正而后已”。嘉善有褒扬、赐予、记谱，牌位入大宗祠，议罚则有罚金、体罚、流放、禁入祠等。董氏族人在明确家法族规的同时，强调国法律条的至上地位，“轻则究以宗法，重则惩以官法”。

为了让规约令行禁止，董氏管理者巧用妙计。流坑村北对岸的白茅洲，洲中樟树林立，被视为流坑村的风水林。董燧为保护樟树林不被人畜破坏，与村民立约，禁止在白茅洲砍伐、放牧，如有违者，严加处罚。据传，为了证明规约的严肃性，董燧暗派仆人将自家白马牵入白茅洲吃草。村民发现后告知董遂，董遂立刻宰杀此马，供全村人食用。村民深感董燧以身作则、规约难违，于是爱林护林蔚然成风，白茅洲也因此改为白马洲。

入清以后，流坑董氏人口激增，人地矛盾加剧，族人间的资源竞争也随之愈演愈烈，宗族内部关系日益复杂，宗族管理出现新的变化。例如，董氏六大房之一良辅房，在本房内另立房族宗子。但是大宗祠规约一直到民国时期，各房修谱仍全权抄录，族人以遵祖训为安身立命之本，可见董氏宗规族约，几百年来在基层治理中发挥着重要功能。民国十六年(1927 年)，孙传芳残部邢玉堂的军队攻入流坑，烧毁董氏大宗祠，之后未能重建，断壁残垣的大宗祠象征着董氏宗族实力的衰微，传统的宗族治理逐渐褪色，宗族权威逐渐被国家和政府代表的政治权威所取代。

近代以来，特别是新中国的成立，传统宗族治理模式已经不再适应社会发展需要，党和国家亟须探索新的乡治路径。集体化时期，“政社合一”的人民公社治理体系从根本上瓦解了流坑的宗族组织。改革开放之后，农村实行家庭联产承包责任制，在“政社分开”的道路上，推行以村民委员会为基础的村民自治制度，并形成了“乡政村治”的治理格局。当前，我国正走在探索乡村治理现代化的道路上，流坑村紧跟时代脚步，积极践行乡村治理新方案。

第二节　村两委与村级治理

中华人民共和国成立初期，流坑村隶属乐安第三区(湖坪)的牛田乡，1952 年乐安全县划分为八区，流坑为第八区第二乡(区设牛田)。1958 年撤区并乡后，流坑隶属牛田乡，同年成立人民公社，流坑隶属牛田公社。当时，流坑村先设贤伯、隆贤、街上3个大队，不久合并为一个流坑大队。1985年撤乡建镇后，流坑一直隶属牛田镇。[①] 现流坑村由流坑、羊田、周家、元内4个自然村组成，辖30个村民小组。2020年上半年新一届村两委班子上任，村两委正式落实5年任期制。目前，流坑村共有9名两委干部，包括支部委员3名、村委4名，其中1名交叉任职（村党支部书记和村委会主任由同一人担任）。此外还有聘任干部2名，挂职锻炼干部1名。当下，村两委在基层社会自治、乡风文明建设、突发事件处理上等事务上发挥着至关重要的作用。

一、组织框架

新中国成立后的30年间，国家政治权力深入广大农村地区，开创了政社合一的乡村治理体制。改革开放后，随着家庭联产承包责任制和统分结合的双层经营体制的推行，人民公社体制解体，国家恢复乡镇基层政权。面对改革带来的农村基层治理的真空问题，1982年宪法首提"村民自治"，并以根本法的形式规定村民委员会是农村基层群众性自治组织。1987年第六届全国人大常委会第二十三次会议审议通过《中华人民共和国村民委员会组织法（试行）》，并于1988年6月1日实施试行。1998年11月4日，在总结实践经验的基础上，九届人大二次会议对试行办法进行了修正，正式公布《中华人民共和国村民委员会组织法》，对村民委员会的性质、任务、选举、组成以及村委会和基层政权、村级经济组织和村民代表会议的关系等作了原则规定。这也标志着村级治理体系走向制度化。如今，流坑村已形成包括党组织领导下的村民委员会、村民理事会、村务监督委员会、村集体经济组织，以及村团组织、妇女组织、民兵营等在内的治理组织体系，其具体情况如下：

1.村党组织。党支部是党的基础组织，农村党支部是农村工作的领导核心。流坑村党支部主要职责是宣传和贯彻执行党的路线方针政策及党中央、上级党组织和本村党员大会（党员代表大会）的决议，讨论和决定本村各项建设，推动乡村振兴，领导和推进村级民主选举、民主决策、民主管理、民主监督，推进农村基层协商，支持和保障村民依法开展自治活动，加强村党组织自身建设，密切联系群众，领导本村的社会治理等。

---

① 黄更昌主编：《流坑历史文化资料集萃》，南昌：江西人民出版社，2014年，第2页。

2020年3月，流坑村正式实行村党支部书记、村委会主任“一肩挑”，并兼任村办公室负责人。“一肩挑”是贯彻落实党的十九大精神，加强基层组织建设，推进乡村振兴战略，确保党的路线方针政策和决策部署贯彻落实的具体体现。过去的流坑村是典型的“软弱涣散村党支部”，村两委相互推诿现象突出，这既不利于流坑村的长远发展，也不利于基层工作的团结，更不利于党对基层工作的领导。“一肩挑”实行后，加强了党的基层领导核心地位，确保了乡村治理机制的顺畅。2020年流坑新一届支部委员，设有书记、副书记各一名，委员一名。支部书记向流坑村党支部和牛田镇党委进行述职，接受评议考核。截至2020年12月，全村有党员42名，划分为8个党小组，党小组在支部委员会领导下开展各项工作。

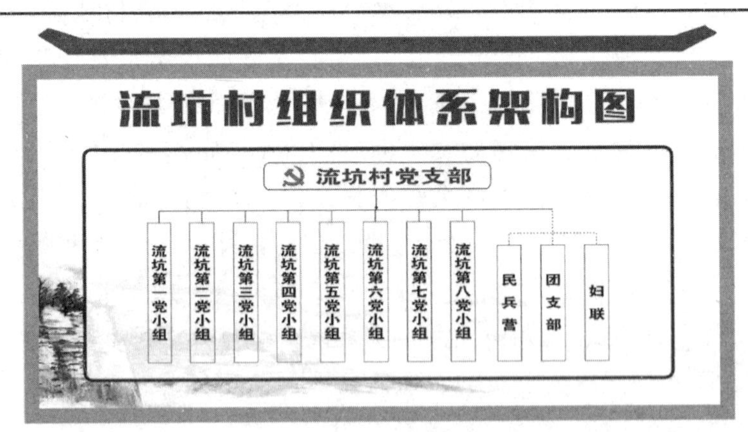

图11-1　流坑村组织架构图

资料来源：流坑村村委会。

2.村民会议（村民代表会议）。村民会议是村民自治事务的最高决策机关，讨论决定涉及村民利益的事项，审议村民委员会的年度工作报告，评议村民委员会成员的工作等。村民代表会议，讨论决定村民会议授权的事项，接受村民会议和村民的监督。流坑村民代表大会主要由30个村民小组的小组长和会计出席。

3.村民委员会。村民委员会是村民自治事务的执行机构，负责本村的公共事务和公益事业，调解民间纠纷，协助维护社会治安，向人民政府反映村民的意见、要求和提出建议。村民委员会向村民会议、村民代表会议负责。

4村民理事会。流坑村民理事会是在村民自愿的基础上，由村民会议直接推选而产生的公益性组织。理事会无劳动报酬，只代表村集体利益，在反映村民诉求、监督村务、推进公益事业等方面提供志愿服务。流坑村2020年新一届村民理事会由5人组成，均非两委干部，村民理事会兼行使村务监督委员会的职责。

5.村务监督委员会。村务监督委员会是村民自治事务的村务监督机构，负责村民民主理财，监督村务公开等制度的落实。村务监督机构成员向村民会议和村民代表会议负责。村民委员会成员及其近亲属不得担任村务监督机构成员。

6.村级集体经济组织。流坑村集体股份经济合作社成立于2020年6月30日。该社是由原村集体经济组织改组后组建的股份经济合作组织，下设有成员会议、成员代表会议、理事会、监事会。该社具有独立法人资格，依法代表全体股东行使集体财产所有权和经营管理权。合作社业务范围主要涉及集体所有的经营性资产、非经营性资产、政府拨款和社会捐赠等形成的资产。

此外，流坑村还设有村团支部、村妇联、村民兵营、关工委等，一同配合上述组织完成村级自治事务。

二、村级网格化管理

网格化管理是指在维持现有行政村体制下，将所辖村庄根据人口、工作线路和地理因素等实际情况科学地划分成若干网格，运用一定的现代信息技术并配备网格员为村民提供及时高效的公共服务。2020年伊始，流坑村级网格化管理模式在新冠肺炎疫情防控期间得到初步运用。同年6月，流坑村两委依托基层党建标准化、规范化、信息化建设契机，正式建立起村级网格化管理模式。

图11-2　2020年流坑村党建所获荣誉

流坑30个村民小组由村党支部书记统一领导，下分为3个片区和8个党小组，并配3名片区长、8名网格长和30名网格员。网格管理发挥任务分配与问题反馈、上下协作的功能，达到共同治理基层事务。村两委通过村民微信群和电话，第一时间获取信息，第一时间解决村民需求与难题，实现善治。其中，支部书记负责各项工作的布置与信息的分析与决策。片区长和网格长由村干部担任，主要负责协助书记开展各项工作和协调组织网格员做好日常管理工作，及时处理网格员排查出的各项问题。网格员则由各村民小组组长担任。网格员与村民的联系最为紧密，各小组村民的需求与问题他们能最先获知，并第一时间介入和上报。网格化管理实施以来，显著提高了流坑村务办理效率和治理水平。

三、乡风文明建设

乡风即农村社会风气，主要指乡民长期生活过程中形成的价值观念、生活方式、心理特点等，体现着一个地区的风土人情和乡民道德水平。“乡风”和“文明”合成为一个整体概念，首见于党的十六届五中全会提出的社会主义新农村建设总要求中，自此以后，乡风文明建设一直受到党和国家的重视。党的十九大提出乡村振兴战略，乡风文明作为乡村振兴战略中重要组成部分，直接关系到乡村振兴的质量与水平。开展乡风文明建设有助于提高农民的精神文明素养，营造淳朴、向善、和谐、积极的乡村社会风气，进而通过文化软约束的力量来引导和规范村民的价值取向与行为模式，为自治、法治、德治相结合的乡村治理体系奠定必要的价值基础和道德支撑，推动乡村治理现代化目标最终实现。①

（一）修订村规民约

习近平总书记曾经指出，“制度是管长远的，是管根本的”。要让农村乡风文明建设得以持续深入开展，必须建立有效的规章制度，使农民有章可循、有法可依。村规民约作为一种民间规范，在实现村民自我管理、自我教育、自我约束中发挥着重要作用，完善村规民约是乡村自我管理、自我教育、自我服务的重要表现，同时也是培育公共精神和文明乡风的有效路径。

① 杨森：《乡村振兴中乡风文明建设的意义、困境与路径探析》，《湖北理工学院学报（人文社会科学版）》2021年第1期。

为了更好地推动乡风文明建设，近年流坑村两委组织修订了“流坑村规民约”，其全文如下：

一、社会治安

第一条，每个村民学法、知法、守法，自觉维护法律的权威和尊严，同一切违法犯罪行为，邪教组织做斗争。

第二条，村民之间应团结友爱，和睦相处，不打架斗殴，不酗酒滋事，严禁侮辱、诽谤他人，严禁造谣惑众，搬弄是非。

第三条，自觉维护社会秩序和公共安全，不阻碍公务人员执行公务。

第四条，严禁偷盗设施，哄抢国家、集体、个人财产，严禁赌博，严禁替罪犯隐藏赃物。爱护公共财产，不得损坏水电、交通、生产等公共设施。

第五条，严禁非法生产、运输、储存和买卖爆炸物品，生产、销售烟火、爆炸物品和购置各种枪支，需经公安机关批准。拣拾枪支弹药、爆炸危险物后，要及时上缴公安机关。

第六条，严禁非法限制他人人身自由，或者非法侵犯他人住宅，不准隐匿毁弃、私拆他人邮件。不制作、出售、传播淫秽物品，不调戏妇女，遵守社会公德。

第七条，严禁在森林附近引起火灾，森林防火，人人有责！严禁私自砍伐林木，不准在村附近或田边路旁乱挖土，严禁损害庄稼及其他农作物，严禁牛羊啃青，严禁偷青，违者重罚。

第八条，严格用水、用电管理，不经批准，不准私自安装水电设施，节约用水用电，严禁偷水偷电。

第九条，认真遵守户口管理规定，出生死亡要及时申报和注销，外来人员需要在本村短期居住的应向村治保会汇报，办理相关手续。在本村暂住务工、经商的外来人员，必须服从本村的村规民约，严禁非法同居，未婚非婚怀孕，非婚生育，否则接受处罚。

第十条，对违反上述社会治安条款者，按以下办法处理：（一）触犯法律法规的报送司法机关处。（二）情节严重，但尚未触犯刑事和治安处罚条例的，由村干部批评教育，视情节轻重处以罚。

二、村风民俗

第一条，倡导社会主义精神文明，移风易俗，反对搞封建迷信活动，邪教组织及其他不文明行为，树立良好的社会风尚。

第二条，喜事新办，不铺张浪费，丧事从简，不搞陈规旧俗。

第三条，不请神弄鬼，不算卦相面。不看风水，不听、不看、不传迷信和淫秽书刊、音像。

第四条，建立正常的人际关系，不搞宗派和宗族活动。

第五条，积极参加村里组织的各种文化体育活动，提倡全民健身运动，提倡见义勇为，伸张正义，遵守社会公德，扶老携幼，加强自身修养，学习好科学文化、社会知识，跟上社会步伐，用自身知识影响老一代，教育下一代，做本时代的榜样，积极申请加入党团组织。

第六条，服从镇村建房规划，不扩展，不超高，搬迁、拆迁不提过分要求；拆旧翻新须经村两委批准，统一安排，不擅自动工。

第七条，违反上述规定的给予批评教育，情节严重的交司法机关处理。

三、相邻关系

第一条，村民之间要相互尊重，相互理解，相互帮助，和睦相处，建立良好的相邻关系。

第二条，在经营、生活、借贷，社会交往过程中，应遵循平等、自愿、互利的原则，在生产过程中自觉服从村两委会安排，不随意更换、移动地界标志，发扬共产主义风格，小事不斤斤计较，退一步自然幽雅，让三分何等清闲。

第三条，依法使用宅基地，老宅基要严格遵守历史状况，新宅基按镇、村规划执行，不得损害整体规划和四邻利益。

第四条，村民饲养的动物、家畜，造成他人损害的，动物饲养人或管理人负经济责任。没有或限制行为能力的人，给他人造成损害的，监护人应负经济责任。

第五条，邻里间发生纠纷，能自行调解的自行调解处理，不能自行处理的依靠组织解决，不能仗势欺人，强加他人。

四、婚姻家庭

第一条，全村村民要遵循婚姻自由，男女平等，一夫一妻，尊老爱幼的原则，建立团结和睦的家庭关系。

第二条，婚姻大事由本人做主，反对他人包办干涉，不借婚姻索取财物。

第三条，夫妻在家庭中的地位平等，反对男尊女卑，不准打骂妻子，夫妻双方共同承担家务劳动，共同管理家庭财产。

第四条，父母、继父母承担未成年人或无生活能力子女的抚养教育，不得虐待病残儿，继子女和收养的子女不准使中小学生中途辍学。

五、环境卫生

第一条，村民各家各户，门前院内要保持清洁，清除暴露垃圾，清理卫生死角，清除废弃堆积物。严禁在公共场所乱吐、乱扔，乱倒垃圾，污水和渣土。

第二条，搞好公共卫生和村容整洁，为保街道畅通，道路水渠两侧不准长期堆放沙、砖、石等建筑材料。不准挤街占道，私搭乱建。

六、四好建设

(一)住上好房、(二)过上好日子、(三)养成好习惯、(四)形成好风气，全面奔小康。

牛田镇牛坑村党支部委员会宣

新修订的村规民约从社会治安、村风民俗、相邻关系、婚姻家庭、环境卫生等五个方面做出明文规定，充分发挥其在乡村治理中的规范引导作用。为扩大影响力，村两委将“流坑村规民约”制定成海报、日历挂画等形式进行宣传，使村规民约人人知晓。

(二)推行道德红黑榜

在流坑村委办公楼外墙，十分显眼地挂着“流坑村村民道德‘红黑榜’发布公告栏”，设有“红榜”、“进步榜”和“黑榜”三栏。

道德“红黑榜”最早在 2017 年 12 月由抚州市广昌县头陂镇西岗村发起，旨在对关心集体、孝敬父母、文明诚信、讲究卫生、勤劳致富等正面事例进行宣传弘扬，对破坏公共财物、不孝敬父母、游手好闲、不务正业、好吃懒做等不文明行为进行曝光，发挥先进典型的示范引领作用和用舆论压力来警醒“黑榜”人员反思，改过自新，从而促进乡风文明培养和美丽乡村建设。从 2017 年 12 月以来，江西省抚州在全市农村广泛开展道德“红黑榜”评议活动。

2018 年，流坑村正式开展道德红黑榜评议，每季度定期发布一期，其间也可按实际需要增加发布期数。程序上，由村支两委会、老干部、老党员、村民代表等组成的村民道德评议会对一个季度来村内发生的好人好事和不良行为进行评议，结果张榜公布，并上报牛田镇宣传部报备，牛田镇政府再将辖区每期汇总黏贴在镇公告栏上，并通过乐安牛田微信公众号公开发布。“红榜”上宣传关心集体、尊老爱幼、助人为乐、诚实守信、勤劳致富、爱护环境卫生、移风易俗等先进事例，以在全村形成崇德向善、见贤思齐的良好氛围；让村民自省的“黑榜”则鞭策教育反面典型，曝光村内破坏公共财物、不孝敬父母、游手好闲、不务正业、惹是生非、不讲诚信、不讲卫生、大操大办婚丧嫁娶等不良行为，倡议村民要注意文明素质，提升道德水准，以舆论压力促进乡风文明培育和美丽乡村建设。“红榜”人员享有推荐为各类先进典型的优先权，而“黑榜”上拒不整改转化的人，则将在乐安县电视台、“乐安发布”微信公众号、乐安人民政府网上曝光，对拒不尊老爱老、赡养双亲、关爱未成年人等涉及违法犯罪的人员即移送司法机关强制执行。

2020 年流坑道德“红黑榜”共发布五期。其中，第一期和第二期均与新冠疫情相关。以 2020 年第一期道德“红黑榜”为例：2020 年年初，在新冠疫情这一重大突发公共卫生安全事件面前，流坑村涌现出一批甘于奉献、逆流而上的好人好事。为了在特殊时期树立榜样、鞭策反面，流坑村两委于 2020 年 2 月发布第一期。如下：

2020 年第一期红榜

汹汹疫情，像猛畜一样袭击人们。面对突如其来的疫情，流坑村人没惊慌失措，沉着应对。人人认真自我消毒，纷纷自我隔离。我们的第一志愿小分队更是活跃在抗击毒魔的第一线。他们为说服那些刚从疫区务工返乡过年的乡亲们，能宅在家中，不辞辛劳，帮他们消毒，购买日用品和食物。他们的义举，深深感动了村民。这些返乡村民自觉自愿待在家中。从而使我村的疫情防控工作能有序、平稳的开展。现经村委会研究决定，将第一志愿小分队全体同志列入红榜，予以表彰。名单如下：董国珍：董德武、董禄荣、董云云、董学良、董逢春、董桃芳、董海荣、董国民、黄国平、董云、董教华、周仉生、董国平、董绍康、董火根、董小龙。

流坑村委会

2020 年 2 月 4 日

2020 年第一期黑榜

面对汹汹疫情，全体村民纷纷响应村委会号召，自我隔离。然我村

> 居住在龙岗新村的陈某英，对村委会的号召，置若罔闻，对人们的生命安全于不顾，竟窝藏多人在其家中玩麻将。根据其行为，经村委会研究决定，将陈某英列入黑榜，予以通报批评。
>
> 流坑村委会
>
> 2020 年 2 月 4 日

道德“红黑榜”就如一面镜子，照出是非曲直，让村民知荣耻，激励村民向先进看齐。当前，流坑村整体营造出了“以红榜为荣”的良好风气，乡风文明建设取得实际效果。

(三)完善纠纷调解机制

流坑村村民具有深厚的地缘和亲缘关系，但在日常生活中也难免产生各种纠纷，纠纷的调解是乡村治理的重要内容。村委专门设有综治中心，配有综治员，其负责村日常治安巡防和村民纠纷调解工作。村民的矛盾纠纷，综治员得到信息后第一时间前去调解，调解无果则村两委干部入户再次调解。一般不涉及重大经济纠纷，村委都能就地化解，做到大事化小、小事化了。以村内一起毛竹纠纷为例：

> 2020 年 6 月，流坑村董姓甲和董姓乙(以下简称甲、乙)，为山脚附近栽种的毛竹权属问题产生纠纷。甲在一山脚自己的土地上栽种了毛竹，由于毛竹生长窜根到乙的土地上，乙发现后并未及时制止。较长一段时间后，甲栽种的毛竹便在乙地里长成了几十棵大毛竹。一天，乙把甲栽种的毛竹强行划归自己，原因是毛竹长在自己的地上，毛竹权属应当属于土地主人。甲得知乙欲强占自己栽种的毛竹，坚决反对，理由是毛竹是自己所栽种，窜长到乙的地里并不是人有意为之，何况乙的地本身是长期荒地。甲乙据理不让，村委得知及时介入。综治员和原流坑小学校长(退休后返聘到村委任职，后文以董老师代指)一同前往现场调解。董老师分别指出甲乙的不对。董老师对甲说：“你未得到人家允许，毛竹就长到别人地里，是你不对在先。”董老师对乙说：“当你知道毛竹长在你地里，你未能及时制止而选择默认，现在人家竹子有几十颗了，你说是你的，难免有点坐享其成，不道义。”[①]

---

① 访谈对象：董福华，男，68 岁；访谈时间：2020 年 11 月 23 日；访谈地点：流坑村委会。

最终在村委干部晓之以理动之以情的劝解下，甲乙互退一步，握手言和。竹子还是甲的，乙日常若有用得着的地方，砍上几根也无妨。

村两委作为基层乡村自治组织，村干部多数由村民选举的乡贤人士担任，他们在处理村民纠纷上具有内生性的权威，秉持“小事不出村、矛盾不上交”的治理原则，村里发生的大小矛盾纠纷，无一不有村委干部的参与调解。诸如上述的日常纠纷，村委干部都能很好地化解，当涉及重大经济纠纷，村委也是竭力化解，实在无果则要求矛盾双方保持理智，走司法途径。另外，流坑管理局、派出所和人民法庭也会参与纠纷调解工作，下文将介绍，此处不再赘述。

四、突发公共卫生事件处置

2020 年新年，新冠肺炎疫情席卷全国，各地都进入抗疫战时状态。流坑村两委坚持“守土有责，守土当责，守土尽责”确保疫情防控措施落到实处，2020 年实现该村零感染病例。

流坑村在大年三十全面进入疫情防控紧急状态，即刻组建了一支由党员带头，志愿者积极参与的防控队伍。牛田镇包村干部、流坑管理局、村两委一同组成连心小分队，并发动入党积极分子、景区工作人员等 58 人组成疫情防控志愿者。面对突然袭来的疫情，流坑村当务之急是摸清村民情况，镇村干部、连心小分队、志愿者按村组挨家挨户上门登记，填写信息输入网格管理 APP，确保不漏一户。流坑村在疫情防控具体措施上包括：

加大宣传力度。疫情防控期间，新、老村委会两个广播喇叭轮番播放疫情防控的通知，并在村口悬挂防控警示横幅，村中各巷张贴疫情通告、标语等。此外还请人敲锣，村干部和志愿者分片区进行机动宣传，做到户户知晓。

防疫大排查。对全村返乡人员进行逐一排查，以村小组为单位，村组干部负责，共摸清湖北返乡人员 9 户 17 人(其中武汉返乡人员 6 户 6 人)，与疑似人员同乘过交通工具的有 4 户 8 人，共有监测对象 13 户 25 人，镇村干部和卫生院医生对自鄂返乡人员每日两次体温监测，未发现一例新冠肺炎症状者。

封闭管理。在村口和进村的支路上设立关卡，由村干部和志愿者分批 24 小时站岗守卡，防控外来人员进村，消除隐患。

图 11-3　村口守卡

资料来源：流坑村村委会。

图 11-4　蔬菜供应

资料来源：流坑村村委会。

物资保障。及时了解村民正常生活需求，组织村两委干部和志愿者建立安康农贸市场，每天定点配送村民所需的各种生活物资，定期帮助村民到镇里领取快递、帮村民采购药品。例如当了解到很多村民想吃牛肉之后，村委连夜用车送牛肉到村。

日常消毒。每日对村委会、公厕和其他公共场所进行两次消毒，疫情防控期间，保洁人员坚持上岗，确保村庄干净整洁。

捐款捐物。流坑村挂点单位——抚州市投资公司捐赠 4 万元防疫经费和 2000 个防护口罩；村民也热心捐款，截至 2020 年 2 月 16 日共收到 11 户村民捐款 2700 元，物资折价 8000 余元。

2020 年 4 月，流坑村解除“紧急状态”，村民生活恢复正常，但是全国疫情并未结束，防控疫情状态仍然保持“箭在弦上”。

第三节　流坑管理局与古村落治理

流坑管理局为乐安县人民政府直属正科级事业单位，也是全国重点文物保护单位——流坑村古建筑群的主管单位。长期以来，流坑管理局和牛田镇流坑村在管辖事宜上存在职能交叉，县政府多次调整，厘清各自职能。2012 年 8 月 3 日，乐安县人民政府办公室下发的《关于理顺流坑古村管理体制的通知》(乐府办字〔2012〕67 号)明确规定，流坑管理局管理负责流坑村的文物保护、旅游开发、环境卫生、教育、安全与消防、社会稳定、扶贫移民、建设规划等八个方面的工作。2017 年，乐安县应精准扶贫工作需要，对流坑行政村和管理局职能又略作调整。当前，流坑管理局主要负责文物保护、旅游开发、消防安全、环境卫生、新村规划、社会稳定、教育等七项工作职能。流坑村的基层党组织及其他行政事务则由牛田镇党委、政府全权负责。总体上，牛田镇和流坑村两委积极配合管理局的各项工作。

2020年，流坑管理局围绕精心规划、精致建设、精细管理、精美呈现的“四精”要求，把改善流坑面貌作为基础性、战略性的工作来抓，以争创5A景区为目标，推动流坑古村整体风貌上新台阶。

一、分巷制管理

在精细管理上，从2020年上半年开始，流坑管理局实行片巷长区域责任制。各片长、巷长全面负责所属区域的环境综合整治、纠纷排解、安全生产、旅游秩序等日常工作。景区按照分巷制，谁主管、谁负责，通过与各巷长签订文物消防安全责任状，明确安全工作的整体任务和目标要求，强化各巷长安全意识。

流坑管理局将所辖范围共划分为18个巷长区和4个片长区。在巷长、片长责任区张贴责任人公示牌，牌上记录着巷片长的姓名、联系方式和所属巷道职责，方便村民与游客反馈问题和监督。巷长、片长每日巡查责任区域，搜集问题信息，针对辖区职责范围内的问题，马上处理解决；超出责任能力范围，巷长上报至片长，由片长协调解决，针对严重的问题则上报管理局局长。

二、搬迁安置

图11-5　流坑新村

为了缓解古村人口增多的压力，乐安县政府在古村外围规划建设一批新村，将部分村民从古村内迁出。搬迁安置在减轻古村人口压力的同时，也便于旅游管理，推动流坑景区保护和开发工作再上新台阶。针对古村村民迁出工作，管理局统一规划，在蛤蟆脑、龙岗西和流坑新村3地分期建设600套安置房，将2000余位村民从古村迁出。其中蛤蟆脑、龙岗西村200

余套移民安置房基本完成，流坑新村首期206户安置房建设也已全面启动。

三、环境整治

流坑景区核心区面积有8.9平方公里，其中古村面积3.61平方公里，人口庞大集中、村民素质参差不齐、环境脏乱差现象长期以来困扰景区发展。为了改善环境，流坑管理局多措并举：加强环保宣传力度，提升村民的环保和文明意识；强化村庄日常环境卫生管理，管理局聘请了十多名专职保洁员，维护日常巷道卫生；启动流坑古村生活污水治理和龙湖水生态修复工程，改善水环境；新建、改建一批旅游厕所，改造小游园、绿化带、游步道等景点；推进强弱电入地、危房及残墙改造和维修等空间美化措施来提升景区旅游品质。[①]

四、用水与消防

古村长期以来未通自来水，既影响村民日常生活又制约旅游新村的建设，还不利于古村消防，景区自来水厂建设迫在眉睫。在乐安县政府组织下，该项工程于2015年完成前期准备工作，规划设计水厂占地面积10亩，日供水1万立方米，服务人口2万人。2015年9月24日，流坑景区自来水厂正式开工建设，现阶段建设规模日供水5千立方米。2016年底自来水接通，满足了古村、蛤蟆脑新村、龙岗西新村、旅游新村村民的日常需求和古村消防需要。

流坑古建筑群作为全国重点文物保护单位，消防安全责任重大。2014年4月底，由乐安县公安消防大队、流坑管理局联合出台的流坑村古建筑群消防工程设计方案获得国家文物局的批准。乐安县政府在国家文物局投入481万元专项资金外，再投入1200多万元资金，用于电线线路改造、消防和生活用水工程安装等消防安全改造。[②] 与此同时，流坑管理局加强消防队伍建设，微型消防站常年配有专职消防人员，并购置了机动泵、水罐车等消防器材装备，确保日常消防工作落实。此外，乐安县政府应流坑景区及周边防火需要，于2019年11月在流坑成立乐安县流坑专职消防队，隶属于乐安

① 参见《流坑整治环境提升旅游品质》，抚州市人民政府网站，http://www.jxfz.gov.cn/art/2015/10/16/art_14_129908.html，下载时间：2020年12月20日。

② 参见《民居穿上"防火衣"古村消防不用愁》，流坑管理局网站，http://www.cnliukeng.com/news/194.html，下载时间：2020年12月20日。

县消防救援大队。目前，流坑古建筑内都安装上电气火灾预警监控系统，各巷道安装有室外消防栓，加上流坑专职消防队和微型消防站两套人马，极大地提高流坑村整体消防安全系数。

图 11-6　流坑村的消防安全宣传标语

第四节　地方政法系统与法治建设

政法系统是我国国家政权体系中仅次于军队的垄断暴力的组织体系，带有鲜明的阶级性和工具性，是巩固人民民主专政、服务于党和人民的“刀把子”。[①] 政法系统是和谐社会建设的主力军，其中基层派出所、基层人民法庭、基层司法所等单位与人民群众联系最为紧密，这有利于他们在积极回应社会关切、重视主体参与和完善多元纠纷化解机制等方面做出更多有益探索。

① 杨欢、丁俊萍：《当代中国党领导国家政权机关的制度体系与过程机制》，《理论与改革》2021 年第 3 期。

一、流坑派出所

公安派出所是由市、县级公安机关领导的一个外派机构，负责基层治安和管理户口等工作。乐安县公安局应流坑景区及周边维稳需要，确保突发情况能做到快速出警、快速反应，同时让群众求助咨询更加方便，于 2015 年成立流坑派出所。截至 2021 年 1 月，流坑派出所有民警 3 人、辅警 4 人。近两年来，流坑景区内社会治安秩序总体平稳，未发生严重治安案件，辖区安全系数持续向好。流坑派出所除履行治安防范、治安处置、侦查打击等职能外，还开展各种形式的普法宣传，提高群众的法治意识。

图 11-7　流坑派出所

图 11-8　流坑小学普法课堂

资料来源：流坑派出所。

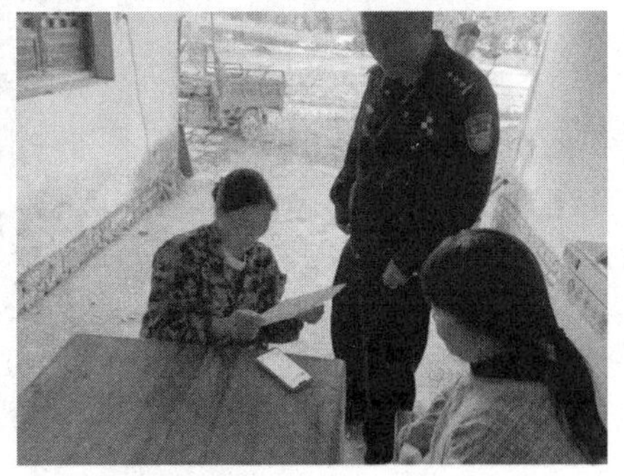

图 11-9　普法进农户

资料来源：流坑派出所。

二、流坑人民法庭

流坑人民法庭是乐安县人民法院派出的基层法庭。2016 年 12 月，乐安县人民法院在流坑人民法庭基础上又成立了流坑旅游法庭，实行“一个机构，两块牌子”。现流坑人民（旅游）法庭管辖范围包括流坑管理局、牛田镇、大马头乡、万崇镇、罗陂乡、湖坪乡，辖区面积逾 410 平方公里，辖区人口约 7.8 万。据了解，流坑人民法庭主要职责是依法受理辖区的各类民事案件，流坑旅游法庭则主要受理旅客在景区吃、住、行、游、购、娱过程中发生纠纷的案件，以及其他涉及游客人身财产关系的案件，实行起诉、立案、调解、执行一站式工作机制，及时化解纠纷，优化旅游环境。此外，流坑法庭设有“法通村”工作站，并配有“特邀法官”。

图 11-10 流坑人民法庭

“法通村”便民服务是乐安县人民法院多元纠纷化解机制的有益探索。针对近年来社会矛盾和诉讼案件不断增加，乡村当事人案件送达难、执行难，群众法治意识欠缺，宗族观念根深蒂固以及“员额制”改革背景下法官人数减少所带来的工作压力增大等问题，乐安法院积极摸索从“单方参与”到“多方参与”的路径措施。2016 年 9 月，乐安县人民法院以“法官村村通、法律人人知”为司法目标，推出了“法通村”工作机制，并于当年 11 月 17 日，在全县范围内正式铺开。“法通村”工程搭建起“特邀法官”服务平台，特邀法官承担起日常文书送达、委托调解、判后回访、协助执行、法律宣传等法律事务，开辟了一条法律服务群众“最后一公里”的新路子，实现人民调解和司法调解的无缝对接。

乐安县人民法院还制定了“特邀法官”选任、培训、奖惩考核、退出等机制。为提高“特邀法官”履职的积极性，乐安县人民法院还专门出台了一套补助标准：协助送达、协助调解、协助执行等工作每次 30 元；受委托送达每次 40 元，受委托调解每次 60 元；调解成功及协助执行完毕的，另外给予奖励。特邀法官凭借其对所在地人熟、地熟、情况熟的优势，在了解民情中发挥了“听诊器”作用，在化解各种纠纷中发挥了“调解器”作用，在传递法律知识中发挥了“扩音机”作用，有力地促进了平安社会建设。[①]

流坑法庭“法通村”工作站职责为九点：第一，按照推荐、考核、聘任程序聘任特邀法官；第二，组织特邀法官参加法庭季度培训、年度集中培训；第三，组织特邀法官在当地开展“村村普法”宣传，大力实施法律六进、巡回审判等便民服务；第四，指导特邀法官对当地发生的各类纠纷进行调处或引入诉讼；第五，协助院机关各部门邀请特邀法官开展辅助工作；第六，对法庭承办的民事纠纷案件进行适当分流，对适宜调解的纠纷引导当事人选择委托特邀法官进行调解；第七，案件审理中，积极邀请特邀法官参与法律文书送达，旁听庭审、协助诉讼调解；第八，提供特邀法官固定工作场所、办公设施，方便开展工作；第九，负责特邀法官名册公示和人员管理，组织开展对特邀法官业绩进行考核，并做好管理数据的统计报送工作。截至 2020 年 11 月，流坑人民（旅游）法庭聘有两名特邀法官：一名现为流坑人民法庭保安董有才，日常工作之余负责涉及水南古樟树林景区的游客纠纷调解工作；另一名

① 参见《乐安法院推行“法通村”机制促和谐平安乡村建设》，江西法院网，http://jxfy.chinacourt.gov.cn/article/detail/2017/08/id/2958490.shtml，下载时间：2020 年 12 月 20 日。

为流坑管理局员工曾小荣，负责流坑景区司法协助工作。

三、“法律明白人”

江西省实施农村“法律明白人”培养工程，是贯彻落实党的十九大和十九届二中、三中、四中全会精神的具体实践，创新基层农村社会治理的有益探索，也是加强基层法治社会建设的一项基础性工程。

“法律明白人”工程作为江西省基层治理的新方案，最早由抚州市崇仁县发起。党的十八届四中全会后，崇仁县为扭转社会治安长期不稳定的局面，组织当地公检法司相关人员进村入户开展调研。调研组发现礼陂镇矛盾纠纷很少，了解到该镇退休老司法所长黄寿孙在几十年的工作生涯中，注重传播法律知识，引导农民学法守法用法，他主持调解了各种民间纠纷达2100余件，还制止了群众性械斗5起。受此启发，2015年1月，崇仁县提出在全县农村开展一户一位“法律明白人”培养工作，几年来取得了显著的效果，公众安全感和群众满意度持续提升。崇仁县实施一户一名“法律明白人”的典型做法上报省委领导，时任省委书记做出重要批示，并要求总结推广。2017年12月，抚州市率先全面推广崇仁经验，确定用3年时间，实现全市各县(区)农村一户一位“法律明白人”培育率达到95%以上目标。[①]

2018年5月，江西省委办公厅、省政府办公厅印发了《关于在全省农村实施“法律明白人”培养工程的意见》。不久，江西的“法律明白人”培养工程也得到了国家层面的认可。2019年7月，在全国司法厅(局)长座谈会上，司法部指出将在全国实施“法律明白人”培养工程。2020年3月，中央全面依法治国委员会印发了《关于加强法治乡村建设的意见》，该意见明确指出实施农村“法律明白人”培养工程，要求各地区各部门结合实际认真贯彻落实。

江西省崇仁县首创的“法律明白人”培养工程逐渐发展成为全国可借鉴可推广的乡村治理新路径。江西省为当好总结提炼新时代“枫桥经验”的排头兵，于2020年4月印发了《江西省农村“法律明白人”培养工作规范(试行)》(以下简称《规范》)。《规范》首次定义了“法律明白人”，即有法治意识，

---

① 参见《实施“法律明白人”培养工程打造农村社会治理“江西品牌”》，中华人民共和国司法部中国政府法制信息网，http://www.moj.gov.cn/news/content/2019－06/11/zlk_236619.html，下载时间：2020年12月22日。

具有一定法律知识的公民；骨干“法律明白人”即具有较高法治素养，积极参与法治实践、发挥示范带头作用的“法律明白人”。其次，确立了培养目标，“法律明白人”即通过培养培训，形成法治意识，树立法治信仰。能做到心中有法、办事依法、遇事找法，自觉履行法定义务，依法维护合法权益，理性表达利益诉求。对于骨干“法律明白人”的培养目标，即通过培养培训，成为信息员、宣传员、联络员、调解员、监督员等“五员合一”型“法律明白人”。《规范》还围绕责任分工、工作程序、工作机制等基本内容与组织实施要求进行了详细阐述。

截至2020年11月，流坑村共培养了76名“法律明白人”，26名骨干“法律明白人”。其中村委干部和党员作为流坑最先一批示范，现都已成为“法律明白人”。为了落实农村“法律明白人”培养工程，流坑村两委定期召开法律知识学习会，分发法律知识读本。当前，流坑村两委在不断提升法律明白人质量的同时，注重扩充体量，争取早日实现一户一位“法律明白人”既定目标。

参考文献

一、古籍、方志与民间文献

1.《抚州府志》,明万历十三年。
2.《董雪峰先生文集》,明嘉靖二十八年。
3.《乐安县志》,清同治十一年刻本。
4.《流坑董氏重修族谱》,明万历十年。
5.《董雪峰先生文集》,明嘉靖二十八年。
6.《董氏纯然公房谱》,清道光三年。
7.《抚乐流坑董氏坦然公支谱》,清道光四年。
8.《抚乐流坑董氏直斋公房谱》,清道光五年。
9.《董氏文献内志卷五》,清道光六年。
10.《职房董渊公派房谱》,清道光九年。
11.《抚乐流坑董氏淳派胤隆公房谱》,清道光二十一年。
12.《董氏思齐公房谱》,清同治三年。
13.《抚乐流溪董镜山公房谱》,清同治十一年。
14.《抚乐流溪董复新公房谱》,清光绪五年。
15.《抚乐流坑董氏时修公房谱》,清光绪七年。
16.《抚乐流溪董孕(胤)昂公房谱》,清光绪七年。
17.《乐邑流坑董印(胤)明公房谱》,清光绪十五年。
18.《抚乐流坑董双桂公房谱》,清光绪十六年。
19.《抚乐流坑董氏复彦公房谱》,民国二十五年。
20.《抚乐流溪董氏秘阁校书文晃公房谱》,民国二十七年。

二、专　著

1.中共江西省委宣传部组织编:《江西文化符号丛书》,南昌:江西人民出版社,2021 年。

2.贺雪峰:《乡村治理的社会基础》,北京:生活书店出版有限公司,2020 年。

3.刘刚:《乡村治理现代化理论与实践》,北京:经济管理出版社,

2020 年。

4.杨永杰:《乡村旅游的发展研究》,长春:吉林人民出版社,2019 年。

5.杨述明:《乡村旅游与后乡村治理》,武汉:湖北人民出版社,2018 年。

6.夏文杰:《中国传统文化与传统建筑》,北京:北京工业大学出版社,2018 年。

7.中共乐安县委宣传部编:《赣文化第一村》,南昌:江西人民出版社,2017 年。

8.中华人民共和国住房和城乡建设部编:《中国传统建筑解析与传承·江西卷》,北京:中国建筑工业出版社,2017 年。

9.任中平:《基层民主与乡村治理》,北京:人民出版社,2016 年。

10.刘祯、李茂:《祭祀与傩》,北京:学苑出版社,2016 年。

11.颜廷真、孙鲁健:《中国风水文化》,香港:香港三联书店、香港浸会大学当代中国研究所,2012 年。

12.王育武:《中国风水文化源流》,武汉:湖北教育出版社,2010 年。

13.孙九霞:《旅游人类学的社区旅游与社区参与》,北京:商务印书馆,2009 年。

14.王云斌:《乡村治理中的法律问题》,北京:中国社会出版社,2009 年。

15.孙景浩、李昌鸣、李杰:《周易与中国风水文化》,上海:上海古籍出版社,2009 年。

16.黄更昌:《探古览胜话流坑》,南昌:江西人民出版社,2005 年。

17.李秋香、陈志华:《流坑村》,石家庄:河北教育出版社,2003 年。

18.郑振满、陈春声:《民间信仰与社会空间》,福州:福建人民出版社,2003 年。

19.周銮书主编:《千古一村:流坑历史文化的考察》,南昌:江西人民出版社,1997 年。

20.[英]莫里斯·弗里德曼著,刘晓春译,王铭铭校:《中国东南的宗族组织》,上海:上海人民出版社,2000 年。

21.郭于华:《仪式与社会变迁》,北京:社会科学文献出版社,2000 年。

22.王铭铭、王斯福:《乡土社会的秩序、公正与权威》,北京:中国政法大学出版社,1997 年。

23.(明)徐弘祖撰:《徐霞客游记》,北京:团结出版社,1996 年。

24.王日根:《乡土之链:明清会馆与社会变迁》,天津:天津人民出版社,

1996年。

25.张子伟:《中国傩》,长沙:湖南师范大学出版社,1994年。

26.郑振满:《明清福建家族组织与社会变迁》,长沙:湖南教育出版社,1992年。

27.张仲礼:《中国绅士》,上海:上海社会科学院出版社,1991年。

28.《绘图三教源流搜神大全》,上海:上海古籍出版社,1990年。

29.乐安县志编委会编:《乐安县志》,南昌:江西人民出版社,1989年。

30.(清)黄宗羲原著:《宋元学案》,北京:中华书局,1986年。

三、论　文

(一)期刊论文

1.李琳、郭占锋:《乡村旅游转型的现实困境与路径选择》,《福建师范大学学报(哲学社会科学版)》2021年第6期。

2.陈成文:《论村规民约与新时代基层社会治理》,《贵州社会科学》2021年第8期。

3.张峰:《文化人类学视角下傩舞的保护与发展分析》,《文化产业》2021年第22期。

4.李祥林:《多民族视角下的中国傩文化》,《贵州大学学报(艺术版)》2020年第34卷第2期。

5.张文显等:《推进自治法治德治融合建设,创新基层社会治理》,《治理研究》2018年第6期。

6.蔡文成:《基层党组织与乡村治理现代化:基于乡村振兴战略的分析》,《理论与改革》2018年第3期。

7.李金哲:《困境与路径:以新乡贤推进当代乡村治理》,《求实》2017年第6期。

8.周铁涛:《村规民约的当代形态及其乡村治理功能》,《湖南农业大学学报(社会科学版)》2017年第1期。

9.郄艳丽:《我国传统村落保护制度的反思与创新》,《现代城市研究》2016年第1期。

10.汤玉权、徐勇:《回归自治:村民自治的新发展与新问题》,《社会科学研究》2015年第6期。

11.吴祖鲲、王慧姝:《文化视域下宗族社会功能的反思》,《中国人民大学学报》2014 年第 3 期。

12.杨大禹:《传统民居及其建筑文化基因的传承》,《南方建筑》2011 年第 6 期。

13.肖唐镖:《宗族在重建抑或瓦解——当前中国乡村地区的宗族重建状况分析》,《华中师范大学学报(人文社会科学版)》2011 年第 2 期。

14.钟波、常珍文:《风水文化与中国古代书院基址选择》,《工程建设》2011 年第 1 期。

15.苏敬媛:《从治理到乡村治理:乡村治理理论的提出、内涵及模式》,《经济与社会发展》2010 年第 9 期。

16.刘祯:《傩戏的艺术形态与形成新探》,《中国政法大学学报》2010 年第 3 期。

17.麻学锋、张世兵、龙茂兴:《旅游产业融合路径分析》,《经济地理》2010 年第 4 期。

18.郭占锋、冯海英、李小云:《由中国民间信仰复兴现象反思现代化理论逻辑》,《青海社会科学》2009 年第 6 期。

19.常建华:《近十年晚清民国以来宗族研究综述》,《安徽史学》2009 年第 3 期。

20.钟行明:《中国传统建筑工艺技术的保护与传承》,《华中建筑》2009 年第 3 期。

21.党国英:《我国乡村治理改革回顾与展望》,《社会科学战线》2008 年第 12 期。

22.肖唐镖:《乡村治理中宗族与村民的互动关系分析》,《社会科学研究》2008 年第 6 期。

23.杨颖:《产业融合:旅游业发展趋势的新视角》,《旅游科学》2008 年第 4 期。

24.廖夏林、王春阳:《傩舞的原生态艺术特色——以江西南丰为例》,《江西社会科学》2007 年第 12 期。

25.徐勇:《“政党下乡”:现代国家对乡土的整合》,《学术月刊》2007 年第 8 期。

26.黄郁成、张国平、李金波:《乡村旅游投资主体关系研究》,《旅游学刊》2007 年第 6 期。

27.范正义:《民间信仰研究的理论反思》,《东南学术》2007 年第 2 期。

28.苗月霞:《乡村民间宗教与村民自治:一项社会资本研究——兼论韦伯关于宗教社会功能的观点》,《浙江社会科学》2006年第6期。

29.黄郁成、陈超、夏继军:《旅游开发与乡村社区经济》,《江西社会科学》2006年第6期。

30.刘德谦:《关于乡村旅游、农业旅游与民俗旅游的几点辨析》,《旅游学刊》2006年第3期。

31.周鸣鸣:《中国传统民居建筑装饰的文化表达》,《南方建筑》2006年第2期。

32.周建新:《人类学视野中的宗族社会研究》,《民族研究》2006年第1期。

33.冯尔康:《简论清代宗族的"自治"性》,《华中师范大学学报(人文社会科学版)》2006年第1期。

34.陈倩、翟辉:《风水文化对水景观设计的启示》,《山西建筑》2005年第23期。

35.冯淑华:《古村落旅游解说系统探讨》,《商业研究》2005年第8期。

36.冯尔康:《清代宗族、村落与自治问题》,《河南师范大学学报(哲学社会科学版)》2005年第6期。

37.杨建华、赵佳维:《村规民约:农村社会整合的一种重要机制》,《宁夏社会科学》2005年第5期。

38.周鸿:《生态文化建设的理论思考》,《思想战线》2005年第5期。

39.陈鸿、王葵:《论傩舞的游戏性》,《东华理工学院学报(社会科学版)》2005年第3期。

40.张缨:《中国传统建筑中的装饰艺术》,《西南交通大学学报(社会科学版)》2005年第3期。

41.韩锋、徐季丹:《古村流坑的风水格局与环境意象》,《东华理工学院学报(社会科学版)》2005年第2期。

42.方志远、冯淑华:《江西古村落的空间分析及旅游开发比较》,《江西社会科学》2004年第8期。

43.黄郁成、顾晓和、郭安禧:《农村社区旅游开发模式的比较研究》,《南昌大学学报(人文社会科学版)》2004年第6期。

44.秦佑国:《中国现代建筑的中国表达》,《建筑学报》2004年第6期。

45.董建波、李学昌:《中国农村宗教信仰的变迁》,《上海行政学院学报》

2004 年第 5 期。

46.郑群明、钟林生:《参与式乡村旅游开发模式探讨》,《旅游学刊》2004 年第 4 期。

47.李江、曹国庆:《明清时期中国乡村社会中宗族义田的发展》,《农业考古》2004 年第 3 期。

48.秦红岭:《儒家伦理与中国传统建筑》,《新建筑》2004 年第 3 期。

49.周耀明:《传统风水文化的民俗学分析》,《广西民族学院学报(哲学社会科学版)》2004 年第 3 期。

50.保继刚、苏晓波:《历史城镇的旅游商业化研究》,《地理学报》2004 年第 3 期。

51.唐孝祥:《试析中国传统民居建筑的文化精神》,《城市建筑》2004 年第 2 期。

52.董虹、马智胜:《中国古村落保护与开发的经济学思考——以流坑古村为例》,《科技进步与对策》2003 年第 7 期。

53.宋宝安、赵定东:《乡村治理:宗族组织与国家权力互动关系的历史考察》,《长白学刊》2003 年第 3 期。

54.林济:《弗里德曼模式与中国宗族社会史研究》,《史学理论研究》2003 年第 2 期。

55.赵群、刘加平:《地域建筑文化的延续和发展——简析传统民居的可持续发展》,《新建筑》2003 年第 2 期。

56.冯淑华:《古村旅游模式初探》,《北京第二外国语学院学报》2002 年第 4 期。

57.贺雪峰、仝志辉:《论村庄社会关联——兼论村庄秩序的社会基础》,《中国社会科学》2002 年第 3 期。

58.金泽:《民间信仰的聚散现象初探》,《西北民族研究》2002 年第 2 期。

59.杨思声、关瑞明:《中国传统建筑中的“中介空间”》,《南方建筑》2002 年第 2 期。

60.徐勇:《县政、乡派、村治:乡村治理的结构性转换》,《江苏社会科学》2002 年第 2 期。

61.李小波:《中国古代风水模式的文化地理视野》,《人文地理》2001 年第 6 期。

62.刘锡诚:《傩仪象征新解》,《民族艺术》2002 年第 1 期。

63.周俭、张恺:《历史文化遗产保护规划中建筑分类与保护措施》,《城市规划》2001 年第 1 期。

64.黄世楚:《宗族现代化初探》,《社会科学研究》2000 年第 4 期。

65.吴良镛:《关于中国古建筑理论研究的几个问题》,《建筑学报》1999 年第 4 期。

66.杜江、向萍:《关于乡村旅游可持续发展的思考》,《旅游学刊》1999 年第 1 期。

67.张广瑞:《生态旅游的理论与实践》,《旅游学刊》1999 年第 1 期。

68.沙润:《中国传统民居建筑文化的自然地理背景》,《地理科学》1998 年第 1 期。

69.杨大禹:《中国传统民居的技术骨架》,《华中建筑》1997 年第 1 期。

70.杨春风:《中国传统建筑装饰环境色彩研究》,《建筑学报》1994 年第 7 期。

(二)学位论文

1.游方:《乡村振兴背景下乐安县流坑传统村落旅游发展研究》,广西师范大学,2021 年。

2.蓝隆起:《抚州乐安流坑古村落中的非民居建筑改造设计》,南昌大学,2020 年。

3.刘亦珏:《乡村旅游助推精准扶贫实现路径研究》,江西师范大学,2019 年。

4.彭丹:《我国乡村传统教育变迁研究》,南昌航空大学,2019 年。

5.吴松:《流坑匾额文化艺术研究》,江西科技师范大学,2018 年。

6.李丽华:《传统村落旅游开发中的地方政府行为研究》,福建师范大学,2018 年。

7.刘聪聪:《赣江流域书院建筑空间形态解析》,华中科技大学,2018 年。

8.汪泽民:《传统民俗文化的再生产》,南昌航空大学,2016 年。

9.詹明珍:《清代江西宗族文会研究》,南昌大学,2016 年。

10.柯睿:《中国历史文化名村的保护与开发》,华中师范大学,2015 年。

11.姚妍:《江西乐安流坑村传统乡村聚落景观的文化解析》,中南林业科技大学,2013 年。

12.陈佳:《明清时期抚州商人与农村社会变迁》,赣南师范学院,2012 年。

13.董莉:《风水与宗族的“双赢”》,赣南师范学院,2012 年。

14.隋大鹏:《明清江西流坑古建筑与宗族文化》,南昌大学,2012 年。

15.何烈孝:《历史文化村落旅游后的衰落与复兴研究》,江西师范大学,2012 年。

16.陈传金:《古村落资源分类与评价体系研究》,南昌大学,2008 年。

17.熊伟:《流坑村民居建筑形态研究》,南京艺术学院,2008 年。

18.周景崇:《论乡土聚落景观文化思想在现代村镇设计中的转换》,苏州大学,2000 年。

后 记

“新乡土中国志”是三峡大学民族学院为记录新时代中国乡村社会面貌而编写的系列丛书。首站，我们选择了有“千古第一村”美誉的江西省乐安县流坑村。流坑村历史文化悠久，人文气息浓厚。当下古村是怎样的一幅图景，那里流传着哪些古老记忆，在岁月的流转中村民如何承续传统，如何应对日新月异的环境，又用什么样的姿态迎接新时代的挑战，这些都吸引着我们去一探究竟。

2020 年 11 月 8 日，三峡大学民族学院硕士研究生田野调查实践活动启动，“新乡土中国志”的调研拉开了序幕。在董建辉教授的带领下，我与 2019 级 11 名研究生一同踏上了前往流坑古村的路程。此次调研实践得到了学校、学院领导及学院办公室工作人员的大力支持，民族学院刘冰清、吴正彪、袁波澜、曹大明等诸位教授亲临调研实地指导，给同学们的调查提出了许多可行的建议。更承蒙董建辉教授的悉心安排，我们一行在流坑的调研始终得到流坑管理局、流坑村委会及广大村民的热心帮助。

11 名研究生围绕不同主题开展了为期 20 余天的实地调研，具体分工如下：汪小萍负责经济生活篇；曾书清负责婚姻家庭篇，又与朱杰汶合作开展董氏宗族文化的调研；姜奕桐负责宗教生活篇；黄惠负责风水文化篇；牟天负责傩舞艺术篇；王贞俨负责传统建筑篇；李艳负责匾联文化篇；徐宁负责文化教育篇；覃桐负责旅游开发篇；吴运江负责乡村治理篇。在调研中，一般负责两个相关主题的同学会组成一组，一同前往开展实地调查。作为带队老师，我前期的主要任务是在大纲撰写、田野伦理、访谈技巧上给予指导。真正进入实地调研后，主要工作便转向跟随不同调研组一起“走街串巷”、寻祠找庙，同时协助同学们获取文献和口述资料，解决观察调研中存在的问题和困难。总结会，或曰调研心得交流会，是每天晚饭后必不可少的活动，一来分享当天调研进度，尤其是资料的搜集情况，二来就次日调研做出安排。在实地调查中，同学们有挑战和担忧，更多的时候是收获与成长。

此次调研得以顺利完成，离不开流坑村委会、流坑管理局领导干部的大力支持，他们不仅为我们提供了村情资料，还给我们的访谈工作提供了意见参考。村民是我们接触最多的访谈对象，他们的热情和热心让我们倍感温暖，给我们的调查输出了丰富的素材。对于我们这些“外来的高才生”，村里的一些干部和百姓充满了好奇，起初并不明白我们此行的意义，同学们只好一遍又一遍地告诉他们说：“流坑有好多值得写的故事，我们是来做调查的。”当然也有同学开玩笑道：“我们是来给流坑做宣传的。”不过数日，村里的小卖部、村民家门口、桥边、巷口等各个地方，都会看到同学们与村民、游客畅谈的场景。古村口的大榕树是我们的集合点，每当我们搭乘车子抵达榕树下时，村里人就知道“那帮大学生又来找我们问东问西了”。

书稿的完成并非易事。主编董建辉、曹大明两位教授对全书框架和内容进行了整体把握，笔者负责各篇章的整理和编撰。通过反复完善大纲、数次修改稿件，经过一年又一月的时间，书稿终于完成。更为感激的是，王祖龙、罗凌、刘冰清等诸位教授为本书的撰写、修改和完善提出了宝贵修改建议和意见，黄祥深、李超、朱华、周红英、皮红漪等诸位同事也为本书的完成提供了有力协助。当然，本书的最终出版需感谢厦门大学出版社的大力支持。

由于个人学识和调研能力有限，本书难免有遗漏或其他不足之处，敬请各位方家批评指正！

周慧慧

2022 年 3 月于三峡大学